中央财经大学中国精算研究院标志性成果

2020 中国保险公司竞争力评价研究报告

寇业富 主编

陈辉 张宁 周县华 副主编

中国财经出版传媒集团
中国财政经济出版社

图书在版编目（CIP）数据

2020 中国保险公司竞争力评价研究报告／寇业富主编． -- 北京：中国财政经济出版社，2020.9

ISBN 978 - 7 - 5095 - 9963 - 1

Ⅰ.①2… Ⅱ.①寇… Ⅲ.①保险公司 - 竞争力 - 研究报告 - 中国 Ⅳ.①F842.31

中国版本图书馆 CIP 数据核字（2020）第 148838 号

责任编辑：付克华　　　　　　　　责任校对：徐艳丽
封面设计：李俊良

中国财政经济出版社 出版

URL：http://www.cfeph.cn

E - mail：cfeph @ cfeph.cn

（版权所有　翻印必究）

社址：北京市海淀区阜成路甲 28 号　邮政编码：100142

营销中心电话：010 - 88191537

北京时捷印刷有限公司印刷　各地新华书店经销

889×1194 毫米　16 开　14.25 印张　256 000 字

2020 年 10 月第 1 版　2020 年 10 月北京第 1 次印刷

定价：120.00 元

ISBN 978 - 7 - 5095 - 9963 - 1

（图书出现印装问题，本社负责调换）

本社质量投诉电话：010 - 88190744

打击盗版举报热线：010 - 88191661　QQ：2242791300

本报告受到

中央财经大学保险学院

中国精算研究院

长城人寿股份有限公司

等单位的大力支持和帮助

前言 / Foreword

本报告是我们关于保险公司竞争力评价研究的第十个年度工作成果。随着中国的改革开放和国务院正式发布《关于加快发展现代保险服务业的若干意见》（国发〔2014〕29号），无论在规模数量还是在发展质量上，中国保险业的发展都进入了一个新的阶段，为中国保险公司竞争力的评价研究提出了更高的要求。

"保险公司竞争力评价研究"是一个敏感的话题。我们从一开始就抱着谦虚谨慎、兢兢业业的精神对待这项工作。值得欣慰的是，多年来，在学校和中国精算研究院的大力支持下，在课题组成员的团结奋斗下，我们始终坚持"公开、客观、科学"的原则进行相关工作。

所谓"公开"就是指标体系、数据来源、评价方法等全部公开或者来源于公开渠道。在这里我们不能不提到，中国保险监督管理委员会于2010年6月12日正式颁布实施的《保险公司信息披露管理办法》，以及中国银行保险监督管理委员会于2018年4月重新修订并颁布的《保险公司信息披露管理办法》，为我们的研究提供了主要和关键的数据支持。

所谓"客观"即是指评价的结果要客观，也是指评价的过程和目标要客观。即在评价过程中，尽量避免或者减少人为主观因素的干扰。

所谓"科学"即是指评价方法的科学。在有可能使用定量分析的地方，尽量使用定量分析。当然我们并不是说定性分析就不科学。

值得欣慰的是，"中国保险公司竞争力评价研究"课题组在寇业富博士的带领下，始终一致地秉持了这一原则。当然，这些原则，并不反对课题组在研究指标和方法上的不断改进，也不排除对保险业其他研究领域的继续拓展研究，提高中国精算研究院这一重点研究基地的学术价值和社会地位。

本报告主要包括 5 章内容：

第一章介绍了中国保险市场的发展概况。分别从中国保险业发展的宏观经济环境、中国保险业的发展情况分析、人身险保险市场发展、财产险保险市场等几个方面对中国保险业的发展情况做了介绍。

第二章对《保险公司信息披露实施办法》的内容、程序，以及各个保险公司披露的具体情况等进行了分析。该办法的实施和保险公司的信息披露，为我们进行保险公司竞争力评价研究打下了良好的基础，基本满足了我们进行相关研究的数据要求。

第三章首先给出了保险公司竞争力的定义；其次在分析国内外相关研究的基础上，我们选择主成分分析方法进行竞争力研究，并对主成分分析方法的内容、步骤等做了介绍；最后对保险公司竞争力评价体系的原则、内容等做了简单介绍。

第四章给出了人身险公司竞争力的评价得分和排名。本章共分四节。第一节主要阐明了人身险公司竞争力评价的指标内容、定义和计算方法，并对研究对象的选择进行了说明；第二节给出了 68 家人身险公司的综合竞争力的评价与分析；第三节得到保险公司 5 个一级指标竞争力的评价得分与排名；并通过分析一级指标排名前十公司的排名与得分，以及各二级指标排名前十公司的得分对整个保险市场进行了分析；第四节运用现代多元统计分析方法，对人身险公司综合竞争力的评价结果进行了稳健性分析。我们从公司和指标两个角度对课题组的评价结果进行了检验，证明我们的评价结果是稳健的。

第五章给出了财产险公司竞争力的评价得分和排名。本章共分四节。第一节对财产险公司竞争力评价的指标内容、定义、计算方法和研究对象等进行了说明；第二节得出了 76 家财产险公司的综合竞争力的评价与分析；第三节得到 5 个一级指标的评价得分与排名，并对结果做了分析；并通过分析一级指标排名前十的公司的排名与得分，以及各二级指标排名前十公司的得分对整个保险市场进行了分析；第四节运用现代多元统计分析方法，对财产险公司综合竞争力的评价结果进行了稳健性分析。我们从公司和指标两个角度对课题组的评价结果进行了检验，证明我们的评价结果是稳健的。

本研究报告有以下特色和主要创新：

（1）我们在报告的第四章第四节和第五章第四节，对人身险公司综合竞争力和财产险公司综合竞争力的评价结果进行了稳健性检验。在类似研究报告中，对评价结果进行稳健性检验的还没有发现。

通过稳健性检验，可以对我们的评价结果进行量化的可信性和稳健性度量，增加了评价结果的科学性、客观性。这是"保险公司竞争力评价研究"课题组的一个创新性应用研究成果；提高了评价结果的科学性、可信性和逻辑的完备性。

（2）我们在第二章专门对2019年保险公司信息披露报告数据的完整性等进行了质量分析。这也从内容上完善了保险公司竞争力评价的数据基础。

（3）建立了校外专家咨询委员会，为"保险公司竞争力评价研究"课题组提供咨询、指导和帮助；并为下一年度定性与定量相结合进行保险公司竞争力的评价工作提供指导和支持。

（4）对保险公司的综合竞争力和各一级指标的评价结果进行多种角度和方式的分析，提供了比较科学、全面的保险公司和保险行业的分析研究。

中央财经大学中国精算研究院是国家保险精算领域唯一的人文社科重点研究基地，一直对中国保险行业的发展密切关注。此专题部分的分析是中国精算研究院新的研究领域之一，我们欢迎国内外政府管理部门和业界、学界的专家学者与我们交流沟通！

为了保证《2020中国保险公司竞争力评价研究报告》的科学性、权威性和连续性，本报告中的有关定义、指标体系、评价方法、布局结构和相关内容等都延用了前些年相关工作的积累和传承；报告的编撰主要是对各公司的信息数据进行补充和完善基础上完成的。著作权人寇业富授权《2020中国保险公司竞争力评价研究报告》课题组继续采用往年的有关定义、指标体系、评价方法、布局结构等，由著作权人寇业富和课题组成员享有因该著作出版和传播等而产生的相关权利和承担相关义务。

寇业富负责整篇报告的中文编撰。陈辉负责第一章的编撰工作；张宁负责第二章的编撰工作；寇业富、周县华负责第三章的编撰工作；寇业富负责第四章的编撰工作；寇业富负责第五章的编撰工作。

这里特别说明：

（1）本研究分析尽量采用可获得的披露数据进行分析，并根据实质重于形式的原则，对发现个别公司披露数据存在错误或异样的年报信息进行调整，或者在涉及该指标时进行批注说明。

（2）本研究分析采用的数据皆来源于已公开的资料或课题组成员的个人分析，但我们不保证上述信息的完整与准确性，中国精算研究院不因使用本报告而产生的一切后果承担责任，只以此作为学术研究以及学界和业界的信息交流与参考。同时本研究分析为课题组成员的个人观点，并不代表中国精算研究院的观点。

当然，对于保险公司竞争力的评价工作，我们自己也认为有不尽如人意的地方。但是我们相信，在教育部和中央财经大学的大力支持下，在业界、学界等专家、学者的关怀帮助下，在我们自己的努力下，《中国保险公司竞争力评价研究报告》会越来越好，会为保险业的发展和保险公司竞争力的提高发挥重要的作用。

"中国保险公司竞争力评价研究"课题组组长
中央财经大学中国精算研究院　保险数据文献中心主任
寇业富
2020年7月17日

目 录 Contents

第一章 2019年中国保险市场分析 （1）
  第一节 2019年中国保险市场整体回顾 （1）
  第二节 2019年中国财险市场回顾 （19）
  第三节 2019年中国人身险市场回顾 （30）
  第四节 2020年中国保险业发展展望 （43）

第二章 保险公司信息披露情况分析 （49）
  第一节 保险公司信息披露情况介绍 （49）
  第二节 指标设立和赋值 （52）
  第三节 人身险公司信息披露质量统计与分析 （55）
  第四节 财产险公司信息披露质量统计与分析 （63）

第三章 中国保险公司竞争力评价的理论与方法 （70）
  第一节 保险公司竞争力的定义 （70）
  第二节 保险公司竞争力研究方法综述 （72）
  第三节 保险公司竞争力评价指标体系的构建与原则 （76）
  第四节 主成分分析方法与模糊聚类分析方法介绍 （80）

第四章 中国人身保险公司竞争力评价分析 （84）
  第一节 人身险公司竞争力指标体系的构建 （85）

第二节 2019年中国人身保险公司综合竞争力评价结果
与分析……………………………………………………（91）

第三节 2019年人身险公司综合竞争力一级指标的评价
结果与分析………………………………………………（95）

第四节 2019年人身保险公司综合竞争力评价结果的稳
健性检验…………………………………………………（129）

第五章 中国财产保险公司竞争力评价分析……………………………（140）

第一节 财产险公司竞争力指标体系的构建……………………（141）

第二节 2019年财产险公司综合竞争力评价结果与分析 …（147）

第三节 2019年财产险公司综合竞争力一级指标的评价
结果与分析………………………………………………（152）

第四节 2019年财产险公司综合竞争力评价结果的稳健
性检验……………………………………………………（189）

附录…………………………………………………………………………（200）

附录一 中国人身险公司竞争力评价的主要结果………………（200）

附录二 中国财产险公司竞争力评价的主要结果………………（206）

参考文献……………………………………………………………………（212）

后记…………………………………………………………………………（217）

第一章
2019 年中国保险市场分析

中国自 1805 年成立第一家保险公司以来，已经走过了 200 多年的历史。自 1949 年中华人民共和国成立以来，中国保险也经历了初步发展（1949~1958 年）、停办（1958~1979 年）、恢复发展（1979 年至今）3 个大的阶段。中国保险业自 1979 年恢复以来，获得了快速发展。尤其是近年来，党中央国务院十分重视保险业发展，在多份重要文件中提出要大力发展保险业，出台了一系列促进保险业改革发展的政策措施，中国保险业实现了长足发展。

2018 年，原中国保险监督管理委员会和原中国银行监督管理委员会合并，合并后为中国银行保险监督管理委员会（本书简称"中国银保监会"或"银保监会"，"原中国保险监督管理委员会"本书简称"原中国保监会"或"原保监会"，"原中国银行监督管理委员会"本书简称"原中国银监会"或"原银监会"）。

2019 年，中国银保监会在党中央国务院统一领导下，进一步扩大对外开放，以开放促改革，激发了市场活力，推动形成了保险业全面开放新格局。总体来看，保险市场发展稳中向好，产品保障功能凸显，资金运用收益稳步增长，保险科技广泛应用，行业风险防控能力持续增强。

第一节 2019 年中国保险市场整体回顾[①]

一、市场概况

2019 年，全行业共实现保费收入 42 645 亿元（除特别说明之外，本书中的保

[①] 本部分内容中，对历年来的中国保费收入、中国 GDP、中国人口数量等有关中国的基础数据，依据中国保险年鉴、国民经济和社会发展统计公报、中国银保监会官网、原中国保监会官网等重新进行了校对和修改。由于数据来源不同和自己的疏漏，该节部分内容数据与往年报告中的内容数据不一致；并且由于数据来源不一致，可能会出现数据之间彼此"打架"的情况，在此对广大读者表示歉意，寇业富。

费收入指原保险保费收入），同比增长 12.17%（本书中的增长或下降除特别说明以外，都表示同比变化情况），其中，产险公司和寿险公司分别增长 10.72% 和 12.82%；赔付支出 12 894 亿元，同比增长 4.85%；保险业总资产 205 645 亿元，较年初增长 12.18。具体来看，市场运行呈现以下特点：

一是业务发展稳中向好，风险保障水平快速提高。2019 年，保险业保持较快发展，分险种来看，财产保险业务实现保费收入 11 649 亿元，同比增长 8.17%；寿险业务 22 754 亿元，同比增长 9.80%；健康险业务 7 066 亿元，同比增长 29.70%；意外险业务 1 175 亿元，同比增长 9.26%。与国计民生密切相关的责任保险和农业保险业务继续保持较快增长，分别实现保费收入 750 亿元和 672 亿元，同比增长 27.51% 和 17.43%。2019 年，保险业提供保险金额 6 470 万亿元，同比下降 6.20%。其中，产险公司保险金额 5 369 万亿元，下降 7.07%；寿险公司保险金额 1 101 万亿元，下降 1.69%。寿险公司期末有效保险金额 953 万亿元，增长 14.93%。

二是资金运用配置更趋优化，投资收益稳步增长。2019 年，保险公司资金运用余额为 185 271 亿元，较年初增长 12.92%。其中，银行存款 25 227 亿元，占资金运用余额的比例为 13.62%；债券 64 032 亿元，占比 34.56%；证券投资基金 9 423 亿元，占比 5.09%；股票 14 942 亿元，占比 8.06%。

三是保险科技应用日益广泛，创新业务快速发展。保险科技投入力度加大，大数据、人工智能、区块链、移动互联网、物联网等前沿技术广泛运用于产品创新、保险营销和公司内部管理等方面。依托于互联网保险对部分标准化传统保险的快速替代以及场景创新型产品带来的增量市场，互联网保险创新业务保持高速增长。

四是立足国家战略，服务经济社会发展能力增强。2019 年，保险行业积极助力经济社会发展的重点领域和薄弱环节，推动科技创新，维护社会稳定，不断提升保险服务实体经济的效率和水平。

（一）1980~2019 年保费收入

本部分简述了 1980~2019 年中国保险业发展概况，主要针对保费收入、保险密度、保险深度等数据进行梳理和讨论。根据最新可得的国际比较数据，2019 年，中国保险业保费收入达到 4.26 万亿元，总资产达到 20.56 万亿元，保费规模占世界保险市场的 11.6%。保险密度 436.6 美元/人，同比增长 10.2%；保险深度为 4.3%，同比增长 4.1%。保险业为全社会提供风险保障 6 470 万亿元，同比下降 6.2%；赔款和给付 12 894 亿元，同比增长 4.9%。保险行业的国际地位大幅提升，世界排名从2010年的第6位上升至2019年的第2位，2019年度全球保费增长的贡献为93.6%，全球保险市场增幅基本由中国保险市场贡献。

表1-1给出了1980~2019年间中国保费收入总额及结构。1979年中国保险业恢复发展，1980年保费收入为4.6亿元，1990年保费收入为151亿元，2000年保费收入1 603亿元，2010年保费收入14 528亿元；2019年保费收入达到42 645亿元，分别是1980年、1990年、2000年、2010年的9 271倍、283倍、27倍和3倍。

从寿险和非寿险的结构来看，在20世纪80年代初期，非寿险占绝大部分份额，随后比重逐渐下降。1997年寿险比重第一次超过非寿险，此后寿险比重逐渐上升，2008年最高达到75%。最近几年寿险和产险市场格局开始趋于稳定，基本维持在7∶3左右。

从图1-1中可以看出，中国的保费收入在2000年之后出现第一次快速上升，在2006年之后又出现一次快速上升，这两次上升均与新型人身保险产品（包括分红保险、投资连结保险、万能保险）的引入和推动有关。

表1-1　　　　　　　　　　1980~2019年中国保费收入　　　　　　　　　　（单位：亿元）

年份	总保费	寿险		非寿险	
		保费	占比	保费	占比
1980	5①	—	0.00%	5	100.00%
1981	8	—	0.00%	8	100.00%
1982	10	3	30.00%	7	70.00%
1983	13	0	0.00%	13	100.00%
1984	20	1	5.00%	19	95.00%
1985	33	4	12.12%	29	87.88%
1986	46	11	23.91%	35	76.09%
1987	71	13	18.31%	58	81.69%
1988	109	38	34.86%	71	65.14%
1989	142	46	46.48%	76	53.52%
1990	178	60	33.71%	118	66.29%
1991	236	83	35.17%	153	64.83%
1992	368	143	38.86%	225	61.14%
1993	500	—	—	—	—
1994	600	264	44.00%	336	56.00%

---

① 《中国保险年鉴》的数据分为两个部分，国内保费2.9亿元，涉外业务保费1.7亿元，共计4.6亿元。

续表

年份	总保费	寿险		非寿险	
		保费	占比	保费	占比
1995	683	262	38.36%	421	61.64%
1996	788	343	43.53%	445	56.47%
1997	1 087	607	55.84%	480	44.16%
1998	1 247	747	59.90%	500	40.10%
1999	1 393	872	62.60%	521	37.40%
2000	1 595	997	62.51%	598	37.49%
2001	2 109	1 424	67.52%	685	32.48%
2002	3 053	2 275	74.52%	778	25.48%
2003	3 880	3 011	77.60%	869	22.40%
2004	4 318	3 228	74.78%	1089	25.22%
2005	4 927	3 697	75.04%	1230	24.96%
2006	5 641	4 132	73.25%	1509	26.75%
2007	7 036	5 038	71.60%	1998	28.40%
2008	9 784	7 447	76.11%	2337	23.89%
2009	11 137	8 261	74.18%	2876	25.82%
2010	14 528	10 632	73.18%	3896	26.82%
2011	14 339	9 721	67.79%	4618	32.21%
2012	15 688	10 157	64.74%	5531	35.26%
2013	17 222	11 010	63.93%	6212	36.07%
2014	20 235	13 031	64.40%	7203	35.60%
2015	24 283	16 288	67.08%	7995	32.92%
2016	30 959	22 235	71.82%	8724	28.18%
2017	36 581	26 746	73.11%	9835	26.89%
2018	38 017	27 247	71.67%	10770	28.33%
2019	42 645	30 996	72.68%	11649	27.32%

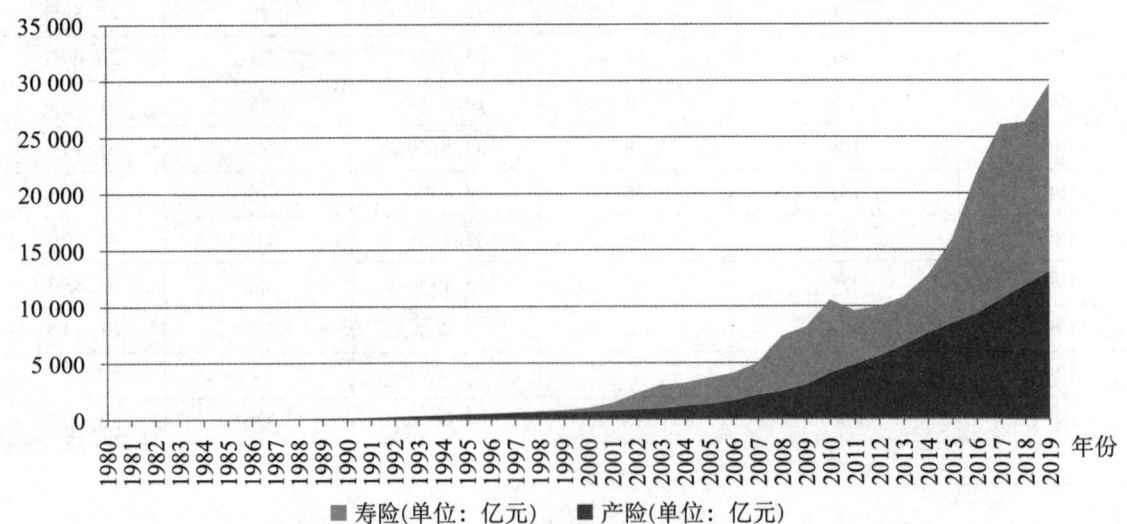

图 1-1　1980~2019 年中国保费收入

表 1-2 对 1980~2019 年间中国名义保费增长率与世界名义保费增长率进行了对比。而实际增长率扣除了名义增长率中通货膨胀的影响，图 1-2 直观地显示了两者之间的对比。

从图 1-2 中可以看出几个特点：第一，中国保费收入增长呈现周期波动的特点，30 年间大约存在 5 个周期；第二，随着技术的发展，中国保费收入增长率的平均值呈现逐渐下降的趋势；第三，在绝大多数年份，中国保费收入增长率高于世界保费收入的平均实际增长率，而且超出的幅度还很大。只有 1994 年、2011 年是特例，例如，1994 年中国保费收入的名义增长率只有 6.2%，而当年的通货膨胀率超过 24%，所以导致出现 -14.4% 的实际增长率。

表 1-2　　　　　　　1980~2019 年中国和世界名义保费增长率

年份	中国保费 （亿元人民币）	名义增长率 （%）	世界保费 （亿美元）	名义增长率 （%）
1980	5	—	4 671	—
1981	8	60.00	4 789	2.53
1982	10	25.00	4 933	3.01
1983	13	30.00	5 176	4.93
1984	20	53.85	5 564	7.50
1985	33	65.00	6 460	16.10
1986	46	39.39	8 773	35.80
1987	71	54.35	10 575	20.54
1988	109	53.52	12 353	16.81
1989	142	30.28	12 692	2.74
1990	178	25.35	14 074	10.89
1991	236	32.58	15 155	7.68
1992	368	55.93	16 728	10.38
1993	500	35.87	18 183	8.70
1994	600	20.00	19 653	8.08
1995	683	13.83	21 572	9.76
1996	788	15.37	21 323	-1.15
1997	1 087	37.94	21 490	0.78
1998	1 247	14.72	21 903	1.92
1999	1 393	11.71	23 662	8.03
2000	1 595	14.50	24 917	5.30
2001	2 109	32.23	24 551	-1.47

续表

年份	中国保费 （亿元人民币）	名义增长率 （%）	世界保费 （亿美元）	名义增长率 （%）
2002	3 053	44.76	26 710	8.79
2003	3 880	27.09	29 954	12.15
2004	4 318	11.29	33 069	10.40
2005	4 927	14.10	34 604	4.64
2006	5 641	14.49	36 987	6.89
2007	7 036	24.73	41 325	11.73
2008	9 784	39.06	41 964	1.55
2009	11 137	13.83	40 881	-2.58
2010	14 528	30.45	43 100	5.43
2011	14 339	-1.30	45 740	6.13
2012	15 688	9.41	46 145	0.89
2013	17 222	9.78	46 145	0.00
2014	20 235	17.50	47 837	3.67
2015	24 283	20.00	46 024	-3.79
2016	30 959	27.49	46 948	2.01
2017	36 581	18.16	49 575	5.60
2018	38 017	3.93	51 932	4.75
2019	42 645	12.17	52 555	1.20

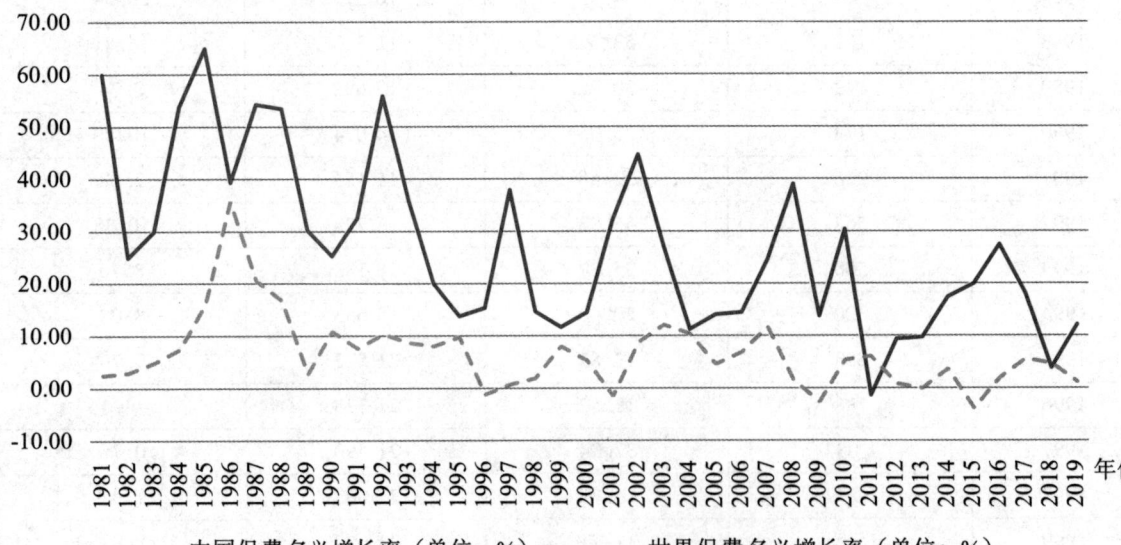

图1-2 1980~2019年中国和世界保费名义增长率

中国保险业随着中国保险业的恢复和经济的发展而得到快速发展，过去40年来，中国的GDP也保持了比世界GDP更高的增长速度，为中国保险业的快速发展提供了坚实的基础，具体如表1-3所示。

图1-3给出的中国GDP占世界GDP的比率变化直观地表达了这一发展趋势。其中，一些年份的比值变化既与中国与世界GDP的经济波动有关，又与人民币与美元的汇率有关。

表1-3　　　　　　　　1980～2019年中国GDP与世界GDP的发展比较

年份	中国GDP（亿美元）	世界GDP（亿美元）	中国GDP占世界GDP的比值（%）
1980	1 911.49	112 275.51	1.70
1981	1 958.66	116 237.93	1.69
1982	2 050.90	115 144.75	1.78
1983	2 306.87	117 470.30	1.96
1984	2 599.47	121 798.88	2.13
1985	3 094.88	127 933.44	2.42
1986	3 007.58	151 185.14	1.99
1987	2 729.73	172 009.88	1.59
1988	3 123.54	192 441.41	1.62
1989	3 477.68	200 874.31	1.73
1990	3 608.58	226 263.69	1.59
1991	3 833.73	239 665.56	1.60
1992	4 269.16	254 528.81	1.68
1993	4 447.31	258 578.62	1.72
1994	5 643.25	277 707.01	2.03
1995	7 345.48	308 865.65	2.38
1996	8 637.47	315 726.30	2.74
1997	9 616.04	314 580.73	3.06
1998	10 290.43	313 932.88	3.28
1999	10 939.97	325 617.73	3.36
2000	12 113.47	336 186.16	3.60
2001	13 393.96	334 265.77	4.01
2002	14 705.50	347 098.10	4.24

续表

年份	中国GDP（亿美元）	世界GDP（亿美元）	中国GDP占世界GDP的比值（%）
2003	16 602.88	389 448.09	4.26
2004	19 553.47	438 671.39	4.46
2005	22 859.66	475 172.27	4.81
2006	27 521.32	515 020.22	5.34
2007	35 503.42	580 315.35	6.12
2008	45 943.07	636 755.54	7.22
2009	51 017.02	603 955.40	8.45
2010	60 871.65	661 131.19	9.21
2011	75 515.00	734 483.41	10.28
2012	85 322.31	751 459.97	11.35
2013	95 704.06	773 020.23	12.38
2014	104 756.83	794 508.08	13.19
2015	110 615.53	751 987.58	14.71
2016	112 332.77	763 357.95	14.72
2017	123 104.09	812 291.83	15.16
2018	138 948.17	863 570.73	16.09
2019	143 429.03	876 975.19	16.35

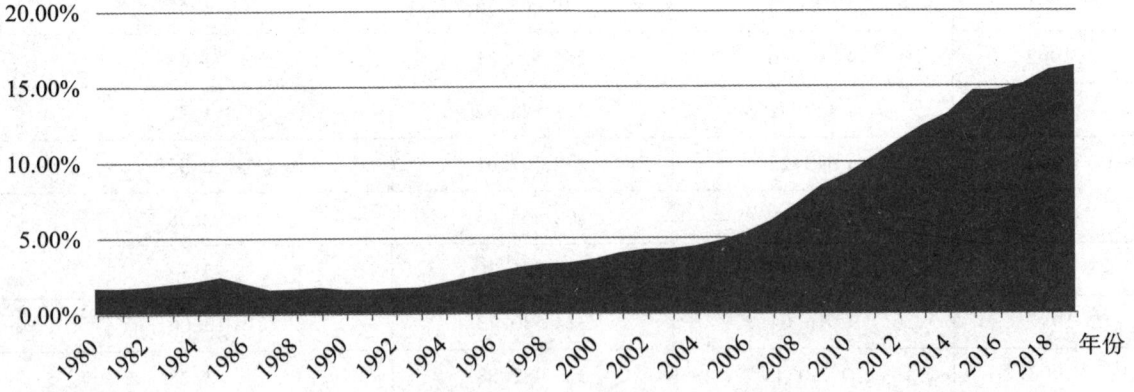

图1-3 中国GDP与世界GDP的比值分析

(二) 1980～2019年保险密度

表1-4对1980～2019年间中国和世界保险密度进行了对比,图1-4直观地显示了两者增长状况的对比。

从图1-4中可以看出,世界保险密度在1984年和2011年之后两次呈现较快增长势头,中国保险密度在过去30年间一直保持增长势头,2006年之后增长更为明显。2008年国际金融危机抑制了世界保险密度的增长,2009年甚至比2008年有所下降,但是中国保险密度仍然保持了快速增长态势,这对于中国这样一个人口大国而言,是十分不易的。根据2019年的数据,中国保险密度相当于世界平均水平的65.1%。

表1-4　　　　　　　　　1980～2019年中国和世界保险密度

年份	中国保险密度 (元/人,人民币)	世界平均保险密度 (美元/人)	中国保险密度增长率 (%)	世界平均保险密度 增长率(%)
1980	0.47	103	—	—
1981	0.78	104	65.96	0.97
1982	1.01	106	29.49	1.92
1983	1.28	109	26.73	2.83
1984	1.92	115	50.00	5.50
1985	3.13	132	63.02	14.78
1986	4.26	176	36.10	33.33
1987	6.51	208	52.82	18.18
1988	9.86	239	51.46	14.90
1989	12.64	242	28.19	1.26
1990	15.56	264	23.10	9.09
1991	20.35	279	30.78	5.68
1992	31.39	302	54.25	8.24
1993	42.16	323	34.31	6.95
1994	49.00	344	16.22	6.50
1995	56.39	372	15.08	8.14
1996	64.38	363	14.18	-2.42
1997	87.93	361	36.56	-0.55
1998	99.91	364	13.63	0.83
1999	110.58	388	10.68	6.59
2000	127.7	403	15.48	3.87

续表

年份	中国保险密度 （元/人，人民币）	世界平均保险密度 （美元/人）	中国保险密度增长率 （%）	世界平均保险密度 增长率（%）
2001	168.98	391	32.33	-2.98
2002	237.60	420	40.61	7.42
2003	348.95	464	46.86	10.48
2004	377.67	505	8.23	8.84
2005	425.39	522	12.64	3.37
2006	481.43	550	13.17	5.36
2007	593.67	603	23.31	9.64
2008	816.35	605	37.51	0.33
2009	919.49	581	12.63	-3.97
2010	1 187.03	604	29.10	3.96
2011	1 159.87	636	-2.29	5.30
2012	1 256.95	633	8.37	-0.47
2013	1 367.81	625	8.82	-1.26
2014	1 598.56	637	16.87	1.92
2015	1 902.65	607	19.02	-4.71
2016	2 410.14	614	26.67	1.15
2017	2 830.76	641	17.45	4.40
2018	2 924.65	663	3.32	3.43
2019	3 261.42	671	11.51	1.21

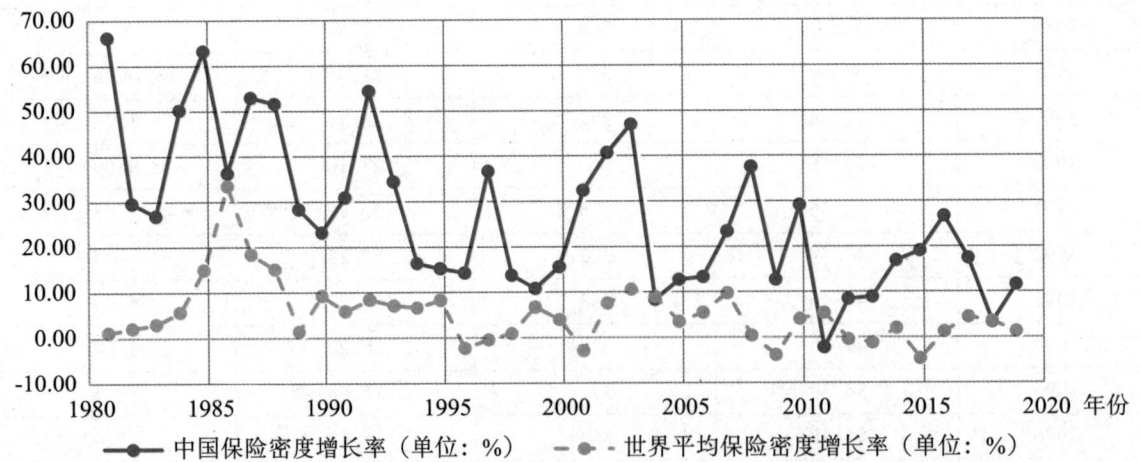

图1-4 1980~2019年中国和世界保险密度增长率

(三) 1980~2019 年保险深度

表 1-5 对 1980~2019 年间中国和世界保险深度进行了对比，图 1-5 直观地显示了两者增长情况的对比。

从图 1-5 中可以看出，世界保险深度在 20 世纪 80 年代呈现较为明显的上升趋势，自 1993 年之后基本保持在 7%~8% 的水平。中国保险深度整体呈现上升趋势，但自 2003 年以来随着中国 GDP 的高速增长，保险深度进入一个相对平稳的时期。根据 2015 年的数据，中国保险深度相当于世界平均水平的 70.1% 左右。

表 1-5　　　　　　　1980~2019 年中国和世界保险深度　　　　　　　（单位:%）

年份	中国保险深度	世界平均保险深度
1980	0.11	4.16
1981	0.16	4.12
1982	0.19	4.28
1983	0.22	4.41
1984	0.27	4.57
1985	0.36	5.05
1986	0.44	5.80
1987	0.58	6.15
1988	0.72	6.42
1989	0.83	6.32
1990	0.94	6.22
1991	1.07	6.32
1992	1.35	6.57
1993	1.40	7.03
1994	1.23	7.08
1995	1.11	6.98
1996	1.10	6.75
1997	1.36	6.83
1998	1.46	6.98
1999	1.54	7.27
2000	1.59	7.41
2001	1.90	7.34
2002	2.51	7.70
2003	2.82	7.69
2004	2.67	7.54
2005	2.63	7.28

续表

年份	中国保险深度	世界平均保险深度
2006	2.57	7.18
2007	2.61	7.12
2008	3.06	6.59
2009	3.20	6.77
2010	3.53	6.52
2011	2.94	6.23
2012	2.91	6.14
2013	2.90	5.97
2014	3.16	6.02
2015	3.54	6.12
2016	4.18	6.15
2017	4.46	6.10
2018	4.22	6.01
2019	4.30	5.99

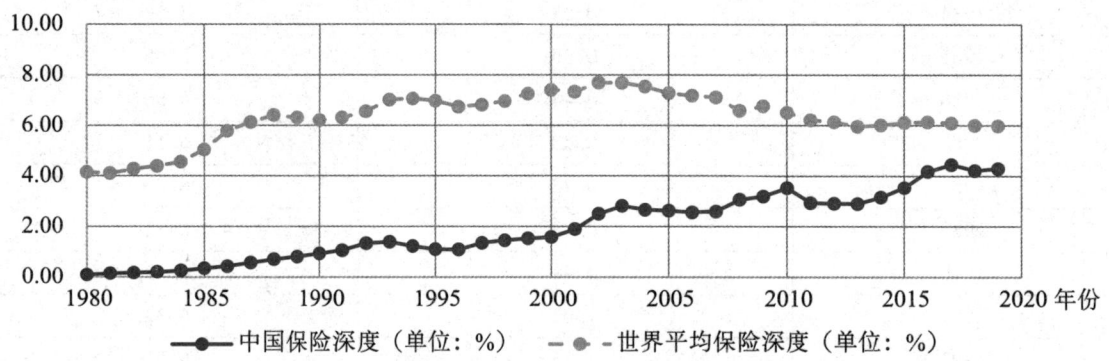

图1-5 中国保险深度与世界平均保险深度的比较

二、发展评价

(一) 市场主体

自1980年以来，中国保费规模从4.6亿元增长至2019年的4.26万亿元，年均增长26.4%。2019年年末保险业总资产达20.56万亿元，净资产达2.48万亿元，当年利润总额3 133亿元。多层次保险市场体系初步形成，市场主体从1家增加到231家（不含互助保险机构4家），其中产险88家，人身险91家，再保险12家，集团和控股13家，保险资产管理26家；专业中介机构2 647家，兼业代理机构3万余家。保险公司231家，正是我们所谓的保险"大牌照"，主要包括（截至

2019年年末）：

(1) 保险集团和控股公司：13家；

(2) 寿险公司：91家（其中，养老险公司5家、健康险公司7家）；

(3) 财险公司：88家（其中，互联网公司4家、相互保险3家、自保公司4家）；

(4) 保险资产管理公司：26家；

(5) 再保险公司：13家（其中，中资6家，外资7家）。

2019年，共有5家外资保险机构开业，分别是工银安盛资产管理有限公司、交银康联资产管理有限公司、中信保诚资产管理有限公司、安联（中国）控股有限公司和大韩再保险有限公司；2019年年末尚有两家外资保险机构正在筹建，分别是恒安标准养老保险有限责任公司和招商信诺资产管理有限公司。

表1-6　　　　2019年保险业机构、人员情况同比变化　　　　（单位：家）

项目		2019年	2018年	同比变化
中资	集团（控股）公司	12	12	0
	产险公司	66	66	0
	寿险公司	63	63	0
	再保险公司	6	6	0
	资产管理公司	22	22	0
	其他（农村互助社）	4	4	0
外资	集团（控股）公司	1	0	1
	产险公司	22	22	0
	寿险公司	28	28	0
	再保险公司	7	6	1
	资产管理公司	4	1	3
保险机构合计		235	230	5
营销员人数（万人）		1 200	1 000	200

相对于保险大牌照，还有保险小牌照，主要是指保险中介主体，主要包括（截至2019年年末）：保险中介集团公司5家；保险专业中介机构2 665家（全国性保险代理公司240家，区域性保险代理公司1 531家，保险经纪公司497家，保险公估公司397家）；保险兼业代理机构3.2万余家（代理网点22万余家），其中银行类保险兼业代理法人机构1 971家（代理网点近18万余家）；个人保险代理人1 200万名。保险营销员的快速增长，对保费的推动作用，尤其是业务价值较高的

保障型保险的推动作用不言而喻。尤其是去年以来，伴随着营销员数量的快速增长，行业保费业务结构出现大幅优化，业务结构明显改善。

（二）保险业经营情况

2019年，保险业实现保费收入42 645亿元，同比增长12.17%。寿险公司未计入合同核算的保户投资款和独立账户本年新增交费9 087亿元，同比增长9.66%，具体如表1-7所示。

表1-7　　　　　　　　2018~2019年保险业经营情况对比　　　　　　　　（单位：亿元）

项目	2019年	2018年	增长
保费收入	42 645	38 017	12.2%
1. 财产险	11 649	10 770	8.2%
2. 人身险	30 995	27 247	13.8%
（1）寿险	22 754	20 723	9.8%
（2）健康险	7 066	5 448	29.7%
（3）人身意外伤害险	1 175	1 076	9.3%
保户投资款新增交费	8 711	7 954	9.5%
投连险独立账户新增交费	376	333	13.0%
赔付支出	12 894	12 298	4.8%
1. 财产险	6 502	5 897	10.2%
2. 人身险	6 392	6 401	-0.1%
（1）寿险	3 743	4 389	-14.7%
（2）健康险	2 351	1 744	34.8%
（3）人身意外伤害险	298	268	11.2%
业务及管理费	5 491	4 718	16.4%
银行存款	25 227	24 363	3.5%
资金运用余额	185 271	164 073	12.9%
资产总额	205 645	183 309	12.2%

（1）从产寿险公司来看，产险公司13 016亿元，同比增长10.72%；寿险公司29 628亿元，同比增长12.82%。从业务类型来看，产险业务11 649亿元，同比增长8.17%；寿险业务22 754亿元，同比增长9.80%；健康险业务7 066亿元，同比增长29.70%；意外险业务1 175亿元，同比增长9.26%。

（2）保险金额6 470万亿元，同比下降6.20%；新增保单件数495.38亿件，同比增长70.45%。其中，产险公司保险金额5 369万亿元，同比下降7.07%，签单件数487.41亿件，同比增长72.51%。寿险公司保险金额1 101万亿元，同比下降1.69%，新增保单7.97亿件，同比下降1.44%。

（3）赔款和给付支出12 894亿元，同比增长4.85%。其中，产险业务赔款6 502亿元，同比增长10.25%；寿险业务给付3 743亿元，同比下降14.70%；健康险业务赔款和给付2 351亿元，同比增长34.81%；意外险业务赔款2 978亿元，同比增长11.19%。

（4）再保险公司分保费收入1 578亿元，同比增长15.05%；分保赔付支出678亿元，同比增长23.94%。

（5）资金运用余额为185 271亿元，较2019年年初增长12.92%。其中，银行存款25 227亿元，占比13.62%；债券64 032亿元，占比34.56%；证券投资基金9 423亿元，占比5.09%；股票14 942亿元，占比8.06%；投资性房地产1 894亿元，占比1.02%。资金运用收益共计8 824亿元，资金运用平均收益率4.94%。

（6）总资产205 645亿元，较2019年年初增长12.18%；净资产24 808亿元，较2019年年初增长23.09%；经营活动产生的现金流量净额8 789亿元，同比增长117.73%；预计利润总额3 133亿元，同比增长15.61%。

（7）应收保费2 520亿元，较2019年年初增长26.36%。其中，产险公司1 864亿元，较2019年年初增长30.46%，平均应收保费率11.52%；寿险公司668亿元，较2019年年初增长13.43%。

（8）寿险公司退保金5 841亿元，同比下降18.98%；退保率4.97%，同比下降1.86个百分点。

（三）保费收入

2019年保险业保费收入42 645亿元，同比增长12.17%。从业务类型来看，产险业务11 649亿元，同比增长8.17%；寿险业务22 754亿元，同比增长9.80%；健康险业务7 066亿元，同比增长29.70%；意外险业务1 175亿元，同比增长9.26%，具体如表1-7所示。

（四）赔付支出

表1-7显示，2019年保险赔付支出12 894亿元，同比增长4.85%。其中，产险业务赔款6 502亿元，同比增长10.25%；寿险业务给付3 743亿元，同比下降14.70%；健康险业务赔款和给付2 351亿元，同比增长34.81%；意外险业务赔款2 978亿元，同比增长11.19%。

(五) 险种结构

表1-7给出了2019年中国保险市场的险种结构及其同比变化,图1-6直观地显示了这一险种结构。

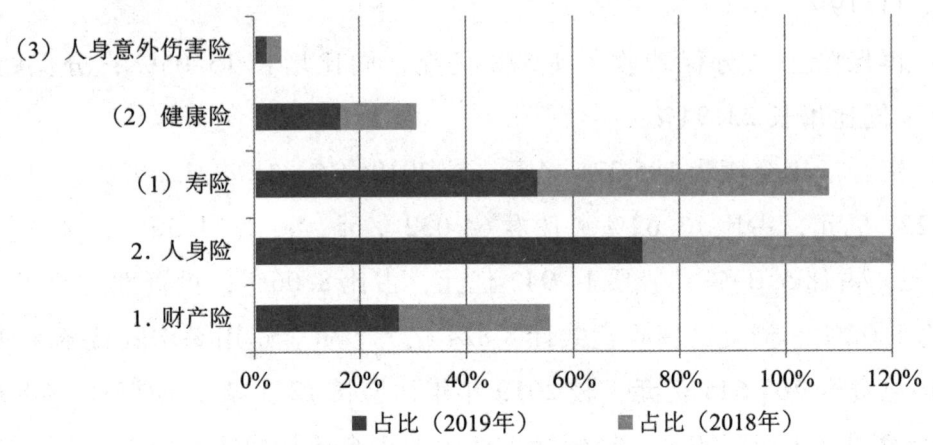

图1-6 2018~2019年中国保险市场的险种结构

(六) 地区结构

表1-8给出了2019年中国各省的保费收入情况。从各省的份额结构来看,2019年保费收入排名位居前列的省份是广东、江苏、山东、河南,份额占比均超过6%。其中,广东占比9.1%,江苏占比8.7%,山东占比6.6%,河南占比6.0%。

表1-8　　　　　　　　　　2019年中国各省保费收入及同比变化　　　　　　　　(单位:亿元)

地区	保费收入 (2019年)	占比 (2019年)	保费收入 (2018年)	占比 (2018年)	市场占有率 变化
广东	4 112	9.6%	3 472	9.1%	0.51%
江苏	3 750	8.8%	3 317	8.7%	0.07%
山东	2 751	6.5%	2 519	6.6%	-0.18%
河南	2 431	5.7%	2 263	6.0%	-0.25%
四川	2 149	5.0%	1 958	5.2%	-0.11%
浙江	2 251	5.3%	1 953	5.1%	0.14%
北京	2 076	4.9%	1 793	4.7%	0.15%
河北	1989	4.7%	1 791	4.7%	-0.05%
湖北	1 729	4.1%	1 471	3.9%	0.18%

续表

地区	保费收入（2019年）	占比（2019年）	保费收入（2018年）	占比（2018年）	市场占有率变化
上海	1 720	4.0%	1 406	3.7%	0.34%
湖南	1 396	3.3%	1 255	3.3%	-0.03%
安徽	1 349	3.2%	1 210	3.2%	-0.02%
深圳	1 384	3.2%	1 192	3.1%	0.11%
陕西	1 033	2.4%	969	2.5%	-0.13%
黑龙江	952	2.2%	899	2.4%	-0.13%
福建	948	2.2%	871	2.3%	-0.07%
辽宁	919	2.2%	853	2.2%	-0.09%
山西	883	2.1%	825	2.2%	-0.10%
重庆	916	2.1%	806	2.1%	0.03%
江西	835	2.0%	754	2.0%	-0.02%
云南	742	1.7%	668	1.8%	-0.02%
内蒙古	730	1.7%	660	1.7%	-0.02%
吉林	679	1.6%	630	1.7%	-0.06%
广西	665	1.6%	629	1.7%	-0.10%
新疆	654	1.5%	577	1.5%	0.02%
天津	618	1.4%	560	1.5%	-0.02%
贵州	489	1.1%	446	1.2%	-0.03%
青岛	487	1.1%	439	1.2%	-0.01%
甘肃	444	1.0%	399	1.0%	-0.01%
大连	371	0.9%	335	0.9%	-0.01%
宁波	376	0.9%	321	0.8%	0.04%
厦门	227	0.5%	211	0.6%	-0.02%
海南	203	0.5%	183	0.5%	-0.01%
宁夏	198	0.5%	183	0.5%	-0.02%
青海	98	0.2%	88	0.2%	0.00%
西藏	37	0.1%	33	0.1%	0.00%
集团、总公司本级	52	0.1%	78	0.2%	-0.08%
全国合计	42 645	100.0%	38 018	100.0%	0.00%

表1-9给出了2019年中国东部、中部、西部三大区域的保费收入状况和同比变化，图1-7直观地显示了这一地区结构。从东、中、西三大区域的份额结构来

看,2019年东部、中部、西部的保费收入份额占比分别为56.7%、24%和19.1%,呈现明显的依次递减现象。与2018年相比,2019年东部略有上升,中部和西部略有下降。

表1-9　　2019年中国各地区保费收入及同比变化　　（单位:亿元）

地区	保费（2019年）	占比（2019年）	保费（2018年）	占比（2018年）
东部	24 183	56.7%	21 217	55.8%
中部	10 254	24.0%	9 306	24.5%
西部	8 156	19.1%	7 416	19.5%
集团、总公司本级	52	0.1%	78	0.2%
全国	42 645	100.0%	38 017	100.0%

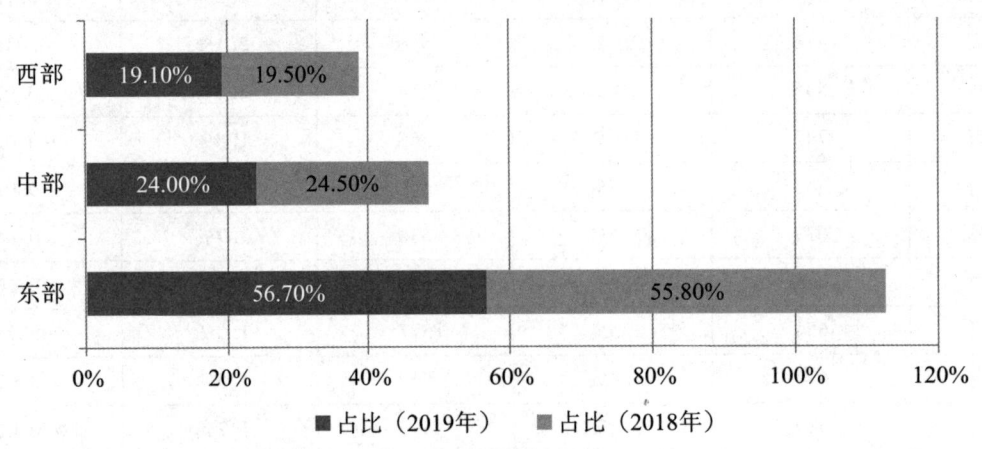

图1-7　2018~2019年中国各地区保费收入

（七）资本机构

2019年,中资保险公司实现保费收入39 588亿元,市场份额92.83%;外资保险公司3 057亿元,市场份额7.17%,同比上升0.98个百分点。

从产险公司来看,中资公司12 764亿元,市场份额98.06%;外资公司253亿元,市场份额1.94%。从寿险公司来看,中资公司26 824亿元,市场份额90.53%;外资公司2 805亿元,市场份额9.47%。

在北京、上海、深圳、广东外资保险公司相对集中的区域保险市场上,外资保险公司的市场份额分别为20.04%、21.59%、10.37%和11.25%。

第二节 2019年中国财险市场回顾

2019年，产险公司实现保费收入13 016亿元，同比增长10.72%；提供风险保额5 369万亿元，同比下降7.07%；2019年，财产保险行业整体发展情况如下：

（1）财产险（不含产险公司经营的意外险和短期健康险）保费收入11 649亿元，同比增加879.39亿元，增长8.17%，增幅同比下降1.35个百分点。其中，机动车辆保险、企财险、货运险和责任险4个主要险种保费收入合计9 536亿元，增长6.32%，增幅同比上升0.36个百分点，产险业务占比81.86%，产险公司业务占比73.26%。

（2）机动车辆保险保费收入8 188亿元，同比增长4.52%，产险业务占比70.29%。其中，交强险保费收入2 188亿元。

（3）企业财产保险保费收入464亿元，同比增长9.69%，产险业务占比3.98%。货运保险保费收入130亿元，同比增长7.44%，产险业务占比1.12%。责任保险保费收入753亿元，同比增长27.51%，产险业务占比6.47%。农业保险保费收入672亿元，同比增长17.43%，产险业务占比5.77%。信用保险保费收入200亿元，同比下降17.53%，产险业务占比1.72%。保证保险保费收入844亿元，同比增长30.80%，产险业务占比7.24%。

（4）财产险累计赔款支出6 502亿元，同比增长10.25%。其中，企业财产保险237亿元，下降2.42%；机动车辆保险4 613亿元，增长4.80%；责任保险342亿元，增长28.81%；货运保险70亿元，增长3.16%；农业保险528亿元，增长34.15%。

（5）产险公司应收保费1 864亿元，较2019年年初增长30.46%，平均应收保费率11.52%。

一、基本分析

（一）保费收入

（1）全国财产保险市场保费规模及增长。图1-8给出了2002~2019年全国保险市场与财产保险市场保费规模对比。2019年，产险公司实现保费收入13 016亿元，增长10.72%。

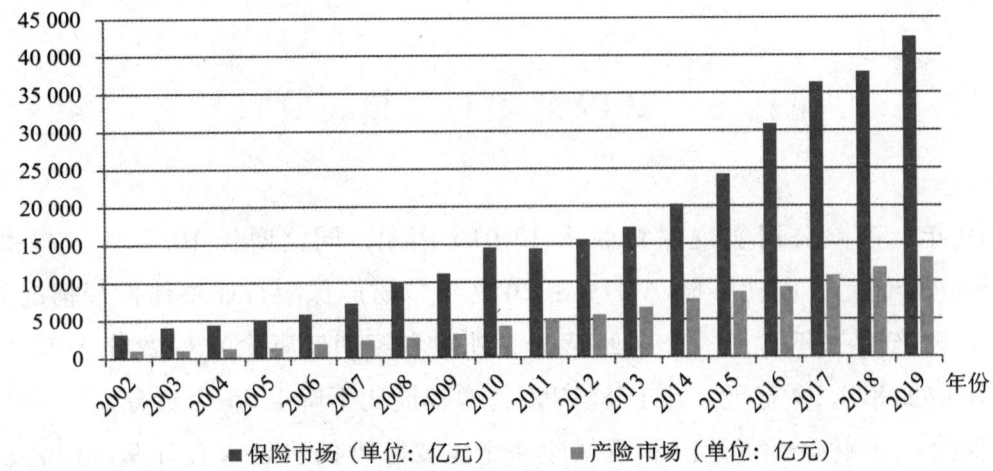

图 1-8　2002~2019 年保险市场整体与财产保险市场保费规模对比

图 1-9 显示了 2002~2019 年全国保险市场与财产保险市场保费增速对比。2019 年国内财产保险市场保费收入实现正增长。从横向比较来看，2019 年财产保险市场的保费收入增速为 10.72%，高于同期全国保险市场保费收入增速。从纵向比较来看，2019 年财产保险市场的保费收入增速远远高于 2018 年。

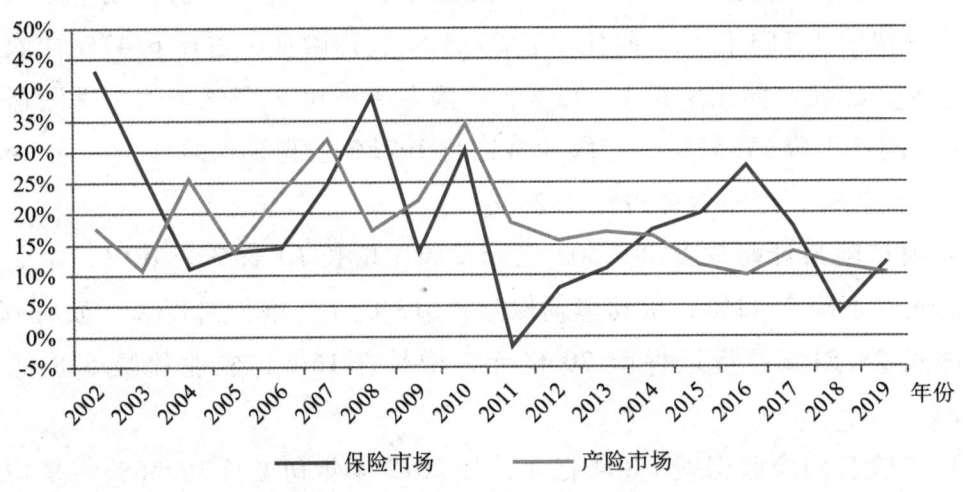

图 1-9　2002~2019 年财产保险市场保费规模增速

（2）地区间财产保险市场保费规模及增长。2019 年，中国各地区财产保费规模及增长情况具体如表 1-10 所示。

表 1-10　　　　　　2019 年各地区财产保险市场保费收入　　　　　　（单位：亿元）

地区	保费收入	保费占比	占比排名	保费增速	增速排名
广东	1 071	9.2%	1	15.6%	2
江苏	941	8.1%	2	9.6%	12

续表

地区	保费收入	保费占比	占比排名	保费增速	增速排名
浙江	734	6.3%	3	9.0%	14
山东	663	5.7%	4	7.0%	26
河北	573	4.9%	5	8.1%	19
河南	532	4.6%	6	7.0%	25
四川	513	4.4%	8	4.3%	32
上海	525	4.5%	7	8.2%	18
北京	455	3.9%	9	7.6%	22
安徽	453	3.9%	10	10.7%	8
湖南	398	3.4%	12	11.3%	6
湖北	398	3.4%	11	13.0%	3
深圳	362	3.1%	13	5.2%	31
云南	297	2.6%	14	7.7%	20
辽宁	284	2.4%	15	10.2%	10
江西	260	2.2%	16	8.3%	16
福建	260	2.2%	17	10.5%	9
陕西	217	1.9%	22	-5.4%	36
广西	217	1.9%	23	-1.1%	33
山西	227	2.0%	18	6.8%	27
贵州	223	1.9%	20	7.4%	24
重庆	220	1.9%	21	8.8%	15
内蒙古	213	1.8%	24	9.6%	13
新疆	225	1.9%	19	17.8%	1
黑龙江	202	1.7%	25	7.7%	21
吉林	184	1.6%	26	6.0%	29
宁波	166	1.4%	27	8.3%	16
天津	152	1.3%	28	5.4%	30
青岛	127	1.1%	30	-1.5%	34
甘肃	138	1.2%	29	9.7%	11
大连	88	0.8%	31	7.6%	23
厦门	79	0.7%	32	-1.8%	35
海南	71	0.6%	33	11.1%	7
宁夏	68	0.6%	34	6.7%	28
青海	42	0.4%	35	12.8%	4
西藏	25	0.2%	36	11.7%	5
集团、总公司本级	47	0.4%	-	-36.1%	-
全国合计	11 649	100%	-	8.2%	-

从保费规模来看,广东省、江苏省、浙江省和山东省位列前四名,保费规模均超过600亿元,河北省、河南省、四川省、上海市、北京市、安徽省保费规模超过400亿元,上述十个地区保费超过6 460亿元;宁夏回族自治区、青海省和西藏自治区保费规模位列后三位,规模合计仅为135亿元。就保费规模的横向比较来看,各地区之间规模的差距较大,规模较小的西藏自治区保费规模仅为规模最大的广东省保费规模的2.3%,保费规模位列后三位的宁夏回族自治区、青海省和海南省的总保费仅为位列前三名的江苏省、广东省和浙江省的4.9%。

从保费规模占全国财产保险市场的比重来看,规模前三位的广东省、江苏省、浙江省占全国财产保险市场的比重分别达到了9.2%、8.1%和6.3%,规模后三位的宁夏回族自治区、青海省和西藏自治区占全国财产保险市场的比重分别为0.4%、0.4%和0.2%。

(二)赔款支出

2019年,产险公司赔款支出累计达到7 279亿元。表1-11给出了2019年财产保险保费收入和赔款支出;图1-10给出了2019年各月财产保险业务赔款与保费收入占比情况。

表1-11　　2019年产险公司保费收入和赔款支出情况　　(单位:亿元)

月份	保费收入	保费占比	赔付支出	赔付占比	赔付率
1月	1 305	11.2%	611	8.4%	46.8%
2月	612	5.3%	323	4.4%	52.7%
3月	1 036	8.9%	494	6.8%	47.7%
4月	935	8.0%	526	7.2%	56.3%
5月	918	7.9%	491	6.7%	53.5%
6月	1 088	9.3%	473	6.5%	43.5%
7月	880	7.5%	539	7.4%	61.3%
8月	913	7.8%	539	7.4%	59.0%
9月	972	8.3%	544	7.5%	55.9%
10月	884	7.6%	504	6.9%	57.0%
11月	986	8.5%	607	8.3%	61.6%
12月	1 122	9.6%	1 628	22.4%	145.1%

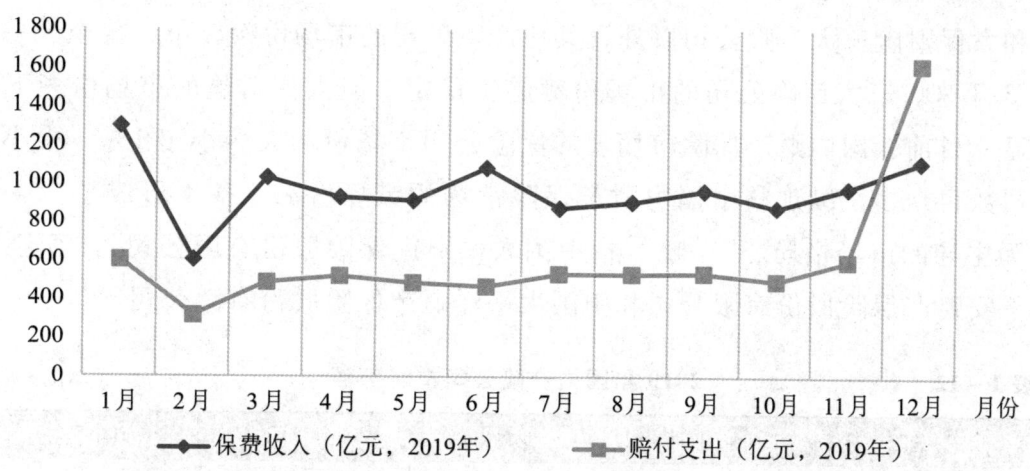

图 1-10　2019 年财产保险业务月度保费收入与赔付支出

二、竞争态势

（一）经营主体数量

2019 年，中国银保监会没有批筹新的产险公司；2018 年 3 家产险公司（太平科技、黄河产险、融盛产险）获批开业后，产险市场格局保持相对稳定，目前共有 88 家产险公司（本书中 88 家产险公司的简称使用中国银保监会网站公布的名称），具体如图 1-12 所示。

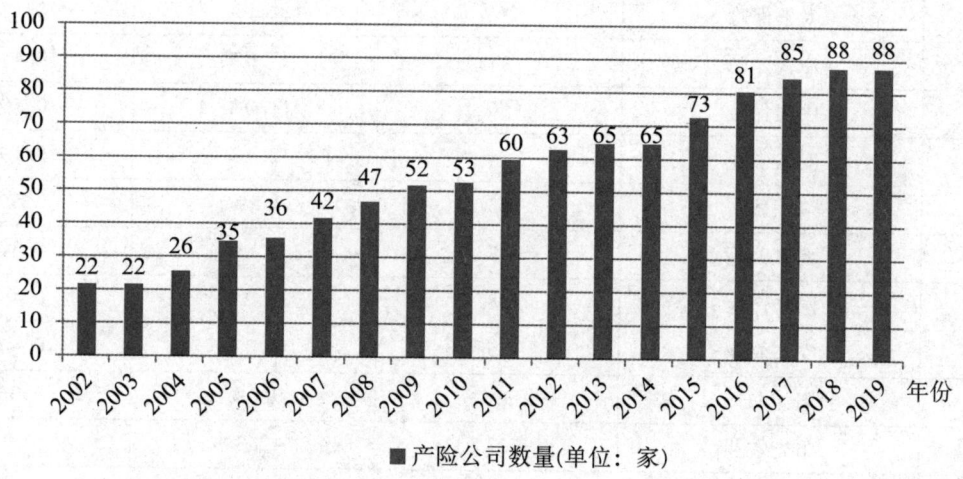

图 1-11　2002~2019 年产险公司数量

（二）市场份额

从近 3 年的市场份额统计情况（见表 1-12）可以看出，除了人保股份、平安财险和太保财险三大产险公司以外,其他产险公司的市场份额较小,甚至无一突破6%。3年来,三大产险公司的市场份额趋于稳定,但太保财险的市场份额下降趋势明显。目前,国内财产保险市场上的保险公司市场份额大多小于1%,中小型产险公司数目众多。纵观整个国内财产保险市场的市场份额,基本形成了"一超两强"为主导的市场格局。"一超"指中国人民财产保险股份有限公司,"两强"指中国平安财产保险股份有限公司和中国太平洋财产保险股份有限公司。

表1-12　　　　　　　　　2019年国内产险公司市场份额　　　　　　　　（单位：亿元）

序号	公司名称	保费收入	同比增长	市场份额
1	人保股份	4 316	11.3%	33.2%
2	大地财产	484	14.2%	3.7%
3	出口信用	147	-24.8%	1.1%
4	中华联合	486	15.0%	3.7%
5	太保财	1 322	12.7%	10.2%
6	平安财	2 709	9.5%	20.8%
7	华泰	78	-4.1%	0.6%
8	天安	156	3.4%	1.2%
9	华安	141	18.2%	1.1%
10	永安	118	12.7%	0.9%
11	太平保险	269	11.1%	2.1%
12	亚太产险	48	27.6%	0.4%
13	中银保险	66	11.0%	0.5%
14	安信农业	14	12.1%	0.1%
15	永诚	63	2.5%	0.5%
16	大家财险	43	12.8%	0.3%
17	国任产险	48	17.2%	0.4%
18	安华农业	55	10.1%	0.4%
19	阳光财产	395	9.0%	3.0%
20	阳光农业	33	-2.3%	0.3%
21	都邦	38	-0.6%	0.3%
22	渤海	37	-7.0%	0.3%
23	华农	20	8.7%	0.2%
24	国寿财产	770	11.5%	5.9%
25	安诚	44	8.0%	0.3%

续表

序号	公司名称	保费收入	同比增长	市场份额
26	长安责任	28	-2.2%	0.2%
27	国元农业	56	-2.0%	0.4%
28	鼎和财产	49	9.8%	0.4%
29	中煤财产	15	5.9%	0.1%
30	英大财产	85	10.5%	0.7%
31	浙商财产	41	-6.1%	0.3%
32	紫金财产	64	16.9%	0.5%
33	泰山产险	22	30.3%	0.2%
34	众诚保险	17	27.9%	0.1%
35	锦泰财产	22	8.3%	0.2%
36	诚泰财产	15	23.8%	0.1%
37	长江财产	7	-7.7%	0.1%
38	富德财产	24	3.5%	0.2%
39	鑫安汽车	8	25.5%	0.1%
40	北部湾财产	31	9.0%	0.2%
41	中石油专属保险	5	-5.9%	0.0%
42	众安财产	146	30.4%	1.1%
43	恒邦财产	11	53.1%	0.1%
44	合众财产	3	26.7%	0.0%
45	燕赵财产	8	2.7%	0.1%
46	华海财产	21	3.2%	0.2%
47	中原农业	20	23.4%	0.2%
48	中路财产	9	13.5%	0.1%
49	铁路自保	3	-37.7%	0.0%
50	阳光信用	2	-39.7%	0.0%
51	泰康在线	51	73.8%	0.4%
52	易安财产	10	-18.8%	0.1%
53	东海航运	3	52.1%	0.0%
54	久隆财产	2	18.2%	0.0%
55	安心财产	27	77.8%	0.2%
56	前海联合	18	60.6%	0.1%
57	珠峰产险	5	13.4%	0.0%
58	海峡金桥	4	11.3%	0.0%

续表

序号	公司名称	保费收入	同比增长	市场份额
59	建信财产	5	42.9%	0.0%
60	众惠相互	7	93.0%	0.1%
61	太平科技	1	72.4%	0.0%
62	中远海自保	5	30.1%	0.0%
63	汇友互助	1	167.0%	0.0%
64	粤电自保	1	2.7%	0.0%
65	黄河产险	4	60.0%	0.0%
66	融盛产险	2	801.0%	0.0%
	中资小计	12 764	10.7%	98.1%
67	史带财产	3	29.9%	0.0%
68	美亚	15	-3.3%	0.1%
69	东京海上	6	0.6%	0.0%
70	瑞再企商	1	-12.6%	0.0%
71	安达保险	6	11.2%	0.0%
72	三井住友	6	4.0%	0.0%
73	三星	8	-3.4%	0.1%
74	安联	24	124.6%	0.2%
75	日本财产	4	1.6%	0.0%
76	利宝互助	23	15.9%	0.2%
77	中航安盟	22	-5.8%	0.2%
78	安盛天平	63	-0.3%	0.5%
79	苏黎世	6	4.2%	0.0%
80	现代财产	1	22.5%	0.0%
81	劳合社	0	1.3%	0.0%
82	中意财产	7	9.7%	0.1%
83	爱和谊	1	1.2%	0.0%
84	国泰财产	48	25.4%	0.4%
85	日本兴亚	1	4.5%	0.0%
86	乐爱金	2	14.6%	0.0%
87	富邦产险	7	-16.3%	0.1%
88	信利保险	0	-59.7%	0.0%
	外资小计	253	10.9%	1.9%
	合计	13 016	10.7%	100%

（三）市场集中度

市场集中度（Concentration Ratio，CR）是衡量整个行业的市场结构集中程度的测量指标，用来衡量企业的数目和相对规模的差异，是反映市场垄断程度的重要量化指标。此处，对于国内财产保险行业市场集中度的分析是以前三家产险公司的市场份额之和（CR3）为标准衡量国内财险市场集中度。

从表1-13中的数据可以看出，2008~2011年国内财产保险市场集中度持续上升，2012年开始市场集中度又有所下降，但是下降幅度较小。2018市场集中度较2017年略有上升，为64.04%，上升0.54个百分点。总体来看，近年来市场集中度超过60%，这说明国内财产保险市场仍然趋向于垄断，整体竞争程度不够。具体来看，近年来大约60%的市场份额仍然由三大产险公司贡献，而且人保财险一直稳居首位；平安财险的市场份额从2009年起超越太保财险，排名次席。

表1-13　　　　　　　2008~2019年国内财产保险市场集中度

年份	市场份额前三（由大到小）	集中度（CR3）
2004	人保、太保、平安	79.9%
2005	人保、太保、平安	72.6%
2006	人保、太保、平安	67.3%
2007	人保、太保、平安	64.0%
2008	人保、太保、平安	63.9%
2009	人保、平安、太保	64.2%
2010	人保、平安、太保	66.5%
2011	人保、平安、太保	66.6%
2012	人保、平安、太保	65.4%
2013	人保、平安、太保	64.8%
2014	人保、平安、太保	64.7%
2015	人保、平安、太保	64.0%
2016	人保、平安、太保	65.6%
2017	人保、平安、太保	63.5%
2018	人保、平安、太保	64.1%
2019	人保、平安、太保	64.1%

三、发展层次

（一）保险密度

保险密度是指按照当地人口计算的人均保费，其与保费收入总量从不同角度反映了保险的规模程度，同时也体现了一个国家或地区保险的普及程度。财产保险市场的保险密度说明该地财产保险产品的普及程度，是衡量财产保险市场发展情况的一项重要指标。

2019年，国内财产保险市场的保险密度达到930元/人，较2018年增长10.35%。从近18年的保险密度来看，国内保险市场的保险密度增长迅速，从2002年的63元增长到930元，增加了13.80倍（见表1-14和图1-12）。

表1-14　　　　2002~2019年国内财产保险市场保险密度

年份	产险保费收入（亿元）	人口数量（万人）	产险保险密度（元/人）
2002	778	128 453	60.57
2003	869	129 227	67.25
2004	1 089	129 988	83.78
2005	1 230	130 756	94.07
2006	1 509	131 448	114.80
2007	1 998	132 129	151.22
2008	2 337	132 802	175.98
2009	2 876	133 450	215.51
2010	3 896	134 091	290.55
2011	4 618	134 735	342.75
2012	5 531	135 404	408.48
2013	6 212	136 072	456.52
2014	7 203	136 782	526.60
2015	7 995	137 462	581.62
2016	8 724	138 271	630.93
2017	9 835	139 008	707.51
2018	10 770	139 538	771.83
2019	11 649	140 005	832.04

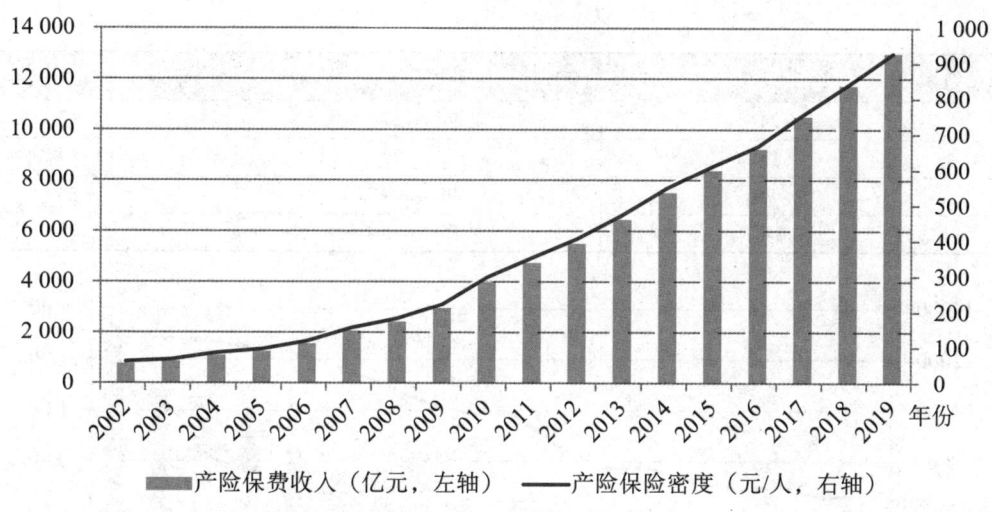

图 1-12　2002~2019 年国内财产保险市场保险密度

（二）保险深度

保险深度是指保费收入占该地区国内生产总值（GDP）之比，它反映该地区保险业在国民经济中所处的地位。财产保险市场的保险深度即财产保险保费收入占该地区国内生产总值之比，说明财产保险市场在国民经济中的重要程度。

2019 年，国内财产保险市场保险深度达到 1.3%，从近 18 年保险深度的变化趋势来看，国内财产保险市场的保险深度表现为较为稳定的增长，从 2002 年的 0.64% 增长到 2019 年的 1.31%（见表 1-15 和图 1-13），增加了近 2 倍。

表 1-15　　2002~2019 年国内财产保险市场保险深度

年份	产险保费收入（亿元）	国内生产总值（亿元）	产险保险深度（%）
2002	778	102 398	0.76
2003	869	116 694	0.74
2004	1 089	136 515	0.80
2005	1 230	182 321	0.67
2006	1 509	209 407	0.72
2007	1 998	246 619	0.81
2008	2 337	300 670	0.78
2009	2 876	335 353	0.86
2010	3 896	397 973	0.98
2011	4 618	471 564	0.98
2012	5 531	519 322	1.07
2013	6 212	568 845	1.09
2014	7 203	636 463	1.13
2015	7 995	676 708	1.18

续表

年份	产险保费收入（亿元）	国内生产总值（亿元）	产险保险深度（%）
2016	8 724	744 127	1.17
2017	9 835	827 122	1.19
2018	10 770	900 309	1.20
2019	11 649	990 865	1.18

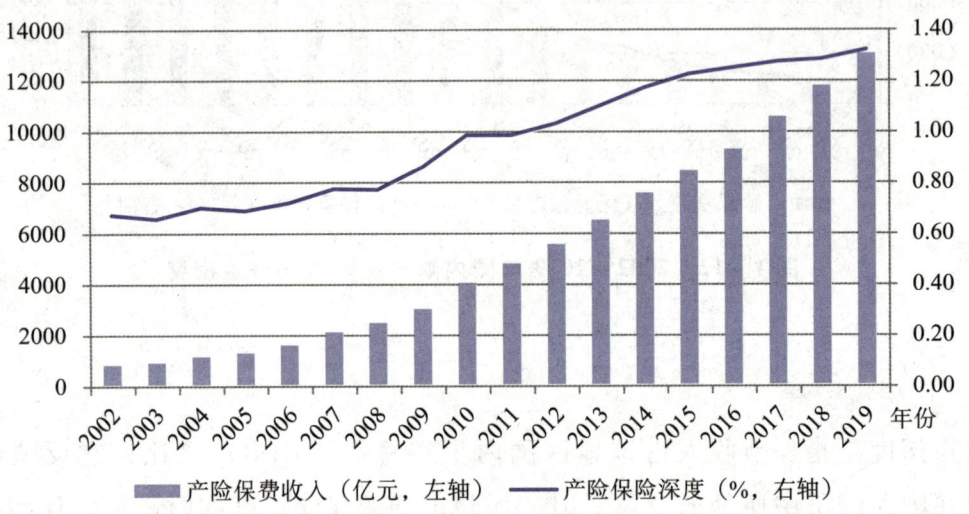

图1-13 2002~2019年国内财产保险市场保险深度

第三节 2019年中国人身险市场回顾

2019年，人身险行业保费收入为30 995亿元，同比增长13.76%；寿险公司保险金额1 101万亿元，同比下降1.69%；寿险公司期末有效保险金额953万亿元，增长14.93%。2019年，人身险行业整体发展情况如下：

（1）人身险业务保费收入30 995亿元（含产险公司经营的意外险和短期健康险），同比增长13.76%。其中，寿险业务22 754亿元，同比增长9.80%，人身险业务占比73.41%；健康险业务7 066亿元，同比增长29.70%，人身险业务占比22.80%；意外险业务1 175亿元，同比增长9.26%，人身险业务占比3.79%。

未计入保险合同核算的保户投资款和独立账户本年新增交费9 087亿元，同比增长9.66%。其中，寿险业务保户投资款和独立账户本年新增交费8 207亿元；健康险业务保户投资款本年新增交费880亿元。

从险种来看，寿险业务1 320亿元，增长24.71%，人身险业务占比69.39%；

健康险业务 501 亿元，增长 28.81%，人身险业务占比 26.35%；意外险业务 81 亿元，增长 0.97%，人身险业务占比 4.25%。

（2）寿险公司新单保费收入 12 854 亿元，同比增长 10.10%，寿险公司业务占比 43.38%。其中，新单期交业务 6 275 亿元，增长 12.55%，占新单业务的 48.82%。

在新单期交业务中，3 年期以下 182 亿元，占比 2.95%，下降 0.08 个百分点；3～5 年期 2 211 亿元，占比 35.90%，上升 0.36 个百分点；5～10 年期 1 069 亿元，占比 17.36%，上升 3.08 个百分点；10 年期及以上 2 696 亿元，占比 43.79%，下降 3.36 个百分点。

（3）普通寿险业务同比增长 14.83%，分红寿险业务同比增长 5.90%。普通寿险业务 10 474 亿元，增长 14.83%；分红寿险业务 12 167 亿元，增长 5.90%；投资连结保险业务 4 亿元，增长 6.89%；万能险业务 109 亿元，增长 0.54%。

寿险公司普通寿险业务保户投资款本年新增交费 5 亿元；分红寿险业务保户投资款本年新增交费 91 亿元；万能险业务保户投资款本年新增交费 7 736 亿元；投连险业务独立账户本年新增交费 376 亿元。

（4）寿险公司银邮代理业务同比增长 11.75%；个人代理业务同比增长 11.50%。其中，银邮代理业务 8 976 亿元，增长 11.75%，寿险公司业务占比 30.29%；个人代理业务 17 230 亿元，增长 11.50%，占比 58.15%；公司直销业务 2 383 亿元，增长 18.39%，占比 8.04%。

（5）人身险业务赔款与给付支出 6 392 亿元，下降 0.13%。其中，寿险业务给付金额 3 743 亿元，下降 14.70%；健康险业务赔款与给付支出 2 351 亿元，增长 34.81%；意外险业务赔款支出 2 978 亿元，增长 11.19%。

（6）寿险公司应收保费 668 亿元，较 2019 年年初增长 13.43%。寿险公司退保金 5 841 亿元，同比下降 18.98%；退保率 4.97%，同比下降 1.86 个百分点。从公司来看，中资寿险公司退保金 5 569 亿元，退保率 5.09%；外资寿险公司退保金 273 亿元，退保率 3.33%。从险种来看，分红寿险退保金 1 372 亿元，占寿险公司退保金的 23.49%；普通寿险退保金 4 148 亿元，占寿险公司退保金的 71.01%。

一、基本分析

（一）保费收入

（1）总体保费情况。2019 年，全国寿险实现保费收入 29 628 亿元。图 1-14 为 2002～2019 年全国保险市场与寿险市场保费规模的对比。

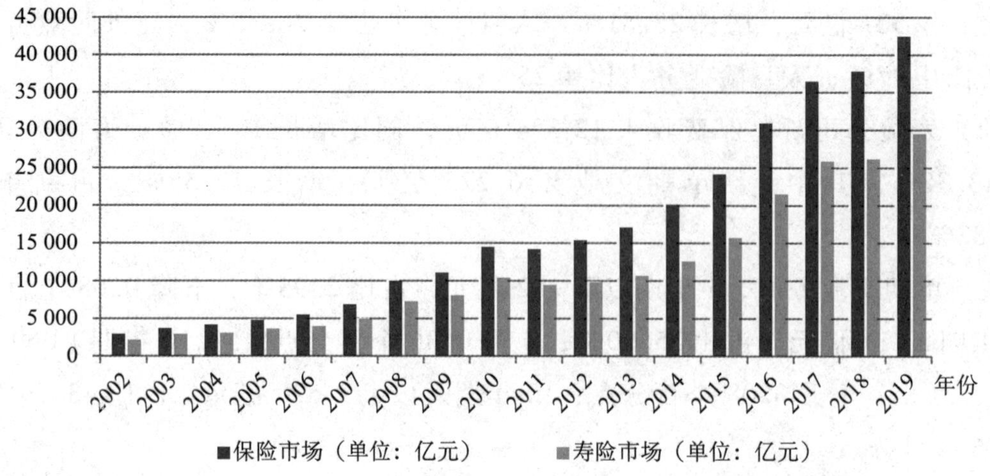

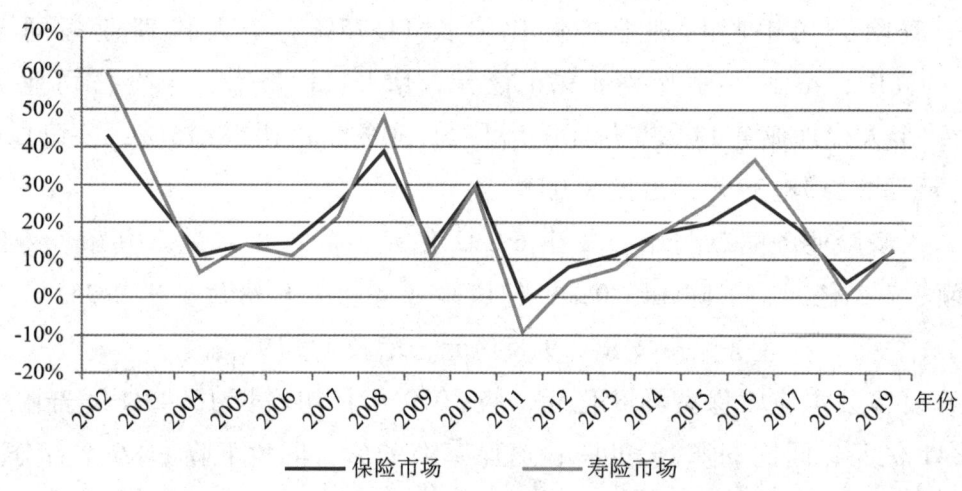

图1-14　2002~2019年保险市场整体与寿险市场保费规模对比

图1-14和图1-15给出了2002~2019年全国保险市场与寿险市场保费规模和增速对比。2019年国内寿险市场保费收入实现正增长。从横向比较来看,2019年,寿险市场的保费收入增速为12.82%,基本与同期全国保险市场保费收入同步。从纵向比较来看,2019年财产保险市场的保费收入增速远远高于2018年。

图1-15　2002~2019年寿险市场保费规模增速

(2)分地区保费情况。2019年,中国各地区人身险保费规模及增长情况如表1-16所示,人身险保费规模居前五位的地区是广东、江苏、山东、河南和四川。

2019年,东部地区11省区保费收入达17 633亿元,同比增长15.9%,占比56.9%;中部地区8省区保费收入达7 600亿元,同比增长10.5%,占比24.5%;西部地区12省区保费收入达5 757亿元,同比增长11.7%,占比18.6%(见表1-17和图1-16)。

表1-16　　2019年各地区人身险保费规模情况　　（单位：亿元）

地区	保费收入	保费占比	占比排名	保费增速	增速排名
广东	3 041	9.8%	1	19.47%	4
江苏	2 809	9.1%	2	14.27%	10
山东	2 088	6.7%	3	9.90%	27
河南	1 899	6.1%	4	7.54%	32
四川	1 635	5.3%	5	11.55%	21
北京	1 622	5.2%	6	18.31%	7
浙江	1 517	4.9%	7	18.58%	6
河北	1 416	4.6%	8	12.34%	13
湖北	1 331	4.3%	9	18.93%	5
上海	1 195	3.9%	10	29.81%	1
深圳	1 022	3.3%	11	20.67%	3
湖南	998	3.2%	12	11.20%	22
安徽	896	2.9%	13	11.87%	18
陕西	816	2.6%	14	10.35%	26
黑龙江	750	2.4%	15	5.44%	35
重庆	696	2.3%	16	15.32%	9
福建	689	2.2%	17	8.27%	31
山西	656	2.1%	18	7.20%	33
辽宁	635	2.1%	19	6.63%	34
江西	575	1.9%	20	12.00%	16
内蒙古	517	1.7%	21	11.13%	23
吉林	496	1.6%	22	8.56%	30
天津	466	1.5%	23	12.07%	15
广西	448	1.5%	24	9.32%	28
云南	445	1.4%	25	13.49%	12
新疆	429	1.4%	26	11.09%	24
青岛	360	1.2%	27	15.92%	8
甘肃	306	1.0%	28	12.13%	14
大连	284	0.9%	29	11.72%	20
贵州	266	0.9%	30	11.77%	19
宁波	210	0.7%	31	25.35%	2
厦门	148	0.5%	32	13.54%	11
宁夏	130	0.4%	33	8.89%	29
海南	131	0.4%	33	10.46%	25
青海	57	0.2%	35	11.94%	17
西藏	12	0.0%	36	5.34%	36
集团、总公司本级	5	0.0%	—	-3.62%	—
全国合计	30 995	100.0%	—	13.76%	—

表 1-17　　2019 年东中西部地区人身险保费收入占比　　　　　　　　　　（单位：亿元）

地区	保费（2019 年）	地区占比（2019 年）	保费（2018 年）	地区占比（2018 年）
东部地区	17 633	56.9%	15 210	55.8%
中部地区	7 600	24.5%	6 876	25.2%
西部地区	5 757	18.6%	5 155	18.9%
集团、总公司本级	5	0.0%	5	0.0%

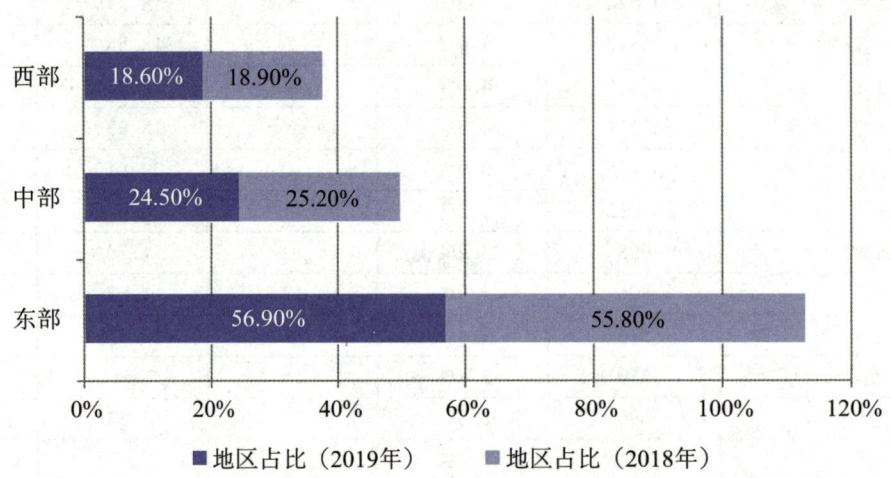

图 1-16　2019 年东中西部地区人身险保费收入分布

（二）赔付支出

2019 年，人身险业务赔款与给付支出 6 392 亿元，下降 0.13%。其中，寿险业务给付金额 3 743 亿元，下降 14.70%；健康险业务赔款与给付支出 2 351 亿元，增长 34.81%；意外险业务赔款支出 2 978 亿元，增长 11.19%。表 1-18 给出了 2019 年人身保险保费收入和赔款支出及其占比情况。图 1-17 给出了 2019 年人身保险业务赔款与保费收入情况。

表 1-18　　2019 年各月人身险保费收入和赔款与给付支出及其占比情况　　（单位：亿元）

月份	保费收入	保费收入占比	赔付支出	赔付支出占比	赔付率
1 月	7 195	23.2%	778	12.2%	10.8%
2 月	2 526	8.2%	527	8.3%	20.9%
3 月	3 648	11.8%	585	9.1%	16.0%
4 月	1 803	5.8%	453	7.1%	25.1%
5 月	1 877	6.1%	464	7.3%	24.7%

续表

月份	保费收入	保费收入占比	赔付支出	赔付支出占比	赔付率
6月	2 595	8.4%	507	7.9%	19.5%
7月	1 670	5.4%	482	7.5%	28.8%
8月	2 029	6.5%	498	7.8%	24.5%
9月	2 519	8.1%	577	9.0%	22.9%
10月	1 654	5.3%	472	7.4%	28.6%
11月	1 577	5.1%	503	7.9%	31.9%
12月	1 903	6.1%	545	8.5%	28.7%

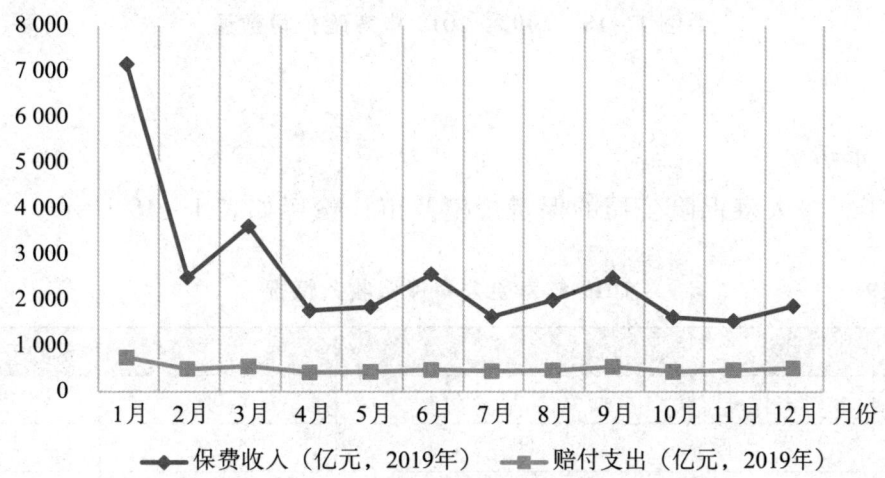

图 1-17　2019 年人身保险业务月度赔款与保费收入

二、竞争态势

（一）经营主体数量

2019 年，中国银保监会批筹了一家外资保险公司（恒安标准养老保险有限责任公司），没有新开业的寿险公司；2018 年，5 家寿险公司获批开业，其中 4 家寿险公司——北京人寿、国宝人寿、海保人寿、国富人寿，1 家健康险公司——瑞华健康。目前，已经批筹尚未开业的寿险公司为汇邦人寿和恒安标准养老。

2002 年年底，人寿保险公司仅为 23 家。但到了 2006 年年底，全国已发展到 48 家，其中，中资人寿险公司 23 家，外资公司 25 家；综合性人寿险公司 41 家，专业健康险公司 4 家，专业养老金公司 3 家。截至 2019 年年底，全国人寿保险公司达到 91 家（本书中 91 家寿险公司的简称使用中国银保监会网站公布的名称），其中，中资公司 63 家，外资公司 28 家，具体如图 1-18 所示。

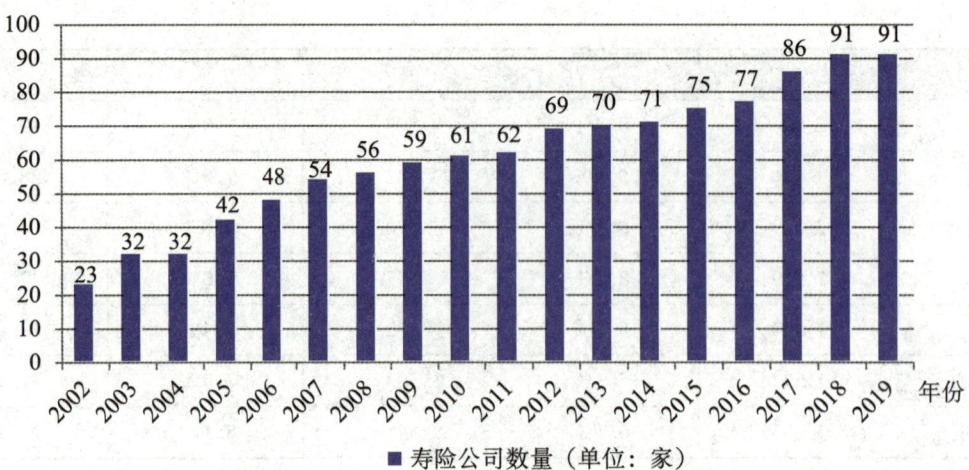

图 1-18 2002～2019 年寿险公司数量

(二) 市场份额

2019 年,各人寿保险公司的保费规模及市场份额如表 1-19 所示。

表 1-19　　　　　　　　2019 年寿险公司保费收入情况　　　　　　　(单位:亿元)

序号	公司名称	保费收入	同比增长	市场占有率
1	国寿股份	5 684	6.0%	19.2%
2	太保寿	2 124	5.5%	7.2%
3	平安寿	4 939	10.5%	16.7%
4	新华	1 381	13.0%	4.7%
5	泰康	1 308	11.5%	4.4%
6	太平人寿	1 405	13.6%	4.7%
7	建信人寿	292	17.2%	1.0%
8	天安人寿	521	-11.1%	1.8%
9	光大永明	117	13.5%	0.4%
10	民生人寿	123	7.1%	0.4%
11	富德生命人寿	513	-28.5%	1.7%
12	国寿存续	6	-75.0%	0.0%
13	平安养老	236	11.9%	0.8%
14	中融人寿	81	58.7%	0.3%
15	合众人寿	168	10.8%	0.6%
16	太平养老	50	3.3%	0.2%
17	人保健康	224	51.5%	0.8%

续表

序号	公司名称	保费收入	同比增长	市场占有率
18	华夏人寿	1 828	15.5%	6.2%
19	君康人寿	362	22.5%	1.2%
20	信泰	210	183.6%	0.7%
21	农银人寿	232	31.7%	0.8%
22	长城	81	30.7%	0.3%
23	昆仑健康	34	76.4%	0.1%
24	和谐健康	2	−34.5%	0.0%
25	人保寿险	981	4.7%	3.3%
26	国华	376	8.9%	1.3%
27	国寿养老	0	—	0.0%
28	长江养老	0	—	0.0%
29	英大人寿	97	79.4%	0.3%
30	泰康养老	90	31.6%	0.3%
31	幸福人寿	82	−10.0%	0.3%
32	阳光人寿	481	26.6%	1.6%
33	百年人寿	456	18.4%	1.5%
34	中邮人寿	675	17.1%	2.3%
35	大家人寿	51	−74.2%	0.2%
36	利安人寿	131	18.4%	0.4%
37	前海人寿	765	54.5%	2.6%
38	华汇人寿	0	−39.1%	0.0%
39	东吴人寿	36	89.0%	0.1%
40	珠江人寿	33	−20.9%	0.1%
41	弘康人寿	127	55.8%	0.4%
42	吉祥人寿	20	−28.1%	0.1%
43	大家养老	1	−63.3%	0.0%
44	渤海人寿	61	29.0%	0.2%
45	国联人寿	17	−9.4%	0.1%
46	太保安联健康	4	34.7%	0.0%
47	上海人寿	126	97.0%	0.4%
48	中华人寿	20	51.4%	0.1%
49	新华养老	0	—	0.0%
50	三峡人寿	9	8 204.8%	0.0%

续表

序号	公司名称	保费收入	同比增长	市场占有率
51	横琴人寿	60	141.9%	0.2%
52	复星联合健康	18	248.0%	0.1%
53	信美人寿	20	273.3%	0.1%
54	华贵人寿	11	68.8%	0.0%
55	爱心人寿	8	154.3%	0.0%
56	和泰人寿	11	60.8%	0.0%
57	招商仁和	101	386.9%	0.3%
58	瑞华健康	0	2 971.4%	0.0%
59	北京人寿	13	565.2%	0.0%
60	人保养老	0	—	0.0%
61	海保人寿	5	492.3%	0.0%
62	国富人寿	6	302.8%	0.0%
63	国宝人寿	9	614.8%	0.0%
	中资小计	26 824	11.1%	90.5%
64	中宏人寿	100	23.1%	0.3%
65	中德安联	57	15.9%	0.2%
66	工银安盛	527	56.5%	1.8%
67	中信保诚	213	38.7%	0.7%
68	交银康联	113	40.7%	0.4%
69	中意	146	4.5%	0.5%
70	友邦	331	26.8%	1.1%
71	北大方正人寿	29	37.0%	0.1%
72	中荷人寿	54	15.8%	0.2%
73	中英人寿	94	18.0%	0.3%
74	同方全球人寿	51	37.2%	0.2%
75	招商信诺	180	19.5%	0.6%
76	长生人寿	15	-35.9%	0.1%
77	恒安标准	39	18.1%	0.1%
78	瑞泰人寿	7	19.0%	0.0%
79	中法人寿	0	-56.4%	0.0%
80	华泰人寿	62	16.2%	0.2%
81	陆家嘴国泰	27	15.4%	0.1%
82	中美联泰	144	23.9%	0.5%

续表

序号	公司名称	保费收入	同比增长	市场占有率
83	平安健康	61	66.0%	0.2%
84	中银三星	53	85.1%	0.2%
85	恒大人寿	420	29.8%	1.4%
86	新光海航	1	-4.6%	0.0%
87	汇丰人寿	18	28.1%	0.1%
88	君龙人寿	6	-7.6%	0.0%
89	复星保德信	41	222.6%	0.1%
90	中韩人寿	7	32.6%	0.0%
91	德华安顾	9	46.9%	0.0%
	外资小计	2 805	31.9%	9.5%
	合计	29 628	12.8%	100.0%

2019 年，保费规模超过 100 亿元的有 36 家公司，市场份额合计为 94.4%；保费规模在 10 亿至 100 亿元之间的有 34 家公司，市场份额合计为 5.4%；保费规模在 1 亿元至 10 亿元之间的有 13 家公司，市场份额合计为 0.3%；保费规模在 1 亿元以下的有 8 家公司，市场份额合计为 0.01%，具体如表 1-20 所示。

表 1-20　　　　　　　　2019 年寿险公司保费收入分布情况

保费规模	公司数目		市场份额合计	
	2019 年	2018 年	2019 年	2018 年
大于 100 亿元	36	32	94.4%	83.7%
介于 10 亿元与 100 亿元之间	34	34	5.4%	10.0%
介于 1 亿元与 10 亿元之间	13	15	0.3%	4.2%
小于 1 亿元	8	10	0.0%	2.1%

（三）市场集中度

2019 年，中国人寿保险市场格局发生变化，太平人寿超越新华人寿成为第五名。随着市场主体的增加，寿险市场的竞争格局悄然也在改变，市场从寡头垄断竞争阶段进入垄断竞争时期。2004 年，中国人寿的人寿险保费占总保费的 46.87%，其他 4 家人寿险公司中国平安、中国太保、新华保险、泰康人寿的人寿险保费分别占比 17.18%、10.80%、5.87%、5.54%，前五家公司的市场份额合计超过 86%。2019 年，前五家公司的总份额为 53.9%，较 2018 年下降 1.9 个百分点。虽然 5 家市场总份额略有下降，但是小型人寿险公司的市场份额却快速下降，具体如表 1-21 所示。

表 1-21　　2004~2019 年国内 5 家人寿保险公司市场占有份额

年份	中国人寿	中国平安	中国太保	新华保险	泰康人寿	合计
2004	46.9%	17.2%	10.8%	5.9%	5.5%	86.3%
2005	44.1%	16.1%	9.9%	5.8%	4.9%	80.8%
2006	45.3%	17.0%	9.3%	6.6%	5.1%	83.3%
2007	39.7%	16.0%	10.2%	6.6%	6.9%	79.5%
2008	40.3%	13.8%	9.0%	7.6%	7.9%	78.5%
2009	36.2%	16.2%	8.3%	8.2%	8.2%	77.2%
2010	31.7%	15.2%	8.8%	8.9%	8.3%	72.8%
2011	33.3%	12.4%	9.8%	9.9%	7.1%	72.5%
2012	32.4%	12.9%	9.4%	9.8%	6.2%	70.7%
2013	32.2%	14.4%	9.4%	10.2%	6.0%	72.2%
年份	中国人寿	中国平安	中国太保	新华保险	人保寿险	合计
2014	26.1%	13.7%	7.8%	8.7%	6.2%	62.5%
2015	23.0%	13.1%	7.1%	6.9%	5.6%	54.6%
年份	中国人寿	中国平安	中国太保	大家人寿	新华保险	合计
2016	19.9%	12.7%	6.3%	5.3%	5.2%	49.3%
年份	中国人寿	中国平安	大家人寿	中国太保	泰康人寿	合计
2017	19.7%	14.2%	7.3%	6.7%	4.4%	52.2%
年份	中国人寿	中国平安	中国太保	华夏人寿	新华人寿	合计
2018	20.4%	17.0%	7.7%	6.0%	4.7%	55.8%
年份	中国人寿	中国平安	中国太保	华夏人寿	太平人寿	合计
2019	19.2%	16.7%	7.2%	6.2%	4.7%	53.9%

三、发展层次

（一）保险密度

2019年，国内人身保险市场的保险密度达到2 116元。从近年的保险密度来看，国内保险市场的保险密度增长迅速，从2002年的175元增长到2019年的2 116元，增幅达到12倍（见表1-22和图1-19）。

表1-22　　　　2002～2019年国内人身保险市场保险密度

年份	人身险保费收入（亿元）	人口数量（万人）	人身险保险密度（元/人）
2002	2 275	128 453	177
2003	3 011	129 227	233
2004	3 228	129 988	248
2005	3 697	130 756	283
2006	4 132	131 448	314
2007	5 038	132 129	381
2008	7 447	132 802	561
2009	8 261	133 450	619
2010	10 632	134 091	793
2011	9 721	134 735	721
2012	10 157	135 404	750
2013	11 010	136 072	809
2014	13 031	136 782	953
2015	16 288	137 462	1 185
2016	22 235	138 271	1 608
2017	26 746	139 008	1 924
2018	27 247	139 538	1 953
2019	30 996	140 005	2 214

（二）保险深度

2019年国内人身险保险深度升至3.13%。从近10年保险深度的变化趋势来看，国内人身险市场的保险深度波动性较大，从2002年的2.22%逐年增长至2010年的2.67%，自2011年又逐年下降，2019年上涨到3.13%（见表1-23和图1-20）。

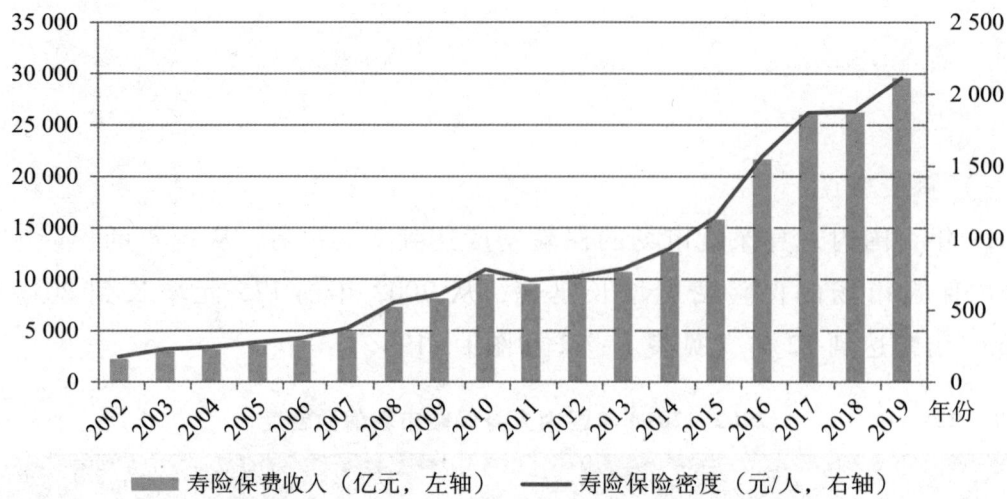

图 1-19　2002~2019 年国内人身保险市场保险密度

表 1-23　　　　　　　　2002~2019 年国内人身保险市场保险深度

年份	人身险保费收入（亿元）	国内生产总值（亿元）	人身险保险深度（%）
2002	2 275	102 398	2.22
2003	3 011	116 694	2.58
2004	3 228	136 515	2.36
2005	3 697	182 321	2.03
2006	4 132	209 407	1.97
2007	5 038	246 619	2.04
2008	7 447	300 670	2.48
2009	8 261	335 353	2.46
2010	10 632	397 973	2.67
2011	97 21	471 564	2.06
2012	10 157	519 322	1.96
2013	11 010	568 845	1.94
2014	13 031	636 463	2.05
2015	16 288	676 708	2.41
2016	22 235	744 127	2.99
2017	26 746	827 122	3.23
2018	27 247	900 309	3.03
2019	30 996	990 865	3.13

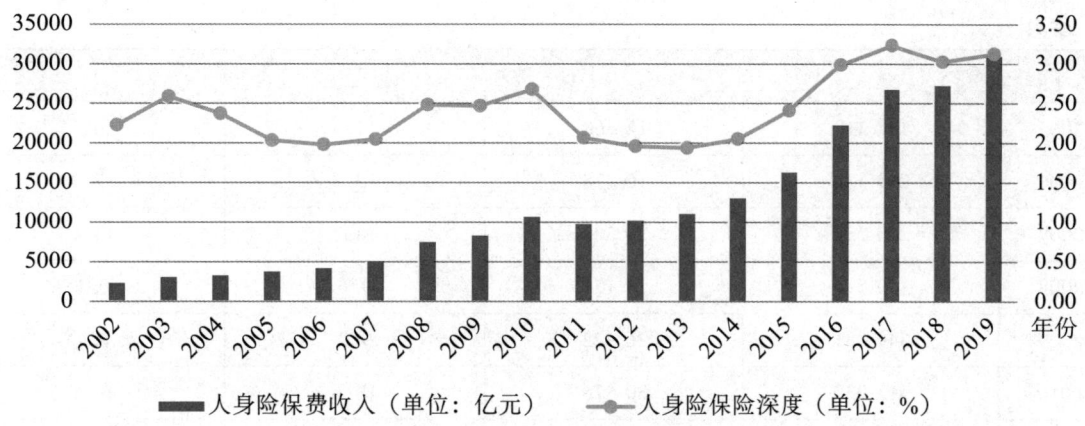

图1-20 2002~2019年国内人身保险保费收入及人身险保险深度

第四节 2020年中国保险业发展展望

一、发展环境

近来中国经济得到了迅速发展,国民生产总值以极快的速度增长(见表1-24),从2000年至2019年,20年的时间中国国民生产总值已经增长了9.88倍,而2019年中国人均国民生产总值已经达到70 774元人民币,超过1万美元。从图1-21来看,近5年来中国国民生产总值增长率稳中有降,2019年增速已达到20年新低,中国经济运行尚在合理区间。总的来看,2019年国民经济仍运行在合理区间,经济结构进一步优化,转型升级进一步加快,新兴动力进一步积聚,人民生活进一步改善。但是与此同时,国际环境仍然错综复杂,国内结构调整转型升级正处于爬坡过坎的关键阶段,全面深化改革任务艰巨。

表1-24 2001~2019年中国国内生产总值和人均国内生产总值

年份	GDP(亿元)	人均GDP(元)	GDP增幅(%)	人均GDP增幅(%)
2000	100 280	7 942	8.4	7.6
2001	110 863	8 717	8.3	7.5
2002	121 717	9 506	9.1	8.4
2003	137 422	10 666	10.0	9.3
2004	161 840	12 487	10.1	9.4

续表

年份	GDP（亿元）	人均GDP（元）	GDP增幅（%）	人均GDP增幅（%）
2005	187 319	14 368	11.4	10.7
2006	219 438	16 738	12.7	12.1
2007	270 232	20 505	14.2	13.6
2008	319 516	24 121	9.6	9.1
2009	349 081	26 222	9.2	8.7
2010	413 030	30 876	10.6	10.1
2011	489 301	36 403	9.5	9.0
2012	540 367	40 007	7.8	7.2
2013	595 244	43 852	7.7	7.2
2014	643 974	47 203	7.3	6.7
2015	676 708	49 351	6.9	6.4
2016	744 127	53 980	6.7	6.1
2017	827 121	59 201	6.9	6.3
2018	900 309	64 520	6.6	6.5
2019	990 865	70 774	6.1	6.1

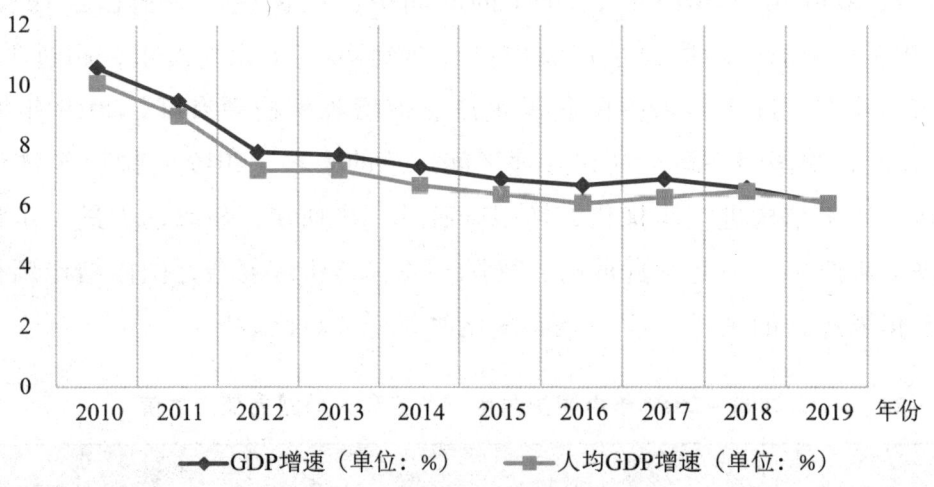

图1-21 近10年中国GDP增速与人均GDP增速

党的十九大在政治、理论、实践上取得了一系列重大成果，其中一个重要论断，就是中国特色社会主义进入新时代，中国社会主要矛盾已经转化为人民日益增长的美好生活需要和不平衡不充分的发展之间的矛盾。同样，中国保险业也已经进入新时代，面临的主要矛盾已经演进为不平衡不充分的保险供给与人民群众日益进发、不断升级的保险需求之间的矛盾。2017年召开的全国金融工作会议和中央经济工作会议对金融工作做出了全面部署。可以说，新时代中国保险业的历史方位同国家、民族历史方位紧密相连，使命和任务无比清晰，那就是在实现中华民族伟大复兴中国梦中贡献行业全部力量、切实履行职责，把握机遇、迎接挑战，努力建设现代保险服务业。

回顾中展望保险业，穷尽了2019年的关键词，更是词穷了2019年的关键词。2020年，中国保险的关键词是什么？我想我们已经有了答案：

（1）党的十九届四中全会、2019年中央经济工作会议关于保险的新要求；

（2）低利率环境下，寿险公司如何生存？

（3）商业车险改革，产险公司如何生存？

（4）什么决定中国健康险的未来？

（5）养老问题的灰犀牛，作为第三支柱的商业养老保险能做什么？

（6）信贷风险的灰犀牛，保险如何助力金融体系安全？

（7）自然灾害的黑天鹅，面对巨灾保险能做什么？

（8）保险如何助力"人民的获得感、幸福感、安全感"？

（9）保险如何参与国家现代治理体系建设？

（10）保险如何助力构架国家安全网（安全是广义概念，包括自然灾害、养老、就业）？

2020年，中国保险的关键词是什么？我想我们已经有了答案：面对新冠肺炎疫情，保险业应该做什么？

二、发展展望

从国家层面来看，保险已经上升到"国家现代治理体系""国家安全网"之定位，我们需要认真思考新保险的内涵。新保险不是简单的"互联网保险"，也不是简单的"金融科技赋能的保险"，而是"基于'新科技+新经济+新社会+新思想'的保险"。

（一）新科技下的新保险

突破光速、跨越时空是不少科幻作品的主题，人们认为它不可能实现。当科技文明发展至某个阶段，技术发展将发生极大而接近无限的进步。此时，旧有的世界将一去不复返，而未来的世界我们将完全无法理解，就像金鱼无法理解人类文明一样。但实际上，目前人类的认知还处在几个世纪以来科学给我们塑造的框架中。可以说，这个认知正处在一个革命的前夜。一旦科技突破了关键的几个坎，人类必将面临巨大的自我质疑和认知混乱，甚至时空已不再是人类所触及的极限。

科技可以成为人类器官的延伸，扩大人类的认知和活动范围，释放巨大的能力，创造巨大的财富。它也可以替代人类本身，将人类的认知和活动缩减到基础水平，而利用科技自身去感知更高层次的维度。人与科技的关系从来都不是单向的，人们往往只注意到人对科技的利用，却忽视了科技对人的改造。如果把科技比作一种生命体，它与人类是一种共生关系，两者在交互影响中不断演进，最终实现碳基生命和硅基生命的融合，创造出全新的文明。

当前，随着科学研究的日益深化，奠基在当代科学之上的技术在内在结构上呈现出一种不断"虚化"的趋势。对于传统技术，无论是其结构还是功能，它们在人们的日常生活中都是可经验、可感知和可体验的，而目前的现代技术，如信息技术、生物技术，其强调的是技术的功能或意向，技术的结构完全服务于其功能，这样既能方便使用，又能节约制造成本。从金、银到纸币再到信用卡，从现场到电视再到互联网，现代技术的由"实"入"虚"，也导致了人们的生活一步步地走向虚拟化。这种虚拟化的世界，是利用科技手段从物理元素中分离流量的一种方式。当人类的生活进入虚拟世界时，其实人类就已经进入了另一个时空。从这个角度来讲，科技让人类跨越了时空。

（二）新经济下的新保险

新社会与新经济，产生了新的生产力与生产关系。新经济是以技术进步为主要动力，在制度创新、需求升级、资源要素条件改变等多种因素的驱动下，以大量新产品、新服务、新模式、新业态、新产业蓬勃涌现为显著特征，以信息经济、生物经济、绿色经济、数字经济、共享经济、智慧经济等为主要方向的新经济形态。纵观历史，每当人类社会发生重大技术变革进而形成新的生产力，就会有新的生产关系与之相适应，新的技术经济范式即新经济概念随之产生。可见，新经济的本质就是先进生产力及与其相适应的新的生产关系组合。新经济背后是新的基础设施、新的生产要素和新的分工体系。

新经济是与新社会相匹配的一种经济形态，是一种动态并处于进程中的经济形态，其经历了供需的模糊、供需的均衡；新经济的主要趋势，一是经济的全球化，二是第四次工业革命（信息技术革命）。与以往的任何一次工业革命不同，信息技术革命改变的不是人类对自然资源的利用方式。虽然其影响所及必然导致人类对自然资源利用率的提高，但它是通过改变人类信息的传输、储存方式来实现的。长期以来，信息的不充分对于人类经济活动的制约作用被忽略了，自工业革命以来的数次革命，大大提高了人类的生产力，信息瓶颈也逐渐拓展扩宽，20世纪最有影响的哲学家卡尔·波普尔以超前的眼光，最先将信息从现实世界中分离出来，作为与物质和意识并列的世界构成的第三要素，这从哲学的高度证实了信息技术革命所具有的深远而重大的影响。

综上所述，新经济是依托经济全球化和信息技术革命形成的一种新型经济，这种新型经济以高科技产业为支柱，以智力资源为主要依托，是人类经济发展史中前所未有的科技型、创新型、知识型、数字型、智能型、可持续型经济。

（三）新社会下的新保险

社会变革，时代更迭，目前人类正处于第四次工业革命时期。第一次工业革命始于1775年瓦特改造蒸汽机，第二次工业革命始于19世纪末的电气化革命，第三次工业革命始于20世纪50年代的计算机革命。而改变世界发展进程、助力全人类发展目标、席卷世界的第四次工业革命如海啸一般席卷而来。

这一次工业革命不再局限于某一特定领域。无论是移动网络和传感器，还是纳米技术、大脑研究、3D打印技术、材料科学、计算机信息处理……甚至它们之间的相互作用和辅助效用，均是此次工业革命涉足的领域。此次工业革命也不再是某一个产品或服务的革新，而是整个系统的创新。这场工业革命将对社会、经济、金融，包括个人带来巨大的影响，而这样的组合势必也将产生强大的联动力量。

我们已经开始觉察、意识、认识到，这是一个属于又不属于我们的世纪，我们永远都会知道又不会知道你是谁，我们知道你一个新的名词"新社会"（New Society），即便你以为已经懂了，即便我看上去也懂了，即便作者自嘲也懵懵懂懂了。事实上，我们现在所处的一个"不确定时代"，其实已经是"超级不确定时代"（The Age of Super Uncertainty），整个时代出现了系统的不确定性；我们现在处在一个"变革时代"，即所谓"第四次工业革命"的大趋势、大机遇、大挑战，一场深刻的系统性变革。正如查尔斯·狄更斯在100多年前所说的那样："这是最好的时代，这是最坏的时代；这是智慧的时代，这是愚蠢的时代；这是信仰的时期，这是怀疑的时期；这是光明的季节，这是黑暗的季节；这是希望之春，这是失望之冬；人们面前有着各样事物，人们面前一无所有；人们正在直登天堂，人们正在直下地狱。"

当这个时代到来的时候，锐不可当。万物肆意生长，尘埃与曙光升腾，江河汇聚成川，无名山丘崛起为峰，天敌一时，无比开阔。在历史的每一个转折点上，都意味着我们要做出困难的抉择和必须放弃的路径。人们往往会问：如果当时做出了其他的决定或者选择了另外的道路，历史会怎样？

这个时代，不需要我们去定义新社会，我们也无法定义新社会，我们所能做的是去厘清新社会的发展脉络，去提升对新社会的认知，去改变我们的思维方式，去升华我们的智慧。正如阿尔伯特·爱因斯坦所说的那样："我这辈子用很长时间悟得了一个道理，那就是我们所有的科学在被用于衡量现实时，都是原始而天真的——然而迄今为止这是我们最值得珍惜的财富。"

（四）新思想下的新保险

思想是时代的先声，伟大的时代呼唤伟大的思想。2017年10月18日，党的十九大报告指出，中国特色社会主义进入新时代，形成了习近平新时代中国特色社会主义思想。这一新思想将理论与实践相结合，系统地回答了新时代坚持和发展什么样的中国特色社会主义、怎样坚持和发展中国特色社会主义。

思想同时也是对客观事物发展的再认识。思想的形成源于对客观事物发展的积累、吸收和转化。因此，新时代的思想形成也需要一个过程，但是第四次工业革命的基础互联网，已经对思想进行了重塑。互联网源于计算机和电子通信技术的发展，其初衷是构建连接不同计算机的网络，使它们能够进行快速、稳定、可靠的数据交换，以避免集中式系统面临的种种弊端。但互联网大范围普及所催生出的丰富应用和新型思潮，使得互联网概念已经远远超越计算机技术本身，而达到社会、经济和思想等诸多层面。

第四次工业革命作为千年大事，在触及、改变生活面貌的同时，正在改变思想，这便是范式转移，也是"新思想"的缘起。同样，顺着新科技、新经济、新社会脉络，进程中的第四次工业革命（新社会）和伴随形成的经济形态（新经济），以及浮现中的未来星球（黑科技）和奇妙中的不确定性（新金融），需要厘清岔路中的文明路径选择（新文明）和思想中的未来旅程（新思想），只有这样才能逐步理解新时代的新商业文明、新金融文明、新监管文明。

第二章
保险公司信息披露情况分析

信息披露情况的分析是进行竞争力评价以及信用评价的重要基础，也是监管机构进行宏观监管的重要参考。那么保险公司发布的信息披露报告的情况如何？是否符合保监会的规定？哪些公司信息披露质量较好，又有哪些公司在信息披露方面存在欠缺？同时信息披露质量是否较上一年有所提升？这些问题都是在进行竞争力评价之前需要解决的。本章将从信息披露行为、信息披露内容、信息披露准确性以及信息披露合规性方面进行分析，给出相应的统计结果，并将2019年度和2018年度的信息披露质量做了对比。最后，本章还给出了信息披露情况综合评价的结果，该结果基于"信息熵模型"方法进行客观分析得出，包括得分和排名。评价结果同时按照人身险和财产险分别给出，共涉及84家人身险公司和82家财产险公司。

第一节 保险公司信息披露情况介绍

中国保险公司竞争力评价是以保险公司信息披露报告为基础，信息披露报告的内容对评价结果有直接影响。所以为了使保险公司竞争力评价更具科学性，笔者对保险公司信息披露质量做了科学评估，目的是了解2019年各家保险公司信息披露的整体情况，是否符合银保监会对信息披露的监管规定。

对于信息披露的监管规定包括：

（1）原保监会在2010年4月发布的《保险公司信息披露办法》。

（2）银保监会在2018年4月发布的《保险公司信息披露管理办法（2018）》。

本章的信息披露情况分析基于最新的《保险公司信息披露办法（2018）》[1]，

---

[1] 下文如果没有特别说明，都简称为"办法"。

该办法明确了"信息披露"的含义，即指"保险公司向社会公众公开其经营管理相关信息的行为"，并且要求保险公司信息披露应当遵循真实、准确、完整、及时、有效的原则，不得有虚假记载、误导性陈述和重大遗漏，同时鼓励保险公司在法律、行政法规和中国保监会规定的基础上披露更多信息。从中可以看到，信息的"完全性""准确性""真实性""充足性"是办法要求的着力点，这也是笔者进行质量评估的重要视角。

除此之外，办法也对信息的"及时性"进行了说明，例如，在"信息披露方式和时间"上做了明确规定，即保险公司应当在公司网站上披露公司基本信息；同时应当制作年度信息披露报告，且于每年4月30日前在公司互联网站和中国保监会指定的报纸上发布年度信息披露报告，如果保险公司发生重大交易信息、重大事项信息时，应当自事项发生日起10个工作日内编制临时信息披露报告，并在互联网站上发布。

为了使信息披露的工作更加规范，新的《保险公司信息披露管理办法(2018)》对"信息披露内容"做了增加，即从原来七大块内容增加为九大块：

（1）原办法包括的披露内容：基本信息；财务会计信息；风险管理状况信息；保险产品经营信息；偿付能力信息；重大关联交易信息；重大事项信息。

（2）新办法包括的披露内容：基本信息；财务会计信息；保险责任准备金信息；风险管理状况信息；保险产品经营信息；偿付能力信息；重大关联交易信息；重大事项信息；中国银行保险监督管理委员会规定的其他信息。

对比可以看出，新办法增加了"保险责任准备金信息"和"中国银行保险监督管理委员会规定的其他信息"。这使得公众对保险公司风险更能充分了解，也方便专业监督机构对保险公司风险进行全面评价。

为了维持稳定和可比性，我们的评价方法仍然使用了7类的内容，主要处理逻辑如下：

（1）"保险责任准备金信息"是专业信息，保险公司如果没有及时进行评价，我们将在基本信息中的C（信息量）和D（具体内容合规性）上体现。根据本次评测来看，保险公司基本都进行了公布，没有影响最终成绩。

（2）"中国银行保险监督管理委员会规定的其他信息"的范围很大，我们根据银保监会的具体规定处理。

无论新办法还是旧办法，其中的详细规定为笔者进行质量评估提供了标准，笔者的信息披露质量评估完全从"合规"的角度来对保险公司的信息披露报告进行评价，它试图回答这样一些问题：各家保险公司的信息披露报告的情况到底如何？

披露行为是否符合银保监会《办法》中的各项要求？披露的信息是否具备完整性、有效性、真实性？保险公司整体上的信息披露相对于去年是否有所提高？人身险公司和财产险公司信息披露整体状况如何？中资和外资公司信息披露情况有无差异？等等。

那么回答这些问题能够带来哪些益处？主要集中在以下一些方面：

第一，监管部门可以更直观地了解规章的执行力度和执行效率。长期以来，笔者的规章制度的执行情况的评价是一个令人头痛的问题，除了调查方面存在困难之外，没有有效的量化措施和量化标准也是一个令人困扰的地方。

第二，有助于了解行业整体的信息披露情况。为加强社会主义市场经济体系建设，无论国家层面还是行业层面，都在努力加强信息披露工作。保险行业的信息披露质量如何？至少笔者的研究可以在此角度给出一个量化的参考。

第三，有助于公司对自身披露质量有个客观真实的认识，有更加明确的定位。特别对各家保险公司进一步提高信息披露的质量，具有指导意义。

在进行信息披露质量评估中，笔者选取银保监会公布的《办法》作为唯一标准，从《办法》中强调的"真实、准确、完整、及时、有效"等方面进行量化研究。

同时，笔者注意到《办法》中对人身保险公司和财产保险公司有着不同的要求，这主要体现在第四类"保险产品经营信息"上，其区别如下：

人身保险公司披露的产品经营信息是指上一年度保费收入居前五位的保险产品经营情况，包括产品的保费收入和新单标准保费收入；

财产保险公司披露的产品经营信息是指上一年度保费收入居前五位的商业保险险种经营情况，包括险种名称、保险金额、保费收入、赔款支出、准备金、承保利润。

这样，本报告的信息披露质量评估也分为人身险公司和财产险公司。

在人身险方面，本报告的信息披露质量评估对象包含84家保险公司；在财产险方面，本报告的信息披露质量评估对象包含82家保险公司。

需要说明的是，随着国内保险市场的发展和监管环境的变化，传统上中资和外资保险公司，在许多指标方面已经没有明显差异，同时，考虑到区分中资公司和外资公司已经有一定困难，有些公司的股权是对等的（例如，信诚人寿保险公司，为中国中信集团和英国的保诚人寿，各占50%股权），在本章信息披露方面我们不再区分中资外资。

这从另外一个角度说明，中国金融领域正在逐步接轨，正因为此，保险公司的中资外资区别越来越小，从某种意义上来说，外资公司已经完成了本土化的转变，而中资公司也完成了国际化的转变。

整体上来讲，2019年信息披露质量的评估对象共166家，基本涵盖了所有在2020年5月底已经公布信息披露报告的保险公司（见表2-1）。

表2-1　　　　　　　参与信息披露质量评估的保险公司

	人身险公司	财产险公司
合计	84	82

第二节　指标设立和赋值

指标的设定除了满足《办法》的要求，真实、准确、完整、及时、有效外，还应该能够同时反映整体信息和单项信息，鉴于此，笔者设立的指标分为4类，分别反映信息披露质量的不同角度：

- A披露行为角度，主要度量披露行为的及时性和合规性。

该指标包括：

A1：披露时间，该指标以保监会公布的4月30日为红线，在这之前为正值，之后为负值，同时根据保监会的要求，除了在网站公布之外，还需要在指定媒体进行公布，披露时间取两者最晚的公布时间；

A2：重大事项及时公告，该指标看公司信息披露质量报告中是否有重大事项及其是否及时公告，符合要求的为1，不符合的为0；

A3：网站披露信息，该指标衡量被评估公司是否在网站上及时公布信息，符合要求的为1，不符合的为0；

A4：指定媒体披露信息，该指标衡量被评估公司是否在网站上及时公布信息，符合要求的为1，不符合的为0；

- B内容角度，主要衡量内容的可靠性、一致性以及准确性。

该指标包括：

B1：内容冲突检验，主要衡量信息披露报告是否内容冲突，如果有则为0，没有为1；

B2：更正与补充行为，主要衡量信息披露报告是否有更正行为或者补充行为，如果有则为0，没有为1；

B3：质疑记录，主要衡量信息披露报告是否有他人质疑记录，这主要包括媒体质疑、第三方质疑等，如果有则为0，没有为1；

B4：内容可靠性检验，主要衡量信息披露报告是否可靠，这个通过抽验来完成，如果通过则为1，否则为0；

- C 信息量角度，主要衡量信息披露报告的信息量大小。

该指标包括：

C1：页码，主要统计信息披露报告的页码数；

C2：字数，主要统计信息披露报告的字数；

C3：补充信息，主要衡量补充信息是否充足，充足为1，不充足为0；

- D 具体内容信息，信息合规性，主要衡量信息披露报告的完整性、可靠性、准确性、真实性。在第D类信息合规角度中有7个分项指标，对应了《办法》中详细规定的7大类披露内容[1]。包括：D1 基本信息，D2 财务会计信息，D3 风险管理状况信息，D4 保险产品经营信息，D5 偿付能力信息，D6 重大关联交易信息，D7 重大事项信息。注意，在这里我们没有按照新《办法》分成9类，是因为"按照《办法》要求，D1 到 D5 每项分量都包含若干小项。对每项分量进行评估，就是看披露报告中这项分量涵盖了这些小项的情况。每个小项1分，如果涵盖了则记分1，没有涵盖记分0。最后所得的分数加和作为该分量的最后得分。

该指标包括：

D1：基本信息，共20小项，每项有则得分1，没有为0，结果加和。

20小项包括：（1）法定名称及缩写；（2）注册资本；（3）注册地；（4）成立时间；（5）经营范围和经营区域；（6）法定代表人；（7）客服电话和投诉电话；（8）各分支机构营业场所和联系电话；（9）经营的保险产品目录及条款；（10）近3年股东大会主要决议；（11）董事简历；（12）董事履职情况；（13）监事简历；（14）监事履职情况；（15）高级管理人员简历；（16）高级管理人员职责；（17）高级管理人员履职情况；（18）公司部门设置情况；（19）持股5%以上的股东情况；（20）持股5%以上的股东持股情况。

D2：财务会计信息，15小项，每项有则得分1，没有为0，结果加和。

15小项包括：（1）资产负债表；（2）利润表；（3）现金流量表；（4）所有者权益变动表；（5）财务报表的编制基础；（6）重要会计政策说明；（7）会计估计的说明；（8）重要会计政策变更说明；（9）会计估计变更的说明；（10）或有事

---

[1] 此处为了维持方法稳定性和可比性，我们仍然采用7大类信息，但是新《办法》中要求的9大类信息的另外2类我们也通过其他维度体现，具体请参考前文。

项；（11）资产负债表日后事项；（12）表外业务的说明；（13）对公司财务状况有重大影响的再保险安排说明；（14）企业合并、分立的说明；（15）财务报表中重要项目的明细。

D3：风险管理信息，共7小项，每项有则得分1，没有为0，结果加和。

7小项包括：（1）对保险风险的识别和评价；（2）对市场风险的识别和评价；（3）对信用风险的识别和评价；（4）对操作风险的识别和评价；（5）对风险管理组织体系简要介绍；（6）风险管理总体策略；（7）风险管理总体策略执行情况。

D4：保险产品经营信息，人身险共3小项，财产险共6小项，每项有则得分1，没有为0，结果加和。

人身险3小项包括：（1）上一年度保费收入居前五位的保险产品名称；（2）前五位保险产品的保费收入；（3）前五位保险产品新单标准保费收入。

财产险6小项包括：（1）上一年度保费收入居前五位的商业保险险种名称；（2）保险金额；（3）保费收入；（4）赔款支出；（5）准备金；（6）承保利润。

D5：偿付能力信息，共7小项，每项有则得分1，没有为0，结果加和。

7小项包括：（1）公司的实际资本；（2）公司最低资本；（3）资本溢额或者缺口；（4）偿付能力充足率状况；（5）相比报告前一年度偿付能力充足率的变化及其原因；（6）（如果偿付能力充足率不足）偿付能力充足率不足的原因。

D6：重大关联交易，通过媒体查验，如果有且披露了则记分1；如果有但没有披露则违反了《办法》规定，记分0；其他情况记分1。

该分量在《办法》中的要求是有则披露。笔者评估的方法是媒体查验，看报告中是否披露了"公开渠道已经公布"的以下6项内容：（1）交易对手；（2）定价政策；（3）交易目的；（4）交易的内部审批流程；（5）交易对公司本期和未来财务及经营状况的影响；（6）独立董事的意见。如果有且披露了则记分1；有没有披露则违反了《办法》的规定，记分0；其他情况记分1。

D7：重大事项，如果有且披露了则记分1；如果有但没有披露则违反了《办法》规定，记分0；其他情况记分1。

该分量类似D6，在《办法》中的要求是有则披露。评估方法仍然是媒体查验，看报告中是否披露了"公开渠道已经公布"的以下13项信息：（1）控股股东或者实际控制人发生变更；（2）更换董事长或者总经理；（3）当年董事会累计变更人数超过董事会成员人数的1/3；（4）公司名称、注册资本或者注册地发生变更；（5）经营范围发生重大变化；（6）合并、分立、解散或者申请破产；（7）撤销省级分公司；（8）偿付能力出现不足或者发生重大变化；（9）重大战略投资、重大赔付或者重大投资损失;(10)保险公司或者其董事长、总经理因经济犯罪被判处刑罚;(11)重大诉讼或者重大仲裁事项;(12)保险公司或者其省级分公司受到中国保监会的行政处罚;(13)更换或者提前解聘会计师事务所。如果有且披露了则记分1;有没有披露则违反了《办法》规定,记分0;其他情况记分1。

为使上述指标得分结果具有一致性,也是为了后期处理方便,我们对上述指标进行了变换,将其转换为1~2之间的数值。1意味着完全没有提供信息,2意味着完全符合规定。

指标转换需要考虑3种情况:

- 第一类是取值为0和1的指标:变换只需要将0变为1,1变成2即可;
- 第二类是0~1之间的指标,主要指D类前5个小项指标D1、D2、D3、D4、D5:只需要将其结果加1即可,这样结果就位于1~2之间;
- 第三类是其他取值为整数的指标:变换时使用距离法,设该指标初始为"t原始",所有样本的原始指标的"最大值"和"最小值",变换后的指标为t,则变换公式为:

$$A1 = \begin{cases} 2 & (A1_0 \leq 0) \\ 2 - A1_0/\max(A1_0) & (A1_0 > 0) \end{cases}$$

$$C1 = 1 + C1_0/\max(C1_0)$$

- 这样转换后,结果为一个1~2之间的数。

第三节 人身险公司信息披露质量统计与分析

根据以上四大类18个分项指标,对166家保险公司的信息披露报告进行统计赋值,最后得到人身险和财产险的得分结果:

人身险公司84家,每家有18个指标得分,共84×18个数据;

财产险公司82家,每家有18个指标得分,共82×18个数据;

然后,对上述数据进行统计分析。

一、指标维度的统计结果

对18项指标中的每项指标进行统计,对于人身险公司来讲,计算该指标下,84家公司得分的平均值和最大值、最小值;对于财产险公司来讲,计算该指标下,82家公司得分的平均值和最大值、最小值。该结果可以清晰地展示信息披露情况,了解哪些指标角度下，信息披露尚有欠缺。表2-2给出了2019年人身险公司指标维度的统计结果。表2-3同时给出了2018年人身险公司指标维度的结果，方便对比。

表2-2　　　　　　　　　　2019年人身险公司指标统计结果

评价角度及原则	分项指标	Max	Min	Mean	Std
A 行为角度：及时性	A1 披露时间	2.00	1.00	1.69	0.14
	A2 重大事项及时公布	2.00	2.00	2.00	0.00
	A3 网站披露信息	2.00	1.00	1.98	0.15
	A4 指定媒体披露信息	2.00	1.00	1.93	0.26
B 内容角度：准确性、可靠性、一致性	B1 内容冲突	2.00	2.00	2.00	0.00
	B2 更正与补充行为	2.00	1.00	1.85	0.36
	B3 质疑记录	2.00	2.00	2.00	0.00
	B4 内容可靠性抽检	2.00	2.00	2.00	0.00
C 信息量角度：充分性	C1 页码	2.00	1.00	1.22	0.15
	C2 字数	2.00	2.00	2.00	0.00
	C3 披露报告补充信息	2.00	1.00	1.55	0.50
D 信息合规：完整性、可靠性、准确性、真实性	D1 基本信息	1.80	1.30	1.36	0.07
	D2 财务会计信息	2.00	1.47	1.79	0.14
	D3 风险管理信息	2.00	1.14	1.96	0.12
	D4 保险产品经营信息	2.00	1.00	1.69	0.13
	D5 偿付能力信息	2.00	1.00	1.75	0.20
	D6 重大关联交易	2.00	1.00	1.40	0.49
	D7 重大事项	2.00	1.00	1.77	0.42

表2-3　　　　　　　　　　2018年人身险公司指标统计结果

评价角度及原则	分项指标	Max	Min	Mean	Std
A 行为角度：及时性	A1 披露时间	2.0	1.0	1.8	0.17
	A2 重大事项及时公布	2.0	2.0	2.0	0.0
	A3 网站披露信息	2.0	1.0	1.96	0.19
	A4 指定媒体披露信息	2.0	1.0	1.89	0.31
B 内容角度：准确性、可靠性、一致性	B1 内容冲突	2.0	2.0	2.0	0.0
	B2 更正与补充行为	2.0	1.0	1.85	0.36
	B3 质疑记录	2.0	2.0	2.0	0.0
	B4 内容可靠性抽检	2.0	2.0	2.0	0.0

续表

评价角度及原则	分项指标	Max	Min	Mean	Std
C 信息量角度：充分性	C1 页码	2.0	1.09	1.27	0.13
	C2 字数	2.0	2.0	2.0	0.0
	C3 披露报告补充信息	2.0	1.0	1.15	0.36
D 信息合规：完整性、可靠性、准确性、真实性	D1 基本信息	2.0	1.35	1.88	0.16
	D2 财务会计信息	2.0	1.33	1.8	0.15
	D3 风险管理信息	2.0	1.0	1.92	0.19
	D4 保险产品经营信息	2.0	1.0	1.71	0.16
	D5 偿付能力信息	2.0	1.0	1.85	0.18
	D6 重大关联交易	2.0	1.0	1.76	0.43
	D7 重大事项	2.0	1.0	1.63	0.49

从表2-2和表2-3来看，在2019年度信息披露的18个指标中，有8个指标平均分超过了1.90，较2018年增加1个指标。然而，2019年18个指标的平均得分只有5个超过2018年，另外有8个低于2018年，5个持平。2019年统计数据的标准差相对于2018年有所下降，有8个指标的标准差低于2018年，6项持平、4项高于2018年，说明各公司的披露质量差距有所下降。

表2-4、表2-5和表2-6分别给出了2019年、2018年和2017年各指标的得分顺序。

表2-4　　　　　　　2019年人身险公司整体指标得分顺序

得分顺序	事项类别	平均值
1	重大事项及时公布	2.00
2	内容冲突	2.00
3	质疑记录	2.00
4	内容可靠性抽检	2.00
5	字数	2.00
6	网站披露信息	1.98
7	风险管理信息	1.96
8	指定媒体披露信息	1.93
9	更正与补充行为	1.85
10	财务会计信息	1.79
11	重大事项	1.77

续表

得分顺序	事项类别	平均值
12	偿付能力信息	1.75
13	披露时间	1.69
14	保险产品经营信息	1.69
15	披露报告补充信息	1.55
16	重大关联交易	1.40
17	基本信息	1.36
18	页码	1.22

表 2 - 5　　2018 年人身险公司整体指标得分顺序

得分顺序	事项类别	平均值
1	重大事项及时公布	2.0
2	内容冲突	2.0
3	质疑记录	2.0
4	内容可靠性抽检	2.0
5	字数	2.0
6	网站披露信息	1.96
7	风险管理	1.92
8	其他媒体披露信息	1.89
9	基本信息	1.88
10	更正与补充行为	1.85
11	偿付能力	1.85
12	披露时间	1.8
13	财务会计	1.8
14	关联交易	1.76
15	经营产品	1.71
16	重大事项	1.63
17	页码	1.27
18	补充信息	1.15

表 2 - 6　　2017 年人身险公司整体指标得分顺序

得分顺序	事项类别	平均值
1	重大事项及时公布	2.00
2	内容冲突	2.00
3	质疑记录	2.00

续表

得分顺序	事项类别	平均值
4	内容可靠性抽验	2.00
5	字数统计	2.00
6	网站披露信息	1.99
7	风险管理	1.96
8	基本信息	1.95
9	经营产品	1.95
10	披露时间	1.82
11	偿付能力	1.73
12	关联交易	1.69
13	更正与补充行为	1.68
14	重大事项	1.58
15	财务会计	1.48
16	其他媒体披露信息	1.46
17	页码	1.27
18	补充信息	1.06

从表2-6可以看出，在重大事项及时公布、内容冲突、质疑记录、字数统计、内容可靠性抽验、网站披露信息、风险管理信息方面，2019年度公司整体平均分都达到或超过1.9，这意味着在这些方面信息披露工作较好。

二、公司维度的统计结果

表2-7给出了人身险公司18个指标的平均结果，并与2018年平均结果的前30个公司进行对比，从平均分来看，2019年各公司指标与2018年各公司指标相比，有所降低，且高分段差距比低分段差距更小，前五名大致相差0.2分，后十名相差0.4~0.5分，平均落后0.4分。

表2-7　2019年与2018年人身险公司18个指标的平均分排序对比（前30家）

2019年人身险公司18个指标的平均分排序对比			2018年人身险公司18个指标的平均分排序对比		
排名	公司	平均分	排名	公司	平均分
1	阳光人寿	1.89	1	新华人寿	1.92
2	中邮人寿	1.88	2	幸福人寿	1.91
3	君康人寿	1.88	3	中融人寿	1.90

续表

2019年人身险公司18个指标的平均分排序对比			2018年人身险公司18个指标的平均分排序对比		
排名	公司	平均分	排名	公司	平均分
4	人保寿险	1.87	4	中英人寿	1.89
5	长城人寿	1.87	5	平安人寿	1.89
6	光大永明	1.87	6	天安人寿	1.89
7	平安人寿	1.87	7	长城人寿	1.88
8	横琴人寿	1.84	8	太平养老	1.88
9	百年人寿	1.84	9	汇丰人寿	1.88
10	招商仁和	1.83	10	建信人寿	1.87
11	泰康人寿	1.83	11	中意人寿	1.87
12	爱心人寿	1.83	12	吉祥人寿	1.87
13	泰康养老	1.82	13	国寿股份	1.87
14	中意人寿	1.82	14	人保健康	1.87
15	复星联合健康	1.82	15	光大永明	1.87
16	利安人寿	1.82	16	国联人寿	1.87
17	前海人寿	1.82	17	同方全球	1.87
18	和泰人寿	1.82	18	工银安盛	1.87
19	珠江人寿	1.82	19	中邮人寿	1.86
20	幸福人寿	1.81	20	中法人寿	1.86
21	中法人寿	1.81	21	前海人寿	1.86
22	富德生命	1.81	22	渤海人寿	1.86
23	海保人寿	1.81	23	中宏人寿	1.86
24	同方全	1.81	24	国华人寿	1.85
25	北大方正人寿	1.81	25	陆家嘴国泰	1.85
26	天安人寿	1.81	26	太保寿险公司	1.85
27	民生人寿	1.81	27	泰康养老	1.85
28	信泰人寿	1.81	28	信泰人寿	1.85
29	信美人寿	1.81	29	合众人寿	1.85
30	太保寿险	1.81	30	中荷人寿	1.84

三、综合排名结果

任何综合排名都需要一个成熟可靠的模型，在这里我们使用了经过广泛检验并获得一致好评的熵模型方法。

熵（entropy），本是热力学中的概念，用来度量系统的无序性，它在金融中的应用，并用来评价信息质量，源于熵与信息论的结合。1948年，信息论的开创者香农（Shannon）在《Bell System Technical Journal》上发表了"A Mathematical Theory of Communication"一文，在该文中，香农正式提出了信息熵的概念，并用它来衡量数据所包含的信息量。

为了客观公正地衡量信息披露的质量情况，我们借助熵模型来对不同的指标维度进行综合考评，使最终结果体现出公司在信息披露方面所达到的水平。具体内容可以参考笔者基于熵模型的"2013年信息披露质量研究"（《保险研究》，2013年第7期，第1页）。

根据熵模型的特点，对于分数，我们通过两个角度来进行说明：一个角度是符合保监会信息披露办法的程度，它反映在公司信息的熵值超过标准模板的熵值；另外一个角度是对待"可披露可不披露的信息"，它反映在其熵值距离完整模板熵值的距离。具体说明如下：

60~69分：信息披露内容超过了1/2但距离反映公司整体状况还有差距；

70~79分：基本符合保监会信息披露办法要求，对"可披露可不披露的信息"主要采用了不披露、不标注的方式；

80~89分：较好地符合保监会信息披露办法要求，对"可披露可不披露的信息"进行了选择性地披露；

90~100分：除了满足信息披露办法要求外，还对其他信息进行了尽量多地披露，信息披露报告能够反映出公司最全面的状况。

2019年的前30名公司，最终综合排名如表2-8所示。

表2-8　人身险公司信息披露质量最终排名比较（2019年和2018年）

2019年人身险公司信息披露质量最终排名			2018年人身险公司信息披露质量最终排名		
排名	公司名称	得分（百分制）	排名	公司名称	得分（百分制）
1	阳光人寿	93.15	1	新华人寿	97.27
2	平安人寿	92.66	2	幸福人寿	94.82
3	人保寿险	92.51	3	平安人寿	93.70
4	君康人寿	92.39	4	中融人寿	93.68
5	长城人寿	92.35	5	中英人寿	93.45
6	中邮人寿	92.33	6	天安人寿	93.19
7	光大永明	92.13	7	国寿股份	91.14
8	横琴人寿	90.57	8	建信人寿	89.89

续表

2019年人身险公司信息披露质量最终排名			2018年人身险公司信息披露质量最终排名		
排名	公司名称	得分（百分制）	排名	公司名称	得分（百分制）
9	百年人寿	90.56	9	太平养老	89.69
10	招商仁和	90.44	10	长城人寿	89.59
11	中意人寿	89.96	11	汇丰人寿	89.56
12	前海人寿	89.65	12	中意人寿	89.53
13	泰康人寿	89.53	13	吉祥人寿	89.35
14	幸福人寿	89.43	14	国联人寿	89.12
15	信泰人寿	89.24	15	光大永明	88.82
16	泰康养老	89.23	16	人保健康	88.56
17	爱心人寿	89.23	17	工银安盛	88.36
18	富德生命	89.14	18	同方全球	88.10
19	国联人寿	89.02	19	中邮人寿	88.08
20	复星联合健康	88.97	20	中法人寿	88.05
21	珠江人寿	88.96	21	前海人寿	87.81
22	利安人寿	88.96	22	中宏人寿	87.73
23	天安人寿	88.90	23	渤海人寿	87.65
24	中法人寿	88.83	24	陆家嘴国泰	87.60
25	海保人寿人	88.82	25	泰康养老	87.38
26	和泰人寿	88.80	26	太保寿险	87.30
27	同方全	88.79	27	国华人寿	87.27
28	北大方正人寿	88.68	28	信泰人寿	87.17
29	太平人寿	88.56	29	恒安标准	87.11
30	信美人寿	88.50	30	合众人寿	86.96

通过统计2019年全部84家公司，我们发现，有38家公司得分在88~100分之间，其中，有10家得分大于90分，剩余公司得分都大于80分。2018年仅有20家公司得分处于88~100分之间，大于90分的公司有7家；21家公司得分低于80分。此外，在高分段，2018年的公司得分高于2019年的公司，前六名中2019年的公司都低于2018年的公司；但是从第七名以后2019年的公司都大于2018年的公司。此外，还可以看出2019年各保险公司之间得分差距较2018年有所较少。这样，我们认为2019年整体信息披露质量较2018年信息披露的质量有所提高。

同一年份基于信息熵的结果与指标直接取平均值排列顺序相差较大，前十名中只有 5 个公司的名次未发生变化，体现出信息熵和平均分法之间的差异性。我们也根据数据对比发现，不同年份基于信息熵排名名次并不稳定，2018 年前十名的公司中在 2019 年只剩下了平安人寿一家。我们认为整体披露质量还需要保险公司进一步重视，以实现一个稳定的结果，这是保险业信息披露质量的发展方向。

第四节 财产险公司信息披露质量统计与分析

一、指标维度的统计结果

类似人身险公司的处理过程，我们从指标维度出发，来看一下财产险公司的情况。表 2-9 给出了 2019 年财产险公司披露分析的指标维度统计结果。作为对比，表 2-10 给出了 2018 年披露分析的指标维度结果。

表 2-9　　　　2019 年财产险公司披露分析指标维度统计结果

评价角度及原则	分项指标	最高分	最低分	平均分
A 行为角度：及时性	A1 披露时间	2.00	1.00	1.90
	A2 重大事项及时公布	2.00	2.00	2.00
	A3 网站披露信息	2.00	1.00	1.98
	A4 指定媒体披露信息	2.00	1.00	1.98
B 内容角度：准确性、可靠性、一致性	B1 内容冲突	2.00	2.00	2.00
	B2 更正与补充行为	2.00	1.00	1.71
	B3 质疑记录	2.00	2.00	2.00
	B4 内容可靠性抽检	2.00	2.00	2.00
C 信息量角度：充分性	C1 页码	2.00	1.00	1.31
	C2 字数	2.00	2.00	2.00
	C3 披露报告补充信息	2.00	1.00	1.28
D 信息合规：完整性、可靠性、准确性、真实性	D1 基本信息	1.55	1.25	1.37
	D2 财务会计信息	2.00	1.33	1.75
	D3 风险管理信息	2.00	1.43	1.94
	D4 保险产品经营信息	2.00	1.00	1.97
	D5 偿付能力信息	2.00	1.50	1.78
	D6 重大关联交易	2.00	1.00	1.59
	D7 重大事项	2.00	1.00	1.80

表 2-10　　2018 年财产险公司披露分析指标维度统计结果

评价角度及原则	分项指标	最高分	最低分	平均分
A 行为角度：及时性	A1 披露时间	2.0	1.0	1.74
	A2 重大事项及时公布	2.0	2.0	2.0
	A3 网站披露信息	2.0	1.0	1.98
	A4 指定媒体披露信息	2.0	1.0	1.98
B 内容角度：准确性、可靠性、一致性	B1 内容冲突	2.0	2.0	2.0
	B2 更正与补充行为	2.0	1.0	1.95
	B3 质疑记录	2.0	2.0	2.0
	B4 内容可靠性抽检	2.0	2.0	2.0
C 信息量角度：充分性	C1 页码	2.0	1.01	1.42
	C2 字数	2.0	2.0	2.0
	C3 披露报告补充信息	2.0	1.0	1.09
D 信息合规：完整性、可靠性、准确性、真实性	D1 基本信息	2.0	1.3	1.84
	D2 财务会计信息	2.0	1.4	1.76
	D3 风险管理信息	2.0	1.14	1.93
	D4 保险产品经营信息	2.0	1.33	1.98
	D5 偿付能力信息	2.0	1.67	1.9
	D6 重大关联交易	2.0	1.0	1.73
	D7 重大事项	2.0	1.0	1.73

从表 2-9 和表 2-10 可以看出，在 2019 年度信息披露多的 18 个指标中，有 10 个指标平均分不小于 1.9，较 2018 年少 1 个指标。2019 年 18 个指标的平均得分只有 4 个超过 2018 年，另外，有 9 个低于 2018 年，5 个持平。从指标平均值的变动来看，2019 年财险公司披露质量较 2018 年有所下降。

表 2-11、表 2-12 和表 2-13 分别给出了 2019 年、2018 年和 2017 年各指标的得分顺序。

表 2-11　　　　　　　　　　2019 年指标得分排名

排序	事项类别	平均值
1	重大事项及时公布	2.00
2	内容冲突	2.00
3	质疑记录	2.00
4	内容可靠性抽检	2.00

续表

排序	事项类别	平均值
5	字数	2.00
6	网站披露信息	1.98
7	指定媒体披露信息	1.98
8	保险产品经营信息	1.97
9	风险管理信息	1.94
10	披露时间	1.90
11	重大事项	1.80
12	偿付能力信息	1.78
13	财务会计信息	1.75
14	更正与补充行为	1.71
15	重大关联交易	1.59
16	基本信息	1.37
17	页码	1.31
18	披露报告补充信息	1.28

表 2-12　　　　　2018 年各指标平均值排名

排序	事项类别	平均值
1	A2 重大事项及时公布	2.0
2	C2 字数	2.0
3	B4 内容可靠性抽检	2.0
4	B3 质疑记录	2.0
5	B1 内容冲突	2.0
6	A4 指定媒体披露信息	1.98
7	D4 保险产品经营信息	1.98
8	A3 网站披露信息	1.98
9	B2 更正与补充行为	1.95
10	D3 风险管理信息	1.93
11	D5 偿付能力信息	1.9
12	D1 基本信息	1.84
13	财务会计信息	1.76
14	披露时间	1.74
15	重大事项	1.73
16	关联交易	1.73
17	页码	1.42
18	补充信息	1.09

表 2-13　　2017 年各指标平均值排名

排序	事项类别	平均值
1	重大事项及时公布	2.00
2	内容冲突	2.00
3	质疑记录	2.00
4	内容可靠性抽验	2.00
5	字数统计	2.00
6	更正与补充行为	1.99
7	网站披露信息	1.97
8	经营产品	1.97
9	风险管理	1.93
10	基本信息	1.92
11	披露时间	1.92
12	偿付能力	1.83
13	财务会计	1.76
14	关联交易	1.56
15	重大事项	1.49
16	其他媒体披露信息	1.43
17	页码	1.39
18	补充信息	1.01

从表 2-12 和表 2-13 中可以看出，在披露时间、重大事项及时公布、网站披露信息、指定媒体披露信息、内容冲突、质疑记录、字数统计、内容可靠性抽验、风险管理信息、保险产品经营信息方面，公司整体平均分都达到或超过了 1.9，这意味着在这些方面信息披露工作较好。

二、公司维度的统计结果

表 2-14 给出了 2019 年财产险公司 18 个指标平均结果的排序与 2018 年指标的对比。

表 2-14　　2019 年与 2018 年财产险公司 18 个指标平均结果

2019 年财险公司 18 个指标的平均分排序对比			2018 年财险公司 18 个指标的平均分排序对比		
排名	公司	平均分	排名	公司	平均分
1	北部湾财险	1.91	1	新疆前海联合	1.96
2	信利保险	1.87	2	平安财险	1.93

续表

2019年财险公司18个指标的平均分排序对比			2018年财险公司18个指标的平均分排序对比		
排名	公司	平均分	排名	公司	平均分
3	都邦财产	1.87	3	众诚财险	1.93
4	前海联合	1.86	4	国泰财险	1.92
5	阳光农业相互保险	1.86	5	劳合社	1.92
6	阳光财产	1.86	6	北部湾财险	1.91
7	永安财险	1.86	7	三星财险	1.91
8	安诚财产	1.85	8	太平财险	1.91
9	富邦财险	1.85	9	富德产险	1.90
10	美亚财险	1.85	10	安华农业	1.90
11	中银保险	1.85	11	美亚财险	1.90
12	阳光信保	1.85	12	亚太财险	1.90
13	建信财产	1.85	13	英大泰和	1.90
14	渤海财产	1.85	14	长安责产	1.90
15	日本财产	1.85	15	阳光财险	1.90
16	众诚财产	1.85	16	华安财险	1.89
17	中煤财产	1.84	17	日本兴亚	1.89
18	紫金财产	1.84	18	长江财险	1.89
19	黄河财险	1.83	19	太平科技	1.89
20	合众财险	1.83	20	乐爱金财险	1.89
21	易安财险	1.83	21	融盛财险	1.88
22	东海航运	1.83	22	国元农业	1.88
23	太平科技	1.83	23	华海财险	1.88
24	史带财险	1.83	24	建信财险	1.88
25	平安财险	1.82	25	阳光农业	1.88
26	利宝互助财产	1.82	26	鼎和财险	1.88
27	锦泰财产	1.82	27	苏黎世财险	1.87
28	中路财险	1.82	28	中航安盟	1.87
29	广东粤电	1.82	29	华泰财产	1.87
30	汇友相互	1.82	30	太平洋财险	1.87

从各项得分的平均值角度来看，在前30名中，2019年公司平均分较2018年有所下降，平均下降0.05分。因此，从平均分的角度考虑，2019年的披露质量是有所下滑的。

三、综合排名结果

类似于人身险情况,得分含义如下:

60~69分:信息披露内容超过了1/2但距离反映公司整体状况还有差距;

70~79分:基本符合保监会信息披露办法要求,对"可披露可不披露的信息"主要采用了不披露、不标注的方式;

80~89分:较好地符合保监会信息披露办法要求,对"可披露可不披露的信息"进行了选择性地披露;

90~100分:除了满足信息披露办法要求外,还对其他信息进行了尽量多地披露,信息披露报告能够反映出公司最全面的状况。

表2-15给出了基于"信息熵"模型的最终综合排名结果(前30名)。

表2-15 财产险公司信息披露质量最终排名比较(2019年和2018年)

2019年财产险公司信息披露质量最终排名			2018年财产险公司信息披露质量最终排名		
排名	公司名称	得分(百分制)	排名	公司名称	得分(百分制)
1	北部湾财险	94.49	1	新疆前海联合	98.25
2	都邦财产	92.78	2	国泰财险	95.04
3	信利保险	92.44	3	劳合社	94.65
4	众诚财产	92.06	4	平安财险	93.45
5	阳光农业相互保险	92.03	5	安华农业	93.41
6	前海联合	91.26	6	众诚财险	93.29
7	永安财险	91.18	7	华泰财险	90.95
8	阳光财产	90.97	8	北部湾财险	90.95
9	日本财产	90.78	9	安心财险	90.82
10	中煤财产	90.70	10	三星财险	90.82
11	黄河财险	90.64	11	太平财险	90.81
12	富邦财险	90.60	12	泰山财险	90.68
13	安诚财产	90.55	13	富德产险	90.66
14	中银保险	90.45	14	亚太财险	90.2
15	阳光信保	90.43	15	阳光财险	90.12
16	美亚财险	90.42	16	长安责任	90.1
17	建信财产	90.39	17	英大泰和	90.03
18	渤海财产	90.24	18	美亚财险	89.94
19	史带财险	90.18	19	华安财险	89.71

续表

2019 年财产险公司信息披露质量最终排名			2018 年财产险公司信息披露质量最终排名		
排名	公司名称	得分（百分制）	排名	公司名称	得分（百分制）
20	国元农业	90.08	20	长江财险	89.54
21	安联财产	89.98	21	日本兴亚	89.32
22	广东粤电	89.79	22	燕赵财险	89.22
23	紫金财产	89.78	23	太平科技	89.19
24	乐爱金	89.74	24	乐爱金财险	89.08
25	锦泰财产	89.69	25	国元农险	88.99
26	东海航运	89.66	26	华海财险	88.82
27	平安财险	89.62	27	融盛财险	88.81
28	易安财险	89.57	28	建信财险	88.42
29	合众财险	89.46	29	阳光农险	88.39
30	太平科技	89.34	30	都邦财险	88.01

从表 2-15 的排名可以看出，与人身险结论一样，该结果与指标直接取平均值排列顺序相差较大，只有 3 家公司的名次未发生改变，这也体现出信息熵和平均分法之间的差异性。

通过统计 2019 年全部 82 家公司，我们发现，有 42 家公司得分处于 88~100 分之间，其中，90 分以上的公司有 20 家；剩余 40 家公司得分都在 80 分以上。而 2018 年有 31 家得分在 88~100 分之间，有 39 家得分在 80~88 之间，有 17 家低于 80 分的公司。与人身险公司结论一致，我们认为 2019 年财产险公司信息披露情况较 2018 年有所提高，公司之间的得分差距有所改善，但高分段中，2019 年的数据低于 2018 年的数据。

综合人身险公司、财产险公司结果，我们认为，在实施了新的《保险公司信息披露管理办法（2018）》后，2019 年保险公司的信息披露质量基本比 2018 年整体成绩有所提升，各家公司得分的差距正在缩小，但是高分段相对于 2018 年的分数有所下降，应该持续加强信息披露的质量管控。

第三章
中国保险公司竞争力评价的理论与方法

第一节 保险公司竞争力的定义

中国对保险公司竞争力的实证研究方面还处于初级阶段，国际上目前对保险公司竞争力还没有一个比较明确的、较为广泛接受的定义。竞争力是参与者双方或多方的一种角逐或者比较而体现出来的综合能力，它是一种相对指标，通过竞争表现出来。MBA百科把企业竞争力定义为：在竞争性市场条件下，通过培育自身资源和能力，获取外部可获得的资源，并综合加以利用，在为顾客创造价值的基础上，实现自身价值的综合性能力。

姚壬元（2004）将保险公司竞争力定义为：保险公司在市场机制的作用下，合理充分地运用自身拥有的资源，提供适应市场经济要求和保险业发展规律的产品和服务，使之在市场竞争中相对于其竞争对手所表现出的长久和持续发展的能力。姚壬元（2004）认为保险公司的竞争力是一个包括资源、能力、环境三要素在内的综合系统，每个要素又分解为不同的能力和指标体系，通过对指标赋予权重，实现对保险公司竞争力的评价。指标权重的准确性在很大程度上影响了保险公司竞争力评价结果的科学性和正确性。

王成辉和江生忠（2006）指出，保险竞争力是一个保险行为主体与其他保险行为主体竞争保险资源的能力，它既指某一保险产品的竞争力，又指某一保险公司的竞争力，还指保险行业的竞争力和保险业的国际竞争力。他认为国内对保险公司的竞争力并没有形成定论，大多数研究是从定性分析的角度进行的。

由《21世纪经济报道》、21世纪研究院金融研究中心联合美国加州大学组成的课题组（2009）认为，保险公司的竞争力是指在同一市场环境下，同业竞争者实现其经营目标的综合实力。保险公司的经营目标是满足保险经营的各利益参与者（所有者、投资者、管理者和客户）的利益，并且为保险公司自身创造持续、安全和稳健的价值。

王小平（2005）指出，人寿保险公司的核心竞争力，就是人身险公司长期形成的，建立在先进的经营要素（如客户关系、产品开发、销售体系、员工队伍等）基础上的相互融通、相互依存、相互促进、整体运作的能力。借助这一能力，人身险公司能够按国内寿险行业的一流标准销售保单、提供服务，保费收入和赢利能力领先其他人身险公司。

冯占军和李秀芳（2012）主要基于《中国保险年鉴》的相关数据，提出了保险企业竞争力"三段式"评价分析模型。魏伟（2012）认为，保险公司的核心竞争力是指其能够经受国内外激烈竞争考验，具有显著竞争优势、扩展应用潜力和竞争对手难以模仿的整合各种资源的能力。其中，创新能力是保险公司的重要核心竞争力，包括科研和开发能力、技术和开发成果转化为产品和提高业务规模和业务质量的能力、组织协调公司内各种资源进行有效经营的能力，以及公司为应付制度环境、市场变化和不可预测因素的应变能力。周毅（2013）在讨论中国中小型财产保险公司核心竞争力的提升策略时指出，保险公司的核心竞争力主要包括5个方面：组织学习能力、险种研发能力、市场开拓能力、风险管理能力和企业文化的影响能力。其中，险种研发与风险控制能力、公司品牌意识与服务水平是制约中小型财险公司提升核心竞争力的主要因素。

孔婷婷（2015）认为，构成保险企业核心竞争能力的因素包括市场开拓、信息吸收、协调整合、开发创新和组织学习能力，保险企业核心竞争能力不是单一的某种能力，而是面对市场、面对环境所表现出的一种综合能力。施淑蓉（2015）认为，寿险公司的核心竞争力既表现在公司的经营状况与投入产出效率等显性实力上，又体现为支撑起整个寿险公司运行的潜在能力。李德立和于佳睿（2017）利用价值链分析法评价中国寿险公司核心竞争力时认为，保险公司的核心竞争力来源于企业内部，是外在力量与内部控制相结合的产物。它既包括了公司对内部资源的整合与协调能力，又包括对外部环境变化的适应能力。陈美桂（2018）从保险经纪公司的自身专业能力、经营管理等方面对保险经纪公司的竞争力进行了探索。马振涛（2018）以保险价值链及基于其上的保险企业核心竞争力为分析框架，提出科技重塑保险价值链在产品定制化、定价动态化、销售场景化、理赔自动化4个方面的表现，保险公司面临诸多挑战，需扬长避短，培育风险管理、产品服务和资产管理三大核心能力。谷冬丽（2019）主要介绍了目前国内外对保险公司竞争力测评的各种方法，如 DEA 法、因子分析法、模糊聚类分析法等，并分析不同方法的原理、优点及不足。

综合以上结果并结合我们的经验和理解，我们对保险公司竞争力给出了如下定义：

保险公司竞争力是在市场经济环境中，保险公司根据行业和自身特点，综合运用人力、物力、财力等各种资源，获得相对于竞争对手所表现出来的生存能力、创新能力和持续发展能力的总和，是公司综合能力的体现。同时，竞争力也是一个相对的概念，强调的是保险行业内竞争者之间的比较。

中国银行保险监督管理委员会于 2018 年 4 月颁布的《保险公司信息披露管理办法》，绝大部分保险公司都按照此文件的规定对公司信息进行了披露。我们主要是根据保险公司据此披露的信息以及保险年鉴、保监会网站等方面的有关信息，将"生存能力，创新能力和持续发展能力"细化为 5 个可度量的部分，这 5 个部分为：盈利能力、资本管理能力、经营能力、风险管理能力和业务发展潜力，然后，通过这 5 个方面来评价保险公司竞争力。

第二节 保险公司竞争力研究方法综述

石新武（2004）在其博士后的研究报告《开放条件下的保险竞争力》中把保险公司的竞争力指标分为三级，一级指标为权重20%的直接指标和权重80%的间接指标，直接指标为市场份额，间接指标包括规模实力（10%）、运营能力（20%）、成长能力（15%）、偿付能力（10%）、盈利能力（15%）和经营安全（10%）6 项二级指标。每个二级指标下有 1~3 项三级指标。

姬便便（2005）应用标杆测定法对中国财险保险公司的竞争力进行研究，把财产公司竞争力的构成要素分为外部市场要素、内部市场要素和外部政策环境，根据这 3 个要素分别构造评价指标，得出影响中国财产保险公司竞争力的主要因素。

冯占军和李秀芳（2012）认为，企业的竞争力主要体现在对市场地位的竞争、对市场要素的竞争、对盈利水平的竞争以及综合性的发展竞争等方面，在《2012中国保险企业竞争力研究》一书中，把中国保险企业的竞争力用竞争力绩效评价指标、竞争力状况评价指标和竞争力成因分析指标进行评价。

鲁维丽和谢晓迎等在《2017 亚洲保险公司竞争力评价研究报告》中，主要基于保险公司财务实力来评估保险公司的竞争力，财务实力通过市场规模、资本金充足性、赔付准备金充足性、盈利能力、流动性和稳定性测试 6 部分数据来衡量。此外，该报告尽管参考了 A. M. Best、Weiss 和 Fitch 三大评级机构对保险公司的评级模型，在此基础上衍生出评估体系中所使用财务比率的主要类别和估算方法，然而，该报告对各国保险公司采用相同的评价方法、权重设定等，没有考虑不同的经济制度、财务制度和发展阶段等。

由于保险公司竞争力指标是保险企业在整个社会经济现象中多面性、复杂性和交叉性的客观反映，不能人为主观地去掉或保留哪些指标，所以必须运用科学的、严格的定性和定量相结合的分析理论。国内文献中关于筛选、综合、优化保险公司竞争力指标体系的分析方法主要分为以下几种。

一、主成分分析方法和因子分析方法

这两种方法都是通过简化数据结构达到降低维数的目的，把多个存在相关关系的指标化成少数几个互不相关的新的综合性指标。或者对原众多指标，按一定"原则"寻求原始指标的某种线性组合而形成新的综合指标（主成分变量）；或者把原始指标试图分解为公因子和特殊因子的线性组合（有时可忽略特殊因子）。这些新产生的主成分和公因子最大程度上反映了原始指标的信息（涵盖量达 85% 以上），它们之间互不相关，去除了重叠信息，个数又较少，而且层次较高，综合性较强，使形成的新指标体系达到最优。

在综合评价中，优化指标体系多用该类方法，即主成分分析法和因子分析法。这两种方法既有联系又有本质的区别，应用范围也不尽相同。主成分分析法和因子分析法简化数据结构的机理不同，主成分分析法是对具有复杂相关关系的原始指标 $X = (x_1, \cdots, x_p)$，寻求投影向量 a，选择具有方差最大或较大的新的线性组合变量，而舍去方差较小的变量重新组合成个数较少，互不相关，但又最大程度上反映原始指标信息的主成分向量 $Y = (y_1, \cdots, y_m)$ $(m < p)$，于是由原始评价指标 $x_1, \cdots, x_p$ 简化并优化为综合性指标 $y_1, \cdots, y_m$。

因子分析方法与主成分分析方法不同，其实质不是对数据进行数学变换，而是对于具有复杂相关关系的原始指标（变量）$X = (x_1, \cdots, x_p)$，通过寻找原始变量的共同方面来简化存在于原始变量之间的复杂关系，把各个测量本质相同的变量归入一个因子（公因子），这些公因子对原始变量起着重要的支配作用，公因子之间不相关，往往不可测，个数比原始变量个数要少，（比如 m 个，$m < p$），是所有变量共同具有的公共因素。这样 p 个原始变量 $x_1, \cdots, x_p$ 和每一原始变量独自具有的特殊因子 e 两部分来描述或解释（通常只考虑公因子，忽略特殊因子）。因而，

达到简化数据结构的目的,即把原始评价指标化为 m 个公因子(综合指标),形成优化的指标体系。因子分析法最大优势在于各综合因子的权重不是主观赋值,而是根据各自的方差贡献率大小来确定的,方差越大的变量越重要,从而具有较大的权重;相反,方差越小的变量所对应的权重也就越小。这就避免了人为确定权重的随意性,使得评价结果唯一,而且较为客观合理。

叶欣(2007)通过运用主成分分析法构建评价模型,对上海主要中外资保险公司的竞争力进行排名和比较分析。王成辉和江生忠(2006)在建立中国保险业竞争力指标体系的基础上,应用因子分析方法,结合中国保险市场的实际数据,对竞争力进行了实证分析,并分别对中国的财险和人身险公司进行了竞争力比较和排名。胡永红(2007)利用因子分析方法对中国人寿保险公司竞争力进行了研究。张晶(2011)运用因子分析方法对中国保险市场中的 28 家保险企业的竞争能力进行了排序。吴成浩(2012)在现有关于上市公司特别是保险类上市公司竞争力指标体系的研究基础上,选取证监会分类的 4 家国内保险类上市公司的 2011 年财务数据,利用因子分析来构建竞争力评价指标体系。王光毅(2013)利用综合指标选择方法,综合利用聚类分析、相关性分析、主成分分析等多元统计分析方法,并根据保险年鉴数据,选取代表性公司,对保险公司竞争力评价指标进行选择和精简,最终构造出由 3 个综合指标、6 个分项指标组成的评价指标体系。刘祥祥(2013)利用因子分析方法,使用 2010 年的数据选取 9 个指标对中国保险市场上各财产保险公司的竞争力进行实证分析,来衡量不同财产保险企业的竞争力。胡宏兵(2013)运用因子分析法和聚类分析法,对中国保险业核心竞争力进行了实证分析,文中构建了 17 项指标来综合分析中国保险公司的核心竞争力,包括保费收入水平、资产总额、资本充足率和资产负债率等。张永杰(2015)基于 2013 年和 2014 年中国寿险业数据,运用因子分析法对中国寿险企业的核心竞争力进行了实证分析。文中从市场运营管理、资金管理、风险管控和人力资源管理 5 个维度选取了 17 项评价指标。

在经济领域,如果综合评价所基于的是反映客观社会经济现象数量特征的客观性指标体系,一般用主成分分析方法;如果综合评价基于的指标体系是反映人们的心理感受、主观愿望、满意程度等方面的主观性指标形成的指标体系,则用因子分析方法。

二、其他方法

数据包络分析(Data Envelopment Analysis,DEA),是美国著名运筹学家

A. Charnes 等以相对效率概念为基础发展起来的一种效率评价方法，它是研究同类型生产决策单元相对有效性的有力工具。它主要采用数学规划方法，利用观察到的有效样本数据，对决策单元（DMU）进行生产有效性评价。DEA 模型可以同时对决策单元的多项投入和多项产出计算相对效率。每一个决策单元的各项投入和产出权重都是由模型根据最优原则计算出来的，而不是由决策者主观给定的，可避免主观随意性。然而，DEA 模型的理论假设是：投入越少，产出越大，那么效率就越高。但实践中，有些产出是越少越好，如污染环境的物质。

对于数据包络分析方法（DEA）用于产出效率的分析，虽然投入产出指标的权重是通过模型计算出来的，但是由于模型中没有对各权重的取值范围加以限制，因此，有时会出现不切实际的权重分配，从而导致权重取值的任意性。此外，数据包络分析法只能从效率的角度评价分析竞争力。但我们知道，竞争力的评价分析必须从效能和效率两个角度进行，否则，其评价分析就不是完整和系统的。

恽敏（2003）使用数据包络分析方法，综合考虑投入和产出以及它们之间的关系，考察目前保险公司的核心竞争实力，并且为如何提高核心竞争力提出相关建议；姚树洁、冯根福和韩钟伟（2005）基于1999~2002年22家中国主要保险公司的数据资料，用两阶段法分析影响保险公司效率的重要因素；孙林和李光金（2005）基于DEA方法对中国保险公司竞争力进行了分析；赵珹和尹成远（2009）运用DEA法的"超效率"模型，基于2000~2007年中国18家主要财产保险公司的数据资料，测度其技术效率、纯技术效率、规模效率，并对影响其效率的因素进行分析，给出相关的政策建议；李杭蔚和刘强（2010）利用熵权和topsis法相结合对4家上市保险公司进行了实证分析；张春海（2011）利用DEA三阶段分析方法，对2009年中国财险业的46家公司的经营效率进行分析。施淑蓉（2015）将寿险公司核心竞争力分为显在和潜在两部分，分别运用超效率DEA分析和因子分析对它们分别进行评分，从而得到寿险公司核心竞争力综合得分，并对外资、合资、中资寿险公司的核在心竞争力进行了排名。谢琛（2016）利用熵权法对4家财险公司财务报表中得到的评价指标赋予权重，进行综合评分，从而得出财险公司的竞争力评价。

有的学者认为，企业核心竞争力的评价具有模糊性，一是核心竞争力等级的分类具有模糊性，通常把核心竞争力强度分为优、良、中和差4个等级，但很难界定各等级的标准；二是企业核心竞争力的影响因素具有模糊性，如产品美誉度等。因此，简金平（2004）采用模糊物元综合评价法来评价保险公司的综合竞争力，钱璐和郑少智（2005）基于AHP方法对中国保险公司核心竞争力进行了综合评价。

张洪涛、甄贞和马驰（2014）基于成对比较矩阵方法对保险企业的核心竞争力进行评价。

此外，有的专家按照每个指标对研究对象独立作用的大小（或者叫方差贡献的大小），通过进行统计检验和数学变换等，筛选掉作用小的不重要指标，保留作用大的重要指标，最后形成由原指标体系中的部分重要指标组成的优化的指标体系，这类方法常用的有多元回归方法、逐步回归方法等。

由《21世纪经济报道》、21世纪研究院金融研究中心联合美国加州大学组成的课题组（2010）在《2010亚洲保险公司竞争力排名研究报告》中运用"均值—方差方法"进行相关研究。它将保险公司的财务实力通过划分为6个主要部分衡量：市场规模、资本充足性、赔款准备金充足率、盈利能力、流动性和稳定性测试，每一部分包含若干个因素，并人为规定每个因素在该部分中所占重要性比例（如50%），分别评分。通过计算出所有因素的平均值和标准差，得到公司的总体评价。为了获得比较合理的比率范围，首先将每一指标得分标准化，标准化后的变量分布变为新的分布。然后，再根据指标特性调整其Z（得分），并将其得分进行计算，得到保险公司的竞争力得分。

秦川杰（2014）从盈利能力、偿付能力和承保能力等方面的10个指标构建了综合竞争力评价体系，运用变异系数法（"均值—方差方法"）对中国12家中资财产险公司和8家外资财产险公司进行了核心竞争力分析。在变异系数法中，通过判断变异系数的大小，对评价指标赋予不同的权重，克服了主观赋权而造成的评价结果失真的影响，且操作简便、有较好的实用性。

总之，在保险公司竞争力研究的相关文献中，常用的、公认度较高的评价分析方法主要有主成分分析方法和因子分析方法；使用过但研究成果较少的方法有模糊数学方法、数据包络方法（DEA）；其他在个别文献中出现的方法包括均值—方差方法、多元回归方法、灰色关联分析等。由于主成分分析方法的原理比较容易理解，建模步骤明确，局限性和主观性较小，且能够使用SPSS等统计软件直接进行计算，因而，我们选用主成分分析方法进行保险公司竞争力的评价研究。

第三节 保险公司竞争力评价指标体系的构建与原则

根据保险公司竞争力的定义和保险公司负债经营的特征，我们通过构建盈利能力、资本管理能力、经营能力、风险管理能力和业务发展能力5个一级指标反映保险公司竞争力的不同方面；然后，在每个一级指标下面构建若干个二级指标；最后，通过对所有二级指标的综合分析得到保险公司综合竞争力的评价。同时，通过对一级指标下面的二级指标的分析得到保险公司一级指标竞争力的评价。

由于人身险公司和财产险公司的经营模式、发展思路、监管要求等方面都有所区别，因此，在构建二级指标时，这两类公司的指标有所不同。

一、保险公司竞争力评价指标构建的原则

保险公司竞争力是反映公司生存能力、创新能力和持续发展能力的一个综合性指标。因此，在构建指标时，必须能够反映保险公司的经营特点，并能够全面地体现竞争力的定义。

（一）可得性原则

可得性原则既是指具体指标的可量化和可计算性，又是指具体数据的可得性。

在进行保险公司竞争力评价时，各种指标的建立和定义不可避免。此时，既要考虑各种指标的具体量化和计算方法，又要考虑各种数据的可获得性。近些年来，虽然中国的信息化建设取得了飞速发展，原中国保监会于2010年6月12日起颁布施行了《保险公司信息披露管理办法》；中国银行保险监督管理委员会于2018年4月重新颁布了《保险公司信息披露管理办法》，做了补充完善；此外，保险行业协会、各公司的官网等都为相关研究提供了比较权威和系统的数据，但是面临各种具体研究时，在数据方面仍然感到捉襟见肘。

（二）客观性原则

在构建指标时，既要客观反映人身险公司和财产险公司在经营模式、发展思路、监管要求等方面的区别，又能够体现出保险业的发展特点，并真实反映保险公司竞争力的各个不同方面。

（三）均衡性原则

课题组把二级指标分为3类：规模性指标、结构性指标和比率性指标。

规模性指标是指保费收入、资产规模等反映公司经营规模的指标；

结构性指标是指反映公司当年的经营思路和发展水平的指标，它是由公司自己当年的经营业绩指标计算得到，与公司往年的表现和其他公司无关，例如，综合费用率、综合赔付率、退保率等指标；

比率性指标是反映公司经营业绩的年度变化情况的指标，例如，保费收入增长率、净利润增长率等指标。

毋庸讳言，以上各类指标对于不同类别公司竞争力的评价影响是不同的。规模性指标的设立对于成立时间较长的大型保险公司的竞争力评价结果比较有利；比率性指标对于成立时间较短、发展比较迅速的保险公司竞争力的评价结果有利；因此，在设立指标时，需要考虑各类指标间的均衡性问题，特别是运用主成分分析方法、因子分析方法等进行保险公司竞争力评价时，均衡性原则尤其重要。

值得欣慰的是，中央财经大学"保险公司竞争力评价研究"课题组注意到了相关问题。我们除了在指标设立时，考虑到了均衡性原则外，我们还运用现代多元统计分析方法，从公司和指标两个角度，对我们的评价结果进行了 Wilcoxon 符号检验，做稳健性分析。

这也是我们课题组的一个创新性研究。

二、保险公司竞争力评价指标的构建

盈利能力是指企业获取利润的能力。利润是投资者取得投资收益、债权人收取本息的最终来源，是管理者经营业绩和管理效能的集中体现，也是职工集体福利不断完善的重要保障，因此，企业盈利能力分析十分重要。盈利能力指标包括总资产增长率、总资产收益率、净资产增长率等二级指标。

资本管理能力即资本的筹集、分配及运用的能力，主要表现在偿付能力充足率上。偿付能力一直是保险业监管的重心，保险公司偿付能力是指保险公司偿还债务的能力。2008年7月10日，原中国保监会正式发布了《保险公司偿付能力管理规定》，其中，第三条是保险公司应当具有与其风险和业务规模相适应的资本，确保偿付能力充足率不低于100%。该项指标主要包括偿付能力充足率、认可资产负债率等二级指标。

保险公司经营能力是一个系统的概念，它指公司根据本身的内外部条件制定经营战略与计划的决策能力，以及进行各种活动的组织管理能力的总和。保险公司经营能力的强弱表明了资产的利用程度及使用效率，这在很大程度上决定了保险公司的经营效益以及由此产生的对债务偿付的保障程度。该项指标主要包括资本利用率、综合赔付率、综合费用率等二级指标。

保险公司风险管理是对风险的识别、衡量和控制的技术方法，也可以指经济主体用以降低风险负面影响的动态连续过程，其目的是直接有效地推动组织目标的实现。保险公司风险管理的总体目标是实现企业价值最大化，企业价值最大化将通过风险成本最小化实现。在经济全球化、金融一体化迅猛发展的今天，保险公司所面临的风险越来越大，因此，加强对保险公司风险管理能力的监管是十分必要的。风险管理能力包括流动性比率、融资比例等二级指标。

保险公司业务发展潜力关系到公司的发展前景，例如，保险公司未来的业务发展规模、市场份额占有状况、公司的发展潜力等，因此，该项指标是衡量保险公司未来可持续发展能力的一个重要指标，应该重视对保险公司业务发展潜力的监管。影响保险公司业务发展的因素很多，主要包括原保费收入增长比率、发展系数等二级指标。

三、保险公司竞争力评价结果的科学性

（一）数据信息的公开性原则

数据信息的公开、客观和准确是一切公司评价的基础。为了保证《中国保险公司竞争力评价研究报告》结果的科学性和可验证性，我们进行保险公司评价的数据都是来源于公开渠道：既有各保险公司的年度信息披露报告、保险公司网站信息，又有中国银行保险监督管理委员会网站、中国保险行业协会网站以及中国保险年鉴等。这样在讨论评价结果时，就有一个可以共同讨论的数据基础。在此，对中国银行保险监督管理委员会等政府部门的信息化建设再次表示感谢！

同时，为了保证数据的可信性、合规性，我们在第二章专门对中国保险公司的信息披露质量做了一个分析，这也为完善我们的评价工作提供了一个很好的数据支撑和准备。

（二）评价方法的稳定性原则

即使占有同样的数据，评价方法不同，其结果往往也不同，有时候甚至千差万别。

为了保证评价结果的可比较性，评价方法的稳定性至关重要。这里的稳定性有两个方面的含义：一是评价方法一旦确定后，就尽量保持不变或者不做大的调整，保持评价结果的继承性和可比较性，使得被评价对象对自己的评价结果有一个直观的认识和比较，这也有助于增加评价结果的说服力；二是评价方法能够适用于具体评价的对象、行业或区域，不同类别的公司、行业或者区域，可能选用不同的评价方法或者设置不同的参数。具体问题具体分析，没有一成不变的适用所有类别的公司、行业或者区域的评价方法。

(三) 评价结果的稳健性原则

稳健性最早来源于财务管理，往往指公司的财务应对各种风险的能力；在这里，稳健性主要考察的是评价方法和指标解释能力的强壮性，也就是当改变某些参数时，评价方法和指标是否仍然对评价结果保持一个比较一致、稳定的解释，即如果改变参数设定以后，结果发生了显著性改变，则说明不是稳健性的，需要寻找问题的所在。

当然，不同的评价方法，参数的设定也有所不同。对于非参数统计方法，人们往往通过改变指标或者改变部分参选对象来评价结果的稳健性。《2020中国保险公司竞争力评价研究报告》通过运用模糊聚类分析方法，对一些特殊的保险公司、特殊的评价指标进行剔除，并对剔除前后的结果通过非参数检验的方法，分析评价结果的稳健性。

在国内外各种对经营单位进行的评价研究报告中，运用稳健性方法检验评价结果有效性的做法还不多见，这也是我们评价工作的一个鲜明特色和创新之处。

第四节 主成分分析方法与模糊聚类分析方法介绍

一、主成分分析方法

在各个领域的科学研究中，往往需要对反映事物的多个变量进行大量的观测，收集大量数据以便进行分析寻找规律。多变量大样本无疑会为科学研究提供丰富的信息，但也在一定程度上增加了数据采集的工作量，更重要的是在大多数情况下，许多变量之间可能存在相关性而增加了问题分析的复杂性，同时给分析带来不便。如果分别分析每个指标，分析又可能是孤立的，而不是综合的。盲目减少指标会损失很多信息，容易产生错误的结论。因此，需要找到一个合理的方法，在减少分析指标的同时，尽量减少原指标包含信息的损失，对所收集的资料做全面的分析。由于各变量之间存在一定的相关关系，因此，有可能用较少的综合指标分别综合存在于各变量中的各类信息。主成分分析就是把多个指标化为少数几个综合指标的统计分析方法，它通过几个综合因子（主成分）来代表原来众多的变量，使这些主成分尽可能多地反映原来变量的信息，而且彼此之间互不相关。

主成分分析的步骤如下：

设有 p 项指标的 n 个样本构成矩阵 X：

$$X = \begin{bmatrix} x_{11} & x_{12} & \cdots & x_{1p} \\ x_{21} & x_{22} & \cdots & x_{2p} \\ \vdots & \vdots & & \vdots \\ x_{n1} & x_{n2} & \cdots & x_{np} \end{bmatrix}$$

（一）进行原始数据的标准化

$$Z_{ij} = \frac{X_{ij} - \overline{X}_j}{S_j}, \; i = 1, 2, \cdots, n; \; j = 1, 2, \cdots, p$$

其中，$\overline{X}_j = \frac{1}{n} \sum_{i=1}^{n} X_{ij}$ 为第 j 个变量的均值；$S_j^2 = \frac{1}{n-1} \sum_{i=1}^{n} (X_{ij} - \overline{X}_j)^2$ 为第 j 个变量的样本方差。

（二）计算样本的相关系数矩阵 R

$$R = (r_{ij})_{p \times p}, \; 其中, \; r_{ij} = \frac{1}{n-1} \sum_{k=1}^{n} Z_{ki} Z_{kj}, \; i,j = 1, 2, \cdots, p$$

（三）求矩阵 R 的特征值 $\lambda_1 \geq \lambda_2 \geq \cdots \geq \lambda_p$ 和特征向量 $U = (u_{ij})_{p \times p}$

特征值 λ_i 是特征方程 $|R - \lambda E| = 0$ 的根，其大小反映了各个主成分在描述所评价对象上所起的作用的大小，λ_i 对应的特征向量 U_{*j} 由方程 $(R - \lambda_i E) U_{*j} = 0$ 给出。

第 i 个主成分可以表示为：$F_i = \sum_{j=1}^{p} U_{ij} Z_{*j}, \; i = 1, 2, \cdots, p$

（四）选取主成分数目的判定准则

第 i 个主成分的方差贡献率表示该主成分能够解释的原始变量的信息量，$\alpha_i = \lambda_i / \sum_{i=1}^{p} \lambda_i$，对于一般的主成分分析，通常约定累计方差贡献率 $q \geq 85\%$，对于约定的累计方差贡献率 q_0，如果有如下关系成立：$\sum_{i=1}^{k-1} \lambda_i / \sum_{i=1}^{p} \lambda_i < q_0 \leq \sum_{i=1}^{k} \lambda_i / \sum_{i=1}^{p} \lambda_i$，则取前 k 个主成分进行分析评价。

（五）利用主成分得分进行评价分析

利用所得到的前 k 个主成分 F_i 作为变量，相应的方差贡献率 λ_i 作为权重，得到主成分加权平均后的得分 $G = \sum_{i=1}^{k} \lambda_i F_i \Big/ \sum_{i=1}^{k} \lambda_i$，根据分数的高低可以对各个样本进行排名。

二、模糊聚类分析方法

聚类分析是按照一定的要求和规律将事物进行分类的一种数学方法，它原来是数量统计中多元分析的一个分支（许海洋、汪国安和王万森，2005）。从应用数学的角度来看，在某种程度上对公司的财务和经营状况评价，本质上是一个排名和分类工作，即在多大程度上与最优标准（或理想状况）处于同一个层次（寇业富和李晓林，2009）。因此，模糊聚类分析方法从另一种角度对保险公司的业务结构和质量进行分析。

模糊聚类分析的步骤如下（寇业富和李晓林，2009）：

（一）确立指标体系并对指标数据进行预处理

在选择指标时，为了保证分析结果的科学性和适用性，应该将反映保单以及公司经营状况的全部重要特性包括进来。

在实际应用中，即使选用了一个较好的算法进行分析研究，但是由于各数据的性质以及数量级的不同，会出现有的指标数据，主要是大数量级的指标会"吃掉"小数量级的指标，影响分析的有效性。为弥补这一不足，须进行数据的预处理。

其中，对于指标的数量级不同以及量纲单位的不同，可以选用极差化法：
即对于数据矩阵的第 j 列，计算：

$$M_j = \max_{1 \leq i \leq n} x_{ij}, \quad m_j = \min_{1 \leq i \leq n} x_{ij}, \quad j = 1, \cdots, m$$

然后，对原数据做变换：

$$x'_{ij} = \frac{x_{ij} - m_j}{M_j - m_j}, \quad i = 1, \cdots, n, \quad j = 1, \cdots, m$$

通过这种方法可以将所有指标的量纲单位消除，变为无量纲量，从而可以消除数额、时间、百分率等单位的不同。

(二) 聚类分析

设 $Z = \{x_1, x_2, \cdots, x_n\}$ 是 n 个对象集合,每个对象的特征数据表示为 $x_i = (x_{i1}, x_{i2}, \cdots, x_{im})$,$i = 1, 2, \cdots, n$,利用标定方法,可以得到 2 个对象 x_i 和 x_j 的模相似程序 r_{ij},于是就得到模糊相似矩阵 R。

$$R = \begin{bmatrix} r_{11} & r_{12} & \cdots & r_{1n} \\ r_{21} & r_{22} & \cdots & r_{2n} \\ \vdots & \vdots & & \vdots \\ r_{n1} & r_{n2} & \cdots & r_{nn} \end{bmatrix}_{n \times n}$$

其中,$r_{ii} = 1$,$r_{ij} = r_{ji}$,$j = 1, 2, \cdots, n$。

定理 设 R 是模糊相似矩阵,则存在一个最小自然数 $k \leq n$,使 $t(R) = R^k$,并且对一切大于 k 的自然数 q,均有 $R^q = R^k$。

该定理说明了从一个 Fuzzy 相似矩阵 R 通过求 R 的传递闭包,可构造一个 Fuzzy 等价矩阵,并且运算有限次,即不超过 n 次。为了提高运算速度,可以用平方法 $R \to R^2 \to R^4 \to \cdots R^{2^K} \to \cdots$,经过有限次运算后,一定有一个自然数 ($2^k \leq n$),使 $R^{2^k} = R^{2^{k+1}}$,于是 $t(R) = R^{2^k}$。利用截关于对 R^{2^k} 进行等价分类,从而得到诸对象的评价结果。

对于众多公司来讲,由于其规模、发展定位和思路的不同,因此,对其进行业务结构的相似性分析及其聚类研究将具有实际意义。

第四章
中国人身保险公司竞争力评价分析

保险公司竞争力评价研究都是基于公开、客观和科学的原则，即研究方法、评价指标、数据来源等坚持公开、客观和科学的原则。

我们坚持评价过程和目标要客观有效，避免或者尽量减少人为主观因素的干扰；考虑到结果的敏感性，在有可能使用定量分析的地方，使用定量分析；尽量避免或者减少涉及权重选择等主观性问题的评价方法。

一、信息来源说明

保险公司竞争力评价研究的数据主要来源于各个保险公司的年度信息披露报告，少部分指标来源于历年的《中国保险年鉴》和保监会、保险学会、保险行业协会以及各公司自己的网站信息，即全部数据都是来源于公开渠道。

保险公司 2019 年的年报信息披露报告主要包括以下 5 个方面的内容：公司简介、年度财务报告及其附注、风险管理状况、产品信息、偿付能力信息。本研究分析主要从以上报表获取数据进行研究。

二、研究对象

根据中国银保监会的网站，截至 2019 年 12 月 31 日，中国人身险公司共有 91 家，其中，中资公司 63 家，外资保险公司共有 28 家。

其中，国寿存续没有披露年度信息披露报告；和谐健康、大家人寿、华汇人寿、大家养老没有公布 2019 年度信息披露报告；这 5 家保险公司不予评价。

国寿养老、长江养老、新华养老、人保养老仅经营养老保障管理业务、企业年金、职业年金等业务，暂不经营负债型的人寿保险业务，不适用偿付能力的监管要求，这 4 家养老保险公司不予评价。

瑞华健康、北京人寿、海保人寿、国富人寿、国宝人寿，这 5 家人身保险公司成立营业时间距离 2019 年年底，均不足 2 年，不予评价。

中法人寿、富德生命人寿、瑞泰人寿、幸福人寿、新光海航、德华安顾、天安人寿、中韩人寿、君龙人寿，这 9 家公司的部分指标数据异常，不予评价。

公司的部分指标数据异常，并不意味着公司经营绩效的"优"或"劣"。由于采用主成分分析、因子分析方法进行竞争力运算，为了避免少数公司的部分指标异常对其他公司的评价结果引起重大、异常的影响，从而使得评价结果不合常理，这是我们进行必要的前期数据处理的原因。

上述 23 家公司，如果有任何问题、建议或者意见，请与保险公司竞争力评价研究课题组联系。

最后，课题组共对 68 家人身险公司进行竞争力评价。

三、特别说明

（1）本研究分析都是采用公开发布的披露数据进行分析，我们根据实质重于形式的原则，对发现个别公司披露数据存在错误或异样的年报信息进行调整或者在涉及该指标时进行批注说明。

（2）本研究分析采用的数据皆来源于已公开的资料或课题组成员的个人分析，但我们不保证上述信息的完整与准确性，中国精算研究院不因使用本报告而产生的一切后果承担责任，只以此作为学术研究以及学界和业界的信息交流与参考。同时，本研究分析为课题组成员的个人观点，并不代表中国精算研究院的观点。有关问题的来源、讨论或争议，请使用电话或电子邮件的方式与我方联系。

（3）评价指标中，有的指标的取值是越大越好，可以称为正向指标；有的指标的取值是越小越好，可以称为逆向指标；有的指标的取值是位于中间的某个值为好。

对于逆向指标，我们在本报告中都已经逆向化处理，即逆向化后的指标数据的取值也是越高越好；对于有的指标取值是位于中间的某个值为好，此时，我们往往是通过构建系数的方式，对此类指标进行处理，经过系数化后的指标取值也是越大越好。

第一节 人身险公司竞争力指标体系的构建

一、评价指标体系说明

目前，国内外还没有一个比较明确的、被广泛接受的"保险公司竞争力"的定义。我们综合国内外相关研究，结合自己的经验和理解，给出保险公司竞争力的定义：保险公司竞争力是保险公司根据行业和自身特点，在市场经济环境中，综合运用人力、物力、财力等各种资源，获得相对于竞争对手所表现出来的生存能力、创新能力和持续发展能力的总和，是公司综合能力的体现。同时，竞争力也是一个相对的概念，强调的是保险行业内竞争者之间的比较。

我们进行的保险公司竞争力评价研究是以保险公司为出发点和落脚点，根据保险公司负债经营的特征以及当前银保监会的监管重点，构建了保险公司的盈利能力、资本管理能力、经营能力、风险管理能力和发展潜力5个一级指标，来反映保险公司竞争力的不同方面。我们首先在每个一级指标下建立个数不等的二级指标，共有58个二级指标；然后，通过对二级指标定量分析得到保险公司一级指标的评价结果；最后对全部二级指标进行定量分析，得到保险公司竞争力的综合评价结果。

二、具体指标构建

Ⅰ. 盈利能力指标

盈利能力指标共有10个二级指标，包括8个比率分析指标和2个规模性指标。

Ⅰ-1. 总资产收益率：

总资产收益率 = 净利润 ÷ [（期初总资产 + 期末总资产）÷ 2] × 100%

Ⅰ-2. 净资产收益率：

净资产收益率 = 净利润 ÷ 平均净资产 × 100%

Ⅰ-3. 投资收益率：

投资收益率 = 投资收益总额 ÷ 平均投资资产 × 100%

Ⅰ-4. 净投资收益率：

净投资收益率 = （利润表中的投资收益 + 其他业务收入）÷ 平均投资资产

Ⅰ-5. 承保利润率：

承保利润率 = 承保利润 ÷ （期初保险业务收入 + 期末保险业务收入）的均值

Ⅰ-6. 投资资产占总资产比率：

投资资产占总资产比率 = 平均投资资产 ÷ 平均总资产 × 100%

Ⅰ-7. 净利润

Ⅰ-8. 净利润增长率：

净利润增长率 = （当年净利润 - 上一年净利润）÷ 上一年净利润

Ⅰ-9. 人均净利润：

人均净利润＝净利润总额÷公司职工人数

Ⅰ-10. 综合收益率：

综合收益率＝（利息收入＋投资收益＋交易类公允价值变动＋可供出售类公允价值变动－交易费用及税金＋其他综合收益）/两年平均投资资产

Ⅱ. 资本管理能力

资本管理能力共有14个二级指标，包括13个比率和结构分析指标、1个规模指标。

Ⅱ-1. 资本管理系数：

偿付能力充足率 (x) ＝实际资本÷最低资本

$$资本管理系数 = \begin{cases} \dfrac{x - 150\% + 70\%}{70\%}, & 80\% \leq x \leq 150\% \\ 1, & 150\% < x \leq 300\% \\ \dfrac{300\% + 2000\% - x}{2000\%}, & 300\% < x \leq 300\% + 2000\% \\ 0, & 其他 \end{cases}$$

Ⅱ-2. 认可资产负债率：

认可资产负债率＝认可负债÷认可资产×100%

Ⅱ-3. 资产认可率：

资产认可率＝认可资产÷总资产×100%

Ⅱ-4. 资本利用率：

资本利用率＝保险业务收入÷所有者权益×100%

Ⅱ-5 资金成本率：

资金成本率＝承保利润/年初保险合同准备金（寿险）－一年定期存款利率（取3%）

Ⅱ-6. 准备金保费比率：

准备金保费比率＝两年的（未到期责任准备金＋未决赔款准备金＋保险保障基金＋寿险责任准备金＋长期健康险责任准备金＋保费准备金－应收分保未到期责任准备金－应收分保未决赔款准备金－应收分保寿险责任准备金－应收分保长期健康险责任准备金）均值÷两年的原保费收入的均值

Ⅱ-7. 认可资产增长率：

认可资产增长率＝（期末认可资产－期初认可资产）÷期初认可资产×100%

Ⅱ-8. 所有者权益

Ⅱ-9. 资产杠杆系数：

杠杆比率 (x) = 总资产/净资产

$$杠杆比率系数 = \begin{cases} 1, & 3 \leq x \leq 10 \\ \dfrac{30-x}{20}, & 10 \leq x \leq 30 \\ \dfrac{x-1}{2}, & 1 \leq x \leq 3 \\ 0, & 其他 \end{cases}$$

Ⅱ-10. 资本运用率：

资本运用率 = (资本金 + 公积金) ÷ [资本金 + 公积金 + 未分配利润 + 各项准备金 + 保户储金及投资款 + 资本补充债(应付债券)及其他资金]

Ⅱ-11. 资本回报率：

资本回报率 = (综合收益 - 保险业务营业税金及附加 - 业务及管理费 - 手续费及佣金 - 报告期退保金额) ÷ (资本金 + 公积金)

Ⅱ-12. 风险调整资本利润率：

风险调整资本利润率 = 净利润 ÷ 最低资本

Ⅱ-13. 风险调整资本回报率：

风险调整资本回报率 = (综合收益 - 保险业务营业税金及附加 - 业务及管理费 - 手续费及佣金 - 报告期退保金额) ÷ 最低资本

Ⅱ-14. 资本管理绩效增长率：

资本管理绩效增长率 = [上一年的(净利润 ÷ 最低资本)] / [本年的(净利润 ÷ 最低资本)]]

Ⅲ. 经营能力指标

经营能力由以下12个指标构成，包括11个比率和结构指标和1个规模性指标。

Ⅲ-1. 可运用资金收益率：

可运用资金收益率 = (投资收益 + 公允价值变动损益 + 汇兑损益) ÷ 可运用资金

Ⅲ-2. 净资产周转率：

净资产周转率 = [报告期营业收入合计 ÷ (期初股东权益 + 期末股东权益) ÷ 2] × 100%

Ⅲ-3. 总资产周转率：

总资产周转率 = [报告期营业收入合计÷(期初总资产+期末总资产)÷2]×100%

Ⅲ-4. 综合费用率：

综合费用率 = (业务及管理费+手续费及佣金+分保费用+保险业务营业税金及附加-摊回分保费用)÷已赚保费×100%

Ⅲ-5. 综合赔付率：

综合赔付率 = (赔付支出-摊回赔付支出+提取未决赔款准备金-摊回未决赔款准备金)÷已赚保费

Ⅲ-6. 综合费用率增长率：

综合费用率增长率 = (当年的综合费用率-上一年的综合费用率)/上一年的综合费用率×100%

Ⅲ-7. 险种集中度系数：

险种集中度系数 = $\sum_{i=1}^{5}$(前i种产品的各自保费收入)^2÷(前五种产品保费总收入)^2

Ⅲ-8. 退保率：

退保率 = 报告期退保金额/(期初寿险责任准备金+期初长期健康险责任准备金+报告期原保费收入)

Ⅲ-9. 报告期营业收入

Ⅲ-10. 保险业务收入增长率：

保险业务收入增长率 = 当年的保险业务收入÷上一年的保险业务收入-1

Ⅲ-11. 净利润赔付支出覆盖率：

净利润赔付支出覆盖率 = 净利润÷(赔付支出-摊回赔付支出+提取未决赔款准备金-摊回未决赔款准备金)

Ⅲ-12. 保费收入费用增长比：

保费收入费用增长比 = (当期原保费收入-上一期原保费收入)/(当期综合费用-上一期综合费用)

Ⅳ. 风险管理能力指标

风险管理能力由11个比率和结构性分析指标构成。

Ⅳ-1. 偿付能力充足率：

偿付能力充足率 = 实际资本÷最低资本×100%

Ⅳ-2. 流动性比率：

流动性比率 = 流动性资产余额÷流动性负债余额×100%

Ⅳ-3. 自留保费率：

自留保费率 = 自留保费÷保险业务收入

Ⅳ-4. 自留保费占净资产的比率（肯尼系数）：

自留保费占净资产的比率 = 自留保费/（期初所有者权益 + 期末所有者权益）的均值

Ⅳ-5. 自留保费增长率：

自留保费增长率 = （公司本年自留保费 - 公司上一年自留保费）÷公司上一年自留保费

Ⅳ-6. 准备金安全率：

准备金安全率 = 两年的所有者权益均值÷两年的（未到期责任准备金 + 未决赔款准备金 + 保险保障基金 + 寿险责任准备金 + 长期健康险责任准备金 - 应收分保未到期责任准备金 - 应收分保未决赔款准备金 - 应收分保寿险责任准备金 - 应收分保长期健康险责任准备金）均值

Ⅳ-7. 保险负债占总资产比：

保险负债占总资产比 = 保险负债÷总资产

Ⅳ-8. 现金盈余保障倍数：

现金盈余保障倍数 = 经营活动净现金流÷净利润

Ⅳ-9. 收现比：

收现比 = （经营活动、投资活动、筹资活动的现金流入合计 + 汇率变动对现金及现金等价物的影响额）÷营业收入合计

Ⅳ-10. 付现比：

付现比 = （经营活动、投资活动、筹资活动的现金流出合计 + 汇率变动对现金及现金等价物的影响额）÷营业支出合计

Ⅳ-11. 资产杠杆率：

资产杠杆率 = 总资产÷净资产

Ⅴ. 发展潜力

发展潜力由以下 11 个指标构成，包括 9 个比率分析指标和 2 个规模性指标。

Ⅴ-1. 发展系数：

发展系数 = 公司保费收入增量市场份额÷人身险市场保费收入增量份额×100%

Ⅴ-2. 综合收益增长率：

综合收益增长率=（本年的综合收益额-上一年的综合收益额）/上一年的综合收益额

V-3. 总资产增长率：

总资产增长率=（期末总资产-期初总资产）÷期初总资产×100%

V-4. 净资产增长率：

净资产增长率=（期末所有者权益-期初所有者权益）÷期初所有者权益×100%

V-5. 市场拓展能力：

市场拓展能力=公司原保费收入÷实收资本（股本）

V-6. 人均产能：

人均产能=营业收入合计÷公司职工人数

V-7. 分支机构数目：

分支机构数目指设立分公司的数目，包括在省级和经济单列市的分公司数目

V-8. 万张保单投诉量

V-9. 应收保费周转率：

应收保费周转率=报告期原保费收入÷[（期初应收保费+期末应收保费）的均值]

V-10. 保险业务收入增长率：

保险业务收入增长率=（当年的保险业务收入-上一年的保险业务收入）/当年的保险业务收入

V-11. SARMRA 得分

第二节 2019年中国人身保险公司综合竞争力评价结果与分析

在确定了指标和提取数据后，为了保证对保险公司竞争力评价的客观性和科学性，首先，根据指标的正向和逆向，进行数据的预处理、统一，使处理后的全部指标数据为正向，即其数据越大越好；其次，指标数据中有些是比率指标，有些是数值指标，为了避免"以大欺小"以及避免指标单位对评价结果的影响，我们对全部数据进行归一化处理，即全部指标数据都在0~1间取值；最后，在运用主成分分析方法进行综合竞争力评价时，我们是对全部58个二级指标数据进行

分析处理,因此,二级指标与一级指标的隶属关系并不影响对综合竞争力的评价结果。

为了便于对公司的业绩进行比较,以下披露的各个公司的二级指标数据都进行了逆向化处理,即得分高意味着对一级指标具有更大的"正向"作用,得分低意味着对于一级指标具有较低的"负向"作用;同时,根据综合运用主成分分析、因子分析得到的对保险公司综合竞争力以及一级指标的评价结果,设定最高分不超过 100 分,最低分不低于 40 分。

一、2019 年人身险公司综合竞争力的得分与排名

据预处理后,我们根据 68 家人身险公司的 58 个二级指标数据。为了更好地反映保险公司竞争力的实际情况,并根据保险业发展阶段和监管要求,课题组选择了 4 个指标进行加权处理,这样就得到了一个 68×62 数据矩阵。利用主成分分析方法,共选取 15 个主成分,其累计解释率达到 85.45%,每个主成分都是这些二级指标的线性组合。见图 4-1。

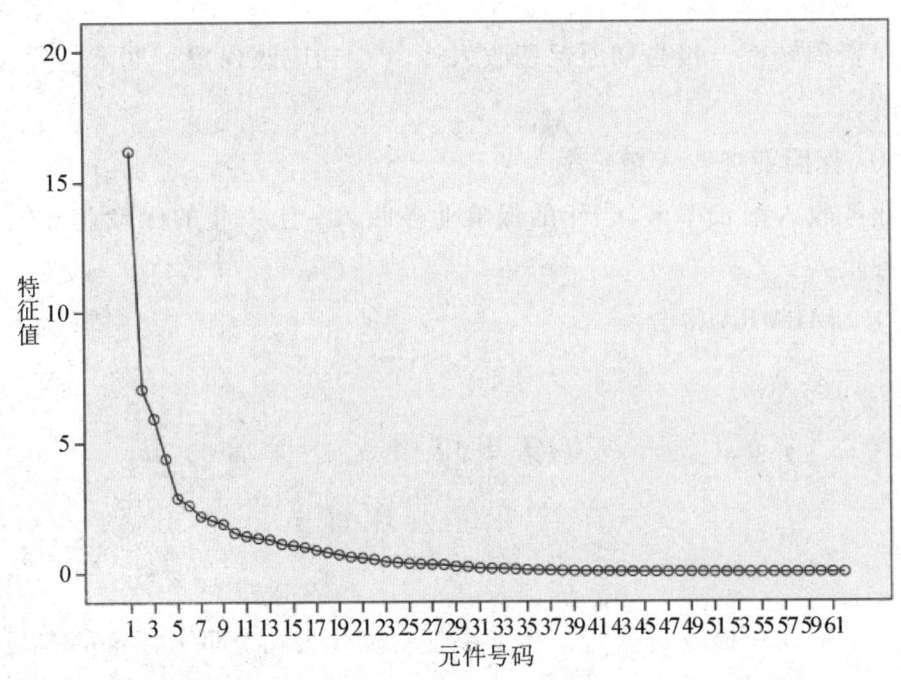

图 4-1 人身险公司综合竞争力分析的陡坡图(碎石图)

选取这 15 个主成分后,各保险公司综合竞争力的评价结果与排名如表 4-1 所示。

表 4-1　　2019 年中国人身保险公司综合竞争力排名与得分

公司名称	排名	得分	公司名称	排名	得分
国寿股份	1	100.0	中宏人寿	35	66.6
平安人寿	2	99.2	泰康养老	36	66.5
泰康人寿	3	93.8	昆仑健康	37	66.1
太平人寿	4	92.8	恒大人寿	38	66.0
太保寿险	5	91.8	同方全球人寿	39	65.5
新华人寿	6	88.8	英大人寿	40	65.0
中邮人寿	7	87.5	中意人寿	41	64.8
百年人寿	8	85.9	太保安联健康	42	64.6
友邦人寿	9	85.5	太平养老	43	63.7
平安健康	10	84.0	复星保德信	44	61.9
弘康人寿	11	82.3	东吴人寿	45	60.8
人保寿险	12	82.2	民生人寿	46	60.4
华夏人寿	13	81.7	光大永明	47	60.1
三峡人寿	14	81.3	中英人寿	48	59.9
农银人寿	15	79.4	华泰人寿	49	59.7
招商仁和	16	78.9	君康人寿	50	58.6
工银安盛	17	78.0	中银三星	51	58.3
平安养老	18	76.5	利安人寿	52	58.2
中信保诚人寿	19	76.2	信美人寿	53	56.9
阳光人寿	20	75.9	中华人寿	54	56.5
招商信诺	21	75.2	恒安标准	55	55.8
中美联泰	22	75.0	汇丰人寿	56	55.7
复星联合健康	23	74.4	中融人寿	57	55.3
前海人寿	24	74.2	华贵人寿	58	54.5
上海人寿	25	72.8	陆家嘴国泰	59	54.5
信泰人寿	26	72.2	珠江人寿	60	52.6
合众人寿	27	71.9	和泰人寿	61	52.1
北大方正人寿	28	71.0	中荷人寿	62	51.5
交银康联	29	69.8	爱心人寿	63	50.7
建信人寿	30	69.1	横琴人寿	64	47.6
中德安联	31	68.9	吉祥人寿	65	45.0
人保健康	32	68.4	渤海人寿	66	44.0
长城人寿	33	67.9	国联人寿	67	41.2
国华人寿	34	67.1	长生人寿	68	40.0

二、结论与分析

本报告在 2018 年研究的基础上,根据影响当前中国人身险公司的发展和中国保监会的监管要求等各方面的因素,修改完善了人身险公司竞争力评价指标体系。我们根据此评价指标体系,应用主成分分析方法对中国寿险公司的竞争力进行了经验分析。随着国际经济金融危机和中国经济结构的调整,中国保险业的发展逐渐克服了一些困难和瓶颈。2019 年,人身险行业保费收入 30 995 亿元,同比增长 13.76%;寿险公司保险金额 1 101 万亿元,下降 1.69%;寿险公司期末有效保险金额 953 万亿元,增长 14.93%。

基于公开的数据和课题组的评价体系,2019 年中国人身险公司综合竞争力评价的基本情况如下:

1. 盈利能力方面:这 68 家人身险公司的盈利能力表现差别较大,整体来看,中资保险公司占有一定的优势。

在盈利能力竞争力排名前十位的公司中,有两家外资保险公司,分别是友邦人寿、中意人寿(分别排名第七、第八),其余 8 家都是中资保险公司,中资保险公司的盈利能力高于外资保险公司。显然,在强调"保险姓保"、经营发展保障性产品方面,中资保险公司还有很多地方需要向外资保险公司学习;此外,保险公司在注重规模、份额的同时,投资收益、技术等还有待加强完善。

2. 资本管理能力方面:2019 年中国人身险公司的资本管理能力得到大幅度提高,其中,外资人身险公司的资本管理能力 2019 年表现比较突出,占有比较明显的优势。说明中资保险公司在资本实力、资本管理能力等方面还有许多需要借鉴学习的地方。

在资本管理能力方面,有的保险公司的资本管理系数远低于1,主要是这些公司的偿付能力充足率太高,资本运用太不充分。

在资本管理能力竞争力排名前十位的公司中,外资保险公司有 5 家入围,分别是中美联泰(排名第六)、中德安联(排名第七)、友邦人寿(排名第八)、中荷人寿(排名第九)和中宏人寿(排名第十),其余 5 家都是中资保险公司,应该说在保险公司的资本管理能力方面,在资本实力、资本管理、保护股东权益等方面,外资人身险公司占有比较明显的优势。

3. 经营管理能力方面:2019 年人身险各公司整体凸显在综合成本率居高不下,基本都在 100% 左右,因此,承保利润形势严峻。整体比较而言,各公司间综合赔付率和综合费用率相对差异不大,多于一半的公司的综合成本率高于 100%。

在经营能力竞争力方面，前十名的保险公司全部都是中资保险公司（平安寿险、复星联合健康和中国人寿分别排名第一、第二、第三）。在2018年的经营管理能力评价中，有两家外资保险公司入围前十名，说明中资保险公司在经营管理能力方面取得了一定的进步。

4. 风险管理能力方面：根据2019年的人身险公司风险管理能力评价结果数据，中资保险公司的风险管理能力有着比较明显的改善。在风险管理能力竞争力排名前十位的公司中，中资保险公司有9家入围，从数量上来看，占有明显的优势。与2018年相比较而言，2019年中资保险公司风险管理能力排名入围前十位的有明显增加，由6家增加到9家。需要注意的是，在公司的分出再保能力方面，中资保险公司还有许多需要学习和改进的地方。

5. 发展潜力方面：在发展潜力方面，中资占有明显的优势。在排名前十位的公司中，全部是中资人身保险公司。其中，三峡人寿、招商仁和、中邮人寿分别名列第一、第二和第三，得分分别是100、92.5和90.6。中资保险公司在市场拓展能力、资本运用充分率、分支机构数目等方面优势明显。

基于上述5个方面，68家保险公司中，中资保险公司的综合竞争力占有一定的优势。在排名前十位的人身险公司中只有一家外资保险公司入围（平安健康，排名第九）；在排名前20位的人身险公司中，有四家外资保险公司，分别是（平安健康、友邦人寿、工银安盛、中信保诚人寿）。

第三节 2019年人身险公司综合竞争力一级指标的评价结果与分析

根据定义，人身保险公司的综合竞争力评价包括盈利能力、资本管理能力、经营能力、风险管理能力和发展潜力5个一级指标。各一级指标下含有数量不等的二级指标。我们基于二级指标，运用主成分分析方法对各公司一级指标的表现情况进行评价和分析。

一、2019年人身险公司盈利能力的排名与分析

数据预处理后，我们根据68家人身险公司的10个二级指标数据，得到一个68×10数据矩阵；根据主成分分析方法，选取了5个主成分，方差贡献解释率为89.17%，每个主成分都是这10个二级指标的线性组合。

表 4-2　　　　　　　　　　　人身险公司盈利能力竞争力排名与得分

公司名称	排名	得分	公司名称	排名	得分
平安人寿	1	100.0	陆家嘴国泰	35	73.2
昆仑健康	2	98.7	中华人寿	36	71.7
泰康人寿	3	94.3	平安养老	37	71.6
国寿股份	4	92.8	同方全球人寿	38	70.9
平安健康	5	92.6	建信人寿	39	70.7
珠江人寿	6	92.2	交银康联	40	70.6
友邦人寿	7	88.0	恒大人寿	41	70.5
中意人寿	8	87.2	人保健康	42	69.7
太平人寿	9	85.8	工银安盛	43	68.4
太保寿险	10	85.7	吉祥人寿	44	68.3
华泰人寿	11	82.7	华夏人寿	45	68.2
弘康人寿	12	82.6	百年人寿	46	67.8
阳光人寿	13	81.7	利安人寿	47	67.3
人保寿险	14	80.6	泰康养老	48	67.1
君康人寿	15	80.0	太平养老	49	65.6
东吴人寿	16	79.6	汇丰人寿	50	65.2
中融人寿	17	79.4	北大方正人寿	51	64.6
招商信诺	18	79.3	中荷人寿	52	64.5
中信保诚人寿	19	78.7	中银三星	53	64.4
新华人寿	20	78.5	华贵人寿	54	64.4
中德安联	21	77.7	横琴人寿	55	62.4
国华人寿	22	77.4	长生人寿	56	61.0
民生人寿	23	77.0	光大永明	57	60.7
中美联泰	24	76.7	和泰人寿	58	60.6
上海人寿	25	76.4	太保安联健康	59	58.8
前海人寿	26	76.2	信泰人寿	60	57.2
恒安标准	27	76.0	长城人寿	61	55.4
英大人寿	28	75.1	渤海人寿	62	53.4
中宏人寿	29	74.5	复星保德信	63	52.6
合众人寿	30	74.4	招商仁和	64	47.3
中邮人寿	31	74.3	复星联合健康	65	45.8
国联人寿	32	74.1	三峡人寿	66	41.6
中英人寿	33	73.7	信美人寿	67	40.8
农银人寿	34	73.5	爱心人寿	68	40.0

从表 4-2 中可以看出，人身险市场中盈利能力排名前三的依次是平安人寿、昆仑健康和泰康人寿，在百分制基准下，得分分别为 100 分、98.7 分和 94.3 分。

参评的 68 家人身险公司中，盈利能力的最高分为平安人寿（100 分），最低分为爱心人寿（40.0 分），平均得分 71.8 分，大于平均分（含平均分）的公司有 35 家，占比 51.47%。

其中，90 分以上的公司有 6 家，80~90 分之间的有 9 家，70~80 分之间的有 26 家，60~70 分之间的有 17 家，60 分以下的有 10 家。

图 4-2 给出了盈利能力排名前十的公司，依次是平安人寿、昆仑健康、泰康人寿、国寿股份、平安健康、珠江人寿、友邦人寿、中意人寿、太平人寿、太保寿险。

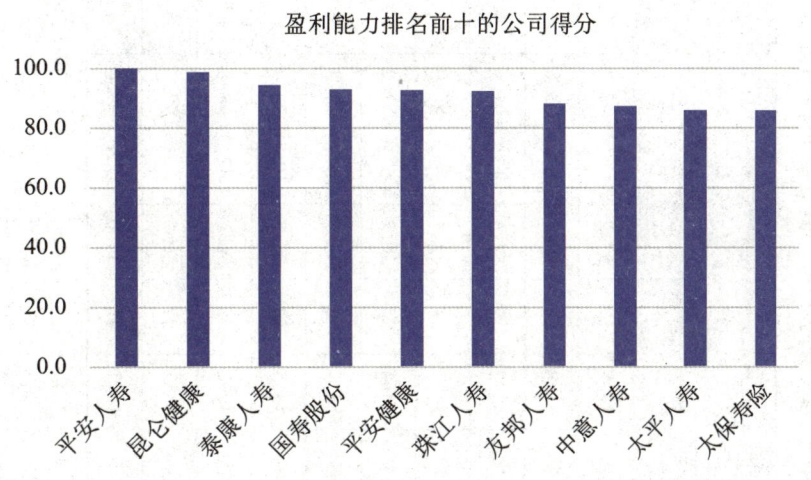

图 4-2　盈利能力排名前十的人身险公司

总体来看，前十家公司得分相差不大，分布比较均衡，说明其盈利能力没有明显区别。

（一）盈利能力排名前十的人身险公司，其二级指标的排名与得分情况

盈利能力是反映保险公司竞争力的一项重要指标，表 4-3 具体分析了盈利能力排名前十的人身险公司其盈利能力二级指标的情况，给出了盈利能力体系下的 10 个二级指标的得分和排名。该表格为分析这 10 家公司的盈利情况提供了一个可以进行比较分析的平台。

表 4-3　盈利能力排名前十的人身险公司，其二级指标的排名与得分

公司名称	总资产收益率		净资产收益率		投资收益率		净投资收益率		承保利润率		投资资产占总资产的比率		净利润		净利润增长率		人均净利润		综合收益率	
	排名	得分	排名	得分	排名	得分	排名	得分	排名	得分	排名	得分	排名	得分	排名	得分	排名	得分	排名	得分
平安人寿	5	93.1	2	91.0	53	47.9	48	45.8	19	57.2	4	97.9	1	100.0	5	66.1	49	46.6	53	47.0
昆仑健康	25	86.4	3	88.7	2	75.8	3	61.4	64	50.1	33	83.8	40	41.1	35	54.1	15	51.4	2	73.4
泰康人寿	9	90.4	6	85.3	31	50.6	24	48.2	12	58.6	13	91.9	4	53.0	8	60.8	44	47.2	25	50.6
国寿股份	17	88.6	17	72.1	35	50.3	49	45.7	42	54.4	8	93.6	2	82.4	7	61.4	3	62.8	37	49.0
平安健康	2	97.4	11	76.0	19	52.9	1	100.0	25	56.2	67	52.2	29	41.3	20	56.9	10	54.4	23	50.8
珠江人寿	33	84.7	35	63.8	7	57.3	5	58.9	1	100.0	54	71.3	30	41.3	26	55.5	6	58.3	7	57.1
友邦人寿	1	100.0	1	100.0	55	46.9	63	43.5	13	58.3	9	92.9	7	46.8	1	100.0	24	50.0	61	45.3
中意人寿	21	87.8	16	72.3	10	55.6	18	49.8	26	56.2	42	78.8	17	41.7	12	59.3	25	49.5	12	55.1
太平人寿	11	90.1	7	81.3	37	49.9	39	46.3	27	56.2	10	92.3	6	49.1	18	58.0	22	50.8	42	48.7
太保寿险	15	88.6	8	80.0	50	48.5	43	46.1	49	54.0	2	99.0	3	55.5	9	60.0	35	48.1	52	47.0

平安人寿在盈利能力排名中位列第一，主要因为其在盈利能力的大多数指标得分均处于68家的中上游水平，且部分指标表现优异。其各项指标中，总资产收益率、净资产收益率、投资资产占总资产的比率、净利润、净利润增长率5项指标均位于60家公司中的前十名。特别是净利润指标得分100分，排名第一，且远远高过其余9家公司，形成其显著的核心优势。

整体来看，这些盈利能力排名前十的公司在总资产收益率、净资产收益率、投资收益率、净投资收益率、人均综合收益、净利润和综合收益率等指标上的表现都比较优良，多数进入68家公司的前十名。说明这10家公司的投资能力和经营水平总体上相当不错。但其中部分指标存在两极分化现象，如净投资收益率、承保利润率指标中，多数公司表现优异而少数1~2家公司得分落入后十名。

友邦人寿的投资收益率（第55名，46.9分）、净资产收益率（第63名，43.5分），昆仑健康的承保利润率（第64名，50.1分）等，与其他几家公司相比有一定差距，但由于这两家公司其他部分指标表现优异，得以立足盈利能力前十。

在投资资产占总资产比率这一指标上，10家公司的表现差别较大，太保寿险（第2名，99.0分）、平安人寿（第4名，97.9分）、国寿股份（第8名，93.6分）、友邦人寿（第9名，92.9分），但是有3家公司处于下游水平。在净利润增长率指标上，10家公司的表现都高于平均水平，其中，得分最高的为友邦人寿（第1名，100.0分），得分最低的为昆仑健康（第35名，54.1分）。

（二）盈利能力下各二级指标排名与得分前十的人身险公司

表4-4反映了盈利能力的各项指标中，排名前十的人身险公司及其得分情况，从而可以对人身险公司在盈利能力下的整体表现状况有一个基本的了解。

从表4-4中可以看出，投资资产占总资产比率这项指标的前十名得分为100~92.3分，说明各公司尽管有差别，但是各个公司在这项指标上的差距并不明显。

各公司盈利能力差距比较明显的指标主要是净投资收益率（从平安健康的100分至英大人寿的52.3分）和净利润（从平安寿险的100分至国华人寿的42.5分）两项指标。因此，可以说明这两项指标对于各个公司盈利能力的排名影响较大。

其中，平安健康在净投资收益率上、平安寿险在净利润上、珠江人寿在承保利润率指标上，遥遥领先于其他各家公司。

（三）盈利能力结构的模糊聚类分析

聚类分析是数理统计中一种多元分析方法，它是用数学方法定量地确定研究对

表4-4 盈利能力下各二级指标得分与排名前十的人身险公司

排名 \ 二级指标	总资产收益率 公司名称(得分)	净资产收益率 公司名称(得分)	投资收益率 公司名称(得分)	净投资收益率 公司名称(得分)	承保利润率 公司名称(得分)	投资资产占总资产比率 公司名称(得分)	净利润 公司名称(得分)	净利润增长率 公司名称(得分)	人均净利润 公司名称(得分)	综合收益率 公司名称(得分)
1	友邦人寿(100)	友邦人寿(100)	国联人寿(100)	平安健康(100)	珠江人寿(100)	农银人寿(100)	平安人寿(100)	友邦人寿(100)	陆家嘴国泰(100)	国联人寿(100)
2	平安健康(97.4)	平安人寿(91)	昆仑健康(75.8)	国联人寿(67)	东吴人寿(68.7)	太保寿险(99)	国寿股份(82.4)	弘康人寿(68.7)	中融人寿(79.5)	昆仑健康(73.4)
3	中美联泰(95)	昆仑健康(88.7)	华贵人寿(69.8)	昆仑健康(61.4)	农银人寿(64.7)	人保寿险(98.7)	太保寿险(55.5)	中德安联(67.9)	国寿股份(62.8)	华贵人寿(67)
4	中德安联(93.1)	中德安联(88.6)	中华人寿(59)	君康人寿(60.8)	人保寿险(63.6)	平安人寿(97.9)	泰康人寿(53)	中邮人寿(67.6)	人保寿险(61.8)	中华人寿(59.1)
5	平安人寿(93.1)	中美联泰(85.4)	东吴人寿(58.5)	珠江人寿(58.9)	建信人寿(62.6)	中美联泰(94.3)	新华人寿(50.5)	平安人寿(66.1)	华泰人寿(59.5)	渤海人寿(58.4)
6	招商信诺(91.8)	泰康人寿(85.3)	横琴人寿(57.9)	中融人寿(58.4)	百年人寿(61.3)	新华人寿(94.2)	太平人寿(49.1)	中美联泰(65.7)	珠江人寿(58.3)	和泰人寿(58.3)
7	平安养老(91.4)	太平人寿(81.3)	珠江人寿(57.3)	弘康人寿(53.3)	上海人寿(60.4)	阳光人寿(94)	友邦人寿(46.8)	国寿股份(61.4)	中邮人寿(57.5)	珠江人寿(57.1)
8	中宏人寿(91.2)	太保寿险(80)	中融人寿(56.1)	平安人寿(52.6)	阳光人寿(60.2)	国寿股份(93.6)	阳光人寿(43.9)	泰康人寿(60.8)	上海人寿(57)	东吴人寿(56.4)
9	泰康人寿(90.4)	合众人寿(79.6)	华泰人寿(55.7)	前海人寿(52.4)	弘康人寿(59.7)	友邦人寿(92.9)	人保寿险(43.2)	太保寿险(60)	合众人寿(55.3)	横琴人寿(56.3)
10	恒安标准(90.2)	中信保诚人寿(77.8)	中意人寿(55.6)	英大人寿(52.3)	招商信诺(59.4)	太平人寿(92.3)	国华人寿(42.5)	国华人寿(59.9)	平安健康(54.4)	长生人寿(56.2)

象的亲疏关系，从而客观地划分类型以及度量研究对象之间的相似程度。事物之间的界限，有些是确切的，有些则是模糊的。当聚类涉及事物之间的模糊界限时，须运用模糊聚类分析方法。

我们根据保险公司在这些指标上的得分，运用模糊聚类方法分析各公司之间的相似程度，为各公司之间的盈利能力比较提供一个新的方法和视角。同时，模糊聚类分析是一种基于"物以类聚、人以群分"的观念，进行各公司之间经营结构上近似程度的比较分析，不是优劣评价。

表4-5 盈利能力排名前十的公司的模糊聚类等价分析矩阵

公司名称	平安人寿	国寿股份	泰康人寿	太平人寿	太保寿险	新华人寿	中邮人寿	华夏人寿	平安健康	弘康人寿
平安人寿	1.00	0.58	0.58	0.58	0.58	0.58	0.42	0.51	0.47	0.52
国寿股份	0.58	1.00	0.62	0.62	0.62	0.62	0.42	0.51	0.47	0.52
泰康人寿	0.58	0.62	1.00	0.74	0.68	0.68	0.42	0.51	0.47	0.52
太平人寿	0.58	0.62	0.74	1.00	0.68	0.68	0.42	0.51	0.47	0.52
太保寿险	0.58	0.62	0.68	0.68	1.00	0.79	0.42	0.51	0.47	0.52
新华人寿	0.58	0.62	0.68	0.68	0.79	1.00	0.42	0.51	0.47	0.52
中邮人寿	0.42	0.42	0.42	0.42	0.42	0.42	1.00	0.42	0.42	0.42
华夏人寿	0.51	0.51	0.51	0.51	0.51	0.51	0.42	1.00	0.47	0.51
平安健康	0.47	0.47	0.47	0.47	0.47	0.47	0.42	0.47	1.00	0.47
弘康人寿	0.52	0.52	0.52	0.52	0.52	0.52	0.42	0.51	0.47	1.00

从表4-5中可以看出，处于主对角线上的值都取1，显然各个公司和自己的相似与贴近程度为100%。

根据表4-5，盈利能力排名前十的公司的各项指标的相似性都不高且差别较大，介于0.42~0.79之间，最低得分同比下降，最高得分略有升高。

盈利能力指标表现相似程度较高的是太保寿险和新华人寿，这两家公司之间的相似度为0.79；泰康人寿和太平人寿之间的相似度是0.74，也比较高；说明这几家公司的盈利能力和模式具有较高的相似性和可比性。其中，比较有特点的公司是中邮人寿，它与其余9家公司的盈利能力业务结构的相似度都是0.42，位于矩阵中的最低分，说明该公司与其他9家公司的盈利能力可比性不强，这是一个值得继续关注和研究的现象。

从表4-5中各公司数据表现来看，说明各公司之间的盈利能力和模式可比性有待加强，这也从另一个方面说明，中国人身险公司的盈利能力和水平还需要进一步提高。在国际经济危机和国内经济结构调整的过程中，寿险业如何实现盈利能力的提高，在市场中发现和发掘盈利模式，将成为中国寿险业面临的一个严峻的问题。

二、2019年人身保险公司资本管理能力排名与分析

数据预处理后,我们根据68家人身险公司的14个二级指标数据,得到一个68×14数据矩阵;根据主成分分析方法,我们选取了8个主成分,其累计解释率为87.39%,每个主成分都是这14个二级指标的线性组合(见表4-6)。

表4-6　　　　　　人身险公司资本管理能力排名与得分

公司名称	排名	得分	公司名称	排名	得分
国寿股份	1	100.0	招商仁和	35	69.5
太保寿险	2	96.0	复星保德信	36	69.4
平安人寿	3	91.3	北大方正人寿	37	69.1
新华人寿	4	89.2	前海人寿	38	68.4
利安人寿	5	86.0	平安健康	39	67.9
中美联泰	6	85.6	陆家嘴国泰	40	67.6
中德安联	7	85.0	恒大人寿	41	67.1
友邦人寿	8	84.9	汇丰人寿	42	66.4
中荷人寿	9	82.0	中华人寿	43	65.8
中宏人寿	10	81.9	吉祥人寿	44	65.7
泰康人寿	11	81.1	太保安联健康	45	65.2
太平人寿	12	80.9	中银三星	46	65.1
中邮人寿	13	80.0	华贵人寿	47	64.5
民生人寿	14	79.4	农银人寿	48	63.9
中信保诚人寿	15	79.1	和泰人寿	49	63.7
泰康养老	16	77.8	合众人寿	50	63.3
中意人寿	17	76.4	人保健康	51	63.2
招商信诺	18	76.3	渤海人寿	52	62.8
英大人寿	19	76.2	国联人寿	53	62.8
华泰人寿	20	75.6	中融人寿	54	62.6
平安养老	21	75.1	太平养老	55	61.2
中英人寿	22	74.9	长城人寿	56	60.7
阳光人寿	23	74.3	昆仑健康	57	60.4
复星联合健康	24	74.3	君康人寿	58	59.6
交银康联	25	74.2	华夏人寿	59	59.4
信美人寿	26	74.1	长生人寿	60	57.3
光大永明	27	73.3	爱心人寿	61	57.1
工银安盛	28	72.6	上海人寿	62	53.6
同方全球人寿	29	72.5	建信人寿	63	51.2
恒安标准	30	72.4	百年人寿	64	50.8
信泰人寿	31	72.3	三峡人寿	65	50.4
国华人寿	32	71.9	弘康人寿	66	50.0
横琴人寿	33	70.9	珠江人寿	67	43.8
人保寿险	34	70.3	东吴人寿	68	40.0

从表 4-6 中可以看出，人身险市场上资本管理能力排名前三的依次是中国人寿、太保寿险和平安人寿，在百分制基准下，得分分别为 100 分、96.0 分和 91.3 分。

参评的 68 家人身险公司其资本管理能力的最高分为中国人寿（100 分），最低分为东吴人寿（40.0 分），平均得分 70.0 分，大于平均分的公司有 34 家，占比 50.0%。

其中，90 分以上的公司有 3 家，80~90 分之间的公司有 10 家，70~80 分之间的公司有 21 家，60~70 分之间的有 23 家，60 分以下的有 11 家。

图 4-3 给出了资本管理能力排名前十的公司，依次是国寿股份、太保寿险、平安人寿、新华人寿、利安人寿、中美联泰、中德安联、友邦人寿、中荷人寿、中宏人寿。

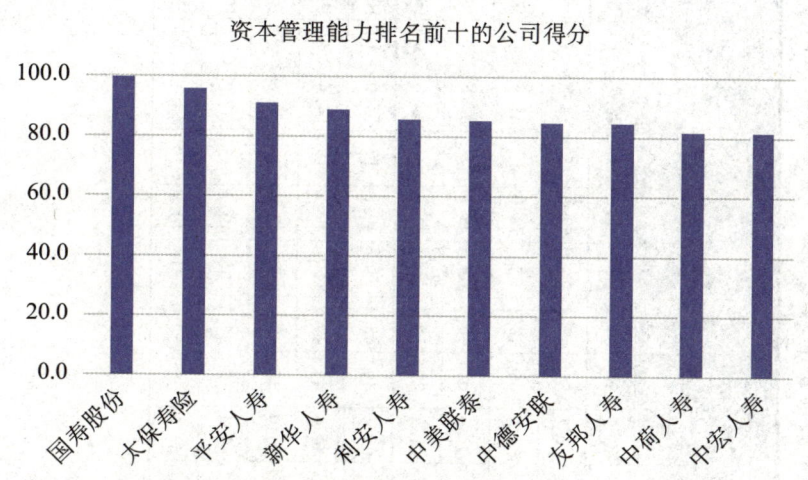

图 4-3　资本管理能力排名前十的人身险公司

其中，资本管理能力排名第一的中国人寿得分 100，第二名太保寿险得分 96.0，第三名平安人寿得分 91.3 分，前三名的优势比较明显；从第四名的新华人寿（得分 89.2）到第十名的中宏人寿（得分 81.9），差距并不明显。

（一）资本管理能力排名前十的人身险公司，其二级指标的排名与得分情况

表 4-7 具体分析了资本管理能力排名前十的人身险公司的情况，即资本管理能力体系下 14 个二级指标的具体得分和排名，有助于我们分析这 10 家公司的资本管理能力。

表4-7 资本管理能力排名前十的人身险公司，其二级指标的排名与得分

公司名称	资本管理系数		认可资产负债率		资产认可率		资本利用率		资金成本率		认可资产增长率		所有者权益		准备金保费比率		资产杠杆系数		资本运用率		资本回报率		风险调整本利润率		风险调整本回报率		资本增长率		资本管理绩效	
	排名	得分	排名	得分	排名	得分	排名	得分	排名	得分	排名	得分	排名	得分	排名	得分	排名	得分	排名	得分	排名	得分	排名	得分	排名	得分	排名	得分	排名	得分
国寿股份	1	100.0	5	98.8	42	74.4	55	47.2	39	62.6	51	48.1	1	100.0	4	78.2	1	100.0	65	41.4	62	68.9	13	55.4	14	99.3	59	50.5
太保寿险	1	100.0	7	98.5	29	78.5	27	55.4	43	62.4	54	47.8	3	52.6	5	78.2	60	84.6	63	41.8	47	83.5	2	71.2	67	96.4	42	50.7
平安人寿	1	100.0	1	100.0	57	64.5	38	52.4	23	64.4	45	49.1	2	74.9	12	67.6	54	92.3	68	40.0	65	61.9	8	55.9	4	99.7	27	50.8
新华人寿	1	100.0	8	97.9	30	78.1	46	49.2	41	62.4	62	46.0	4	52.2	2	82.8	45	98.2	61	42.2	57	72.7	16	55.2	20	99.3	48	50.6
利安人寿	1	100.0	40	81.4	13	85.3	44	50.1	48	61.8	22	56.2	24	41.0	37	55.0	1	100.0	23	59.1	34	89.5	55	53.5	44	98.5	1	100.0
中美联泰	54	99.3	14	96.1	20	81.8	28	55.4	16	65.1	49	48.4	34	40.8	17	65.0	1	100.0	53	44.3	21	93.9	5	57.3	3	99.7	28	50.7
中德安联	1	100.0	22	92.3	11	86.4	24	56.6	25	64.4	44	49.2	50	40.2	19	64.4	50	95.3	39	49.1	1	100.0	6	57.2	1	100.0	14	51.0
友邦人寿	56	89.2	4	99.0	36	77.0	40	52.0	18	64.9	47	48.6	13	42.4	7	73.5	43	98.6	66	41.3	26	93.4	3	58.9	2	99.8	45	50.6
中荷人寿	1	100.0	28	89.6	9	87.6	41	51.6	42	62.4	55	47.7	45	40.3	13	67.0	1	100.0	34	50.8	22	93.6	1	100.0	68	40.0	39	50.7
中宏人寿	1	100.0	11	96.7	40	75.6	47	49.1	29	63.6	38	50.0	31	40.8	20	64.1	1	100.0	57	43.3	40	86.5	20	55.1	5	99.7	29	50.7

国寿股份的资本管理能力排名第一，主要得益于其在指标资本管理系数（排名并列第一，100分）、所有者权益（排名第一，100分）、资产杠杆系数（排名第一，100分）、认可资产负债率（排名第五，98.8分）方面的优异表现。该公司在指标资本运用率（排名第六十五）、资本回报率（排名第六十二）、资本管理绩效增长率（排名第五十九）方面，还有很大的发展空间。

太保寿险的资本管理能力排名第二（得分96.0），主要得益于该公司在指标资本管理系数（排名并列第一，100分）、认可资产负债率（排名第七，98.5分）、所有者权益（排名第三，52.6分）、风险调整资本利润率（第二名，71.2分）方面的优秀表现。该公司在指标资本运用率（排名第六十三）、风险调整资本回报率（排名第六十七）等方面，还有很大的发展空间。

平安人寿的资本管理能力排名第三（得分91.3），主要得益于该公司在指标资本管理系数（排名并列第一，100分）、认可资产负债率（排名第一，100分）、所有者权益（排名第二，74.9分）、风险调整资本利润率（排名第八，55.9分）方面的优秀表现。该公司在指标资本运用率（排名并列第六十八）、资本回报率（排名并列第六十五）方面，还有很大的发展空间。

整体来看，资本管理能力排名前十的公司在资本管理系数、认可资产负债率、所有者权益和资产杠杆系数指标上的表现都比较优良，大部分都处于68家公司的中上游水平。

在资产认可率、资本运用率和认可资产增长率指标中，除个别公司以外，10家公司排名普遍靠后，得分也普遍偏低，在这些指标方面，各家公司都有待提高。

（二）资本管理能力下各二级指标排名与得分前十的人身险公司情况

表4-8给出了资本管理能力下，各二级指标排名前十的公司及其得分情况，从而可以对保险公司资本管理能力的整体表现有一个基本的了解。

从表4-8中可以看出，各项指标排名前十的公司，在资本管理系数和资产杠杆系数指标上的表现几乎没有差别，前十名均为满分100分。

其中，资本管理系数：中国人寿、太保寿险、平安寿险、新华人寿、泰康人寿、太平人寿、光大永明、民生人寿、平安养老、合众人寿、太平养老、人保健康、信泰人寿、农银人寿、长城人寿、人保寿险、英大人寿、泰康养老、阳光人寿、中邮人寿、利安人寿、东吴人寿、吉祥人寿、国联人寿、太保安联健康、中华人寿、横琴人寿、复星联合健康、信美人寿、华贵人寿、和泰人寿、招商仁和、中宏人寿、中德安联、工银安盛、中信保诚、交银康联、中意人寿、北大方正人寿、

表4-8 资本管理能力下各二级指标得分与排名前十的人身险公司

二级指标	资本管理系数 公司名称(得分)	认可资产负债率 公司名称(得分)	资产认可率 公司名称(得分)	资本利用率 公司名称(得分)	资金成本率 公司名称(得分)	认可资产增长率 公司名称(得分)	所有者权益 公司名称(得分)	准备金保费比率 公司名称(得分)	资产杠杆系数 公司名称(得分)	资本运用率 公司名称(得分)	资本回报率 公司名称(得分)	风险调整本利润率 公司名称(得分)	风险调整本回报率 公司名称(得分)	资本管理效率增长绩 公司名称(得分)
1	国寿股份(100)	平安人寿(100)	华贵人寿(100)	百年人寿(100)	珠江人寿(100)	复星联合健康(100)	国寿股份(100)	太保安联健康(100)	国寿股份(100)	三峡人寿(100)	中德安联(100)	中荷人寿(100)	中德安联(100)	利安人寿(100)
2	太保寿险(100)	太平人寿(99.6)	三峡人寿(100)	华夏人寿(97.8)	东吴人寿(80.3)	招商仁和(86.9)	平安人寿(74.9)	新华人寿(82.8)	民生人寿(100)	爱心人寿(98)	三峡人寿(97.8)	太保寿险(71.2)	友邦人寿(99.8)	北大方正人寿(52.8)
3	平安人寿(100)	弘康人寿(99.4)	国联人寿(98.5)	弘康人寿(92.6)	农银人寿(71.1)	横琴人寿(77.4)	太保寿险(52.6)	民生人寿(80.4)	平安养老(100)	复星联合健康(93.9)	和泰人寿(96.9)	友邦人寿(58.9)	中美联泰(99.7)	中华人寿(52.6)
4	新华人寿(100)	友邦人寿(99)	汇丰人寿(92.7)	昆仑健康(73.8)	百年人寿(70.1)	信美人寿(73)	新华人寿(52.2)	国寿股份(78.2)	太平养老(100)	中华人寿(80.8)	恒安标准(96.7)	平安健康(58.1)	平安人寿(99.7)	华夏人寿(52.6)
5	泰康人寿(100)	国寿股份(98.8)	渤海人寿(91.4)	平安健康(69.7)	人保寿险(69.9)	复星保德信(71.8)	泰康人寿(48.5)	人保健康(78.2)	人保健康(100)	和泰人寿(79.7)	复星保德信(96.3)	中美联泰(57.3)	中宏人寿(99.7)	复星联合健康(52.4)
6	太平人寿(100)	中信保诚人寿(98.7)	长生人寿(90.8)	合众人寿(69.1)	上海人寿(69.3)	三峡人寿(70)	太平人寿(47.3)	汇丰人寿(73.7)	国寿股份(100)	华贵人寿(77.4)	陆家嘴国泰(95.9)	中德安联(57.2)	中信保诚人寿(99.6)	信美人寿(52.2)
7	光大永明(100)	太保寿险(98.5)	中邮人寿(90.6)	君康人寿(68)	建信人寿(69.1)	恒大人寿(69.7)	人保寿险(46.2)	友邦人寿(73.5)	信泰人寿(100)	太保安联健康(74.9)	太保安联健康(95.8)	平安养老(57)	泰康养老(99.6)	百年人寿(52.1)
8	民生人寿(100)	新华人寿(97.9)	北大方正人寿(90.3)	太保安联健康(66.5)	弘康人寿(68.5)	太保安联健康(64.3)	阳光人寿(44.6)	珠江人寿(72.7)	长城人寿(100)	渤海人寿(73.4)	信美人寿(95.8)	平安人寿(55.9)	泰康人寿(99.5)	国联人寿(51.7)
9	平安养老(100)	华夏人寿(97.9)	中邮人寿(87.6)	横琴人寿(66.5)	阳光人寿(67.2)	中银三星(63.3)	国华人寿(43.9)	渤海人寿(71.5)	国华人寿(100)	国联人寿(73.3)	君康人寿(95.7)	招商信诺(55.8)	陆家嘴国泰(99.5)	恒大人寿(51.3)
10	合众人寿(100)	泰康人寿(97.2)	工银安盛(87.1)	人保健康(63.2)	平安健康(67.1)	前海人寿(61.8)	前海人寿(43.8)	中意人寿(68.8)	英大人寿(100)	太平养老(71.8)	招商仁和(95.6)	泰康人寿(55.8)	恒安标准(99.4)	横琴人寿(51.2)

中荷人寿、中英人寿、同方全球人寿、招商信诺、长生人寿、恒安标准、华泰人寿、陆家嘴国泰、平安健康、中银三星、汇丰人寿和复星保德信均为100分。

资产杠杆系数：中国人寿、民生人寿、平安养老、太平养老、人保健康、信泰人寿、长城人寿、国华人寿、英大人寿、泰康养老、阳光人寿、中邮人寿、利安人寿、东吴人寿、珠江人寿、吉祥人寿、渤海人寿、国联人寿、太保安联健康、中华人寿、信美人寿、华贵人寿、和泰人寿、招商仁和、中宏人寿、交银康联、北大方正人寿、中荷人寿、中英人寿、同方全球人寿、招商信诺、长生人寿、恒安标准、华泰人寿、陆家嘴国泰、中美联泰、平安健康和复星保德信均为100分。

上述公司由于表格篇幅限制，未在表格中说明，因此，在这里进行说明。

这些指标反映了公司财务状况的稳定性，同时也说明在这些指标上，这些公司的差别并不明显，没有能力和水平上的差距。

在所有者权益、风险调整资本利润率和资本管理绩效增长率指标中，第一名分别为中国人寿（100分）、中荷人寿（100分）和利安人寿（100分），而其余9名得分则分别在43.8~74.9、55.8~71.2和51.2~52.8之间，说明这10家公司在资金运用效率和所有者权益方面差距明显。

（三）资本管理能力结构的模糊聚类分析

聚类分析是数理统计中一种多元分析方法，它是用数学方法定量地确定研究对象的亲疏关系，从而客观地划分类型和度量研究对象之间的相似程度。事物之间的界限，有些是确切的，有些则是模糊的。当聚类涉及事物之间的模糊界限时，须运用模糊聚类分析方法。

本书试图根据保险公司在这些指标上的指标得分，运用模糊聚类方法分析各公司之间的相似程度，为各公司之间的盈利能力比较提供一个新的方法和视角。同时，它体现的是一种"物以类聚、人以群分"的观念，实现的是对于公司资本管理能力结构的相似性分析，得分高低并不意味着资本管理能力的水平高低。

从表4-9中可以看出，处于主对角线上的值都取1，显然各个公司和自己的相似与贴近程度为100%。

从该等价分析矩阵可以看出，各公司间的相似性得分差别较大，最高的是0.81分，最低的是0.50分。

中国人寿在资本管理能力中排名第一。根据该模糊聚类等价分析矩阵，中国人寿与其他9家保险公司在资本管理能力方面的相似程度最高达到0.65分；中国人寿与利安人寿的相似度得分是0.5分，可比性一般。

表4-9　　　资本管理能力排名前十的公司的模糊聚类等价分析矩阵

公司名称	国寿股份	太保寿险	平安人寿	新华人寿	利安人寿	中美联泰	中德安联	友邦人寿	中荷人寿	中宏人寿
国寿股份	1.00	0.65	0.60	0.65	0.50	0.65	0.65	0.65	0.59	0.65
太保寿险	0.65	1.00	0.60	0.67	0.50	0.67	0.67	0.67	0.59	0.67
平安人寿	0.60	0.60	1.00	0.60	0.50	0.60	0.60	0.60	0.59	0.60
新华人寿	0.65	0.67	0.60	1.00	0.50	0.70	0.70	0.70	0.59	0.70
利安人寿	0.50	0.50	0.50	0.50	1.00	0.50	0.50	0.50	0.50	0.50
中美联泰	0.65	0.67	0.60	0.70	0.50	1.00	0.81	0.73	0.59	0.76
中德安联	0.65	0.67	0.60	0.70	0.50	0.81	1.00	0.73	0.59	0.76
友邦人寿	0.65	0.67	0.60	0.70	0.50	0.73	0.73	1.00	0.59	0.73
中荷人寿	0.59	0.59	0.59	0.59	0.50	0.59	0.59	0.59	1.00	0.59
中宏人寿	0.65	0.67	0.60	0.70	0.50	0.76	0.76	0.73	0.59	1.00

事实上，在该矩阵中，资本管理能力最具有可比性的是中美联泰和中德安联，相似度达到0.81分，具有较强的相似性。

需要关注的是利安人寿，尽管这家公司的资本管理能力得分排名第五，但是这家公司与其余9家公司的相似程度都是在0.5，可比性都较差。

整体来看，在资本管理能力和水平上，资本管理能力排名前十的公司之间的近似性和可比性都不高，说明各公司需要加强这方面的研究分析，提高资本管理能力水平。

三、2019年人身险公司经营能力排名与分析

数据预处理后，我们根据68家人身险公司的12个二级指标数据，得到一个68×12数据矩阵；根据主成分分析方法，我们选取了6个主成分，其累计解释率为86.21%，每个主成分都是这12个二级指标的线性组合（见表4-10）。

从表4-10中可以看出，人身险市场上经营能力排名前三的依次是平安人寿、复星联合健康和中国人寿，在百分制基准下，得分分别为100分、90.5分和90.4分。

在参评的68家人身险公司中，经营能力得分最高的为平安人寿（100分），最低的为珠江人寿（40.0分），平均得分69.6分，大于平均分的公司有35家，占比51.5%。

其中，80分以上的公司有10家，70~80分之间的有24家，60~70分之间的有25家，60分以下的有9家。

表 4-10　　　　　　　　　　人身险公司经营能力排名与得分

公司名称	排名	得分	公司名称	排名	得分
平安人寿	1	100	中宏人寿	35	69.8
复星联合健康	2	90.5	弘康人寿	36	69.5
国寿股份	3	90.4	合众人寿	37	68.9
太平人寿	4	87.8	陆家嘴国泰	38	68.3
平安健康	5	86.7	阳光人寿	39	67.9
太保寿险	6	84.1	恒大人寿	40	67.0
中邮人寿	7	84.0	恒安标准	41	66.1
招商仁和	8	82.6	泰康养老	42	66.0
泰康人寿	9	80.4	中英人寿	43	65.3
长城人寿	10	80.2	交银康联	44	65.2
华夏人寿	11	79.8	和泰人寿	45	65.2
复星保德信	12	79.6	中华人寿	46	65.2
三峡人寿	13	78.3	中意人寿	47	65.0
新华人寿	14	78.2	中融人寿	48	64.5
同方全球人寿	15	78.1	民生人寿	49	64.3
信美人寿	16	78.1	人保寿险	50	64.3
工银安盛	17	77.8	东吴人寿	51	64.1
昆仑健康	18	77.5	利安人寿	52	63.4
太保安联健康	19	74.6	汇丰人寿	53	63.0
平安养老	20	74.2	太平养老	54	62.7
中德安联	21	73.9	华贵人寿	55	62.6
前海人寿	22	73.7	横琴人寿	56	61.7
信泰人寿	23	73.7	中荷人寿	57	61.4
友邦人寿	24	73.4	北大方正人寿	58	61.2
人保健康	25	73.3	光大永明	59	60.6
中信保诚人寿	26	73.0	国华人寿	60	57.4
中美联泰	27	72.4	上海人寿	61	56.5
爱心人寿	28	72.2	君康人寿	62	55.7
中银三星	29	71.5	建信人寿	63	55.4
华泰人寿	30	71.4	国联人寿	64	54.8
英大人寿	31	71.2	吉祥人寿	65	49.6
农银人寿	32	71.0	长生人寿	66	48.1
百年人寿	33	70.7	渤海人寿	67	41.8
招商信诺	34	70.1	珠江人寿	68	40.0

图 4-4 给出了经营能力排名前十的公司，依次是平安人寿、复星联合健康、中国人寿、太平人寿、平安健康、太保寿险、华夏人寿、中邮人寿、招商仁和、泰康人寿、长城人寿。

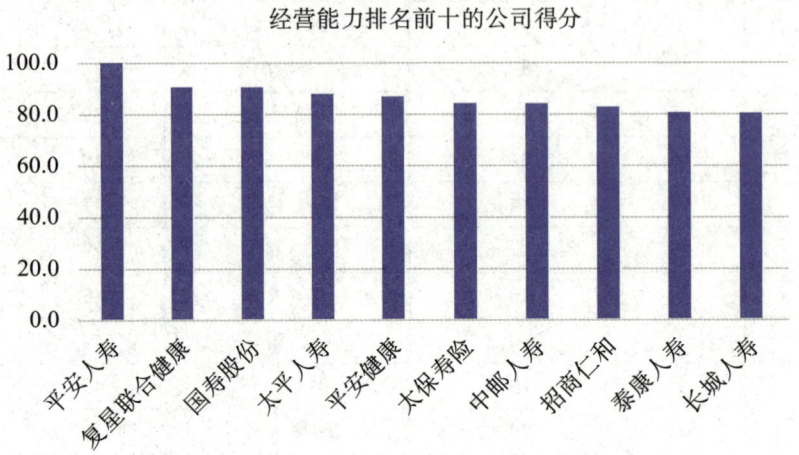

图 4-4 经营能力排名前十的人身险公司

从图 4-4 中可以看出，平安人寿的经营能力排名第一，并且得分比第二名的复星联合健康高出不少（近 10 分）；第二名与第十名公司之间的得分差距并不大。前十名均为中资人身险公司，总体来看，中资人身险公司的经营能力相对较强。

（一）经营能力排名前十的人身险公司，其二级指标的排名与得分情况

经营能力是反映保险公司竞争力的一项重要指标，表 4-11 具体分析了经营能力排名前十的人身险公司其经营能力二级指标的情况，给出了在经营能力体系下的 12 个二级指标的得分和排名。逆向评价指标已逆向化处理。

平安人寿在经营能力排名中位列第一，主要原因在于其在部分二级指标下的表现优异。其中，平安人寿在报告期营业收入指标和净利润赔付支出覆盖率指标中排名第二；在保费收入费用增长率（第八名，69.9 分）指标中表现优秀。但与此同时，其在总资产周转率指标上的表现较差（第六十一名，46.3 分），资产周转效率有待加强。

总资产周转率和净资产周转率是考察企业资产运营效率的重要指标，能够反映企业对其全部资产的管理质量及利用效率。总体来看，经营能力综合排名前十的公司，除个别公司外（如中国人寿、太保寿险、泰康人寿的总资产周转率分别排第六十三名、第六十二名、第六十名，中国人寿、长城人寿的净资产周转率分别排第四十九名、第五十五名），在这两项二级指标上的表现普遍处于中上游水平。特别

表4-11　经营能力排名前十的人身险公司，其二级指标的排名与得分

公司名称	可运用资金收益率		净资产周转率		总资产周转率		综合费用率		综合赔付率		综合费用率的增长率		险种集中度系数		退保率		报告期营业收入		保险业务收入增长率		净利润支出覆盖率		保费赔付率		保费收入费用增长比	
	排名	得分	排名	得分	排名	得分	排名	得分	排名	得分	排名	得分	排名	得分	排名	得分	排名	得分	排名	得分	排名	得分	排名	得分
平安人寿	54	51.1	25	51.3	61	46.3	33	80.1	27	57.4	27	74.4	18	97.2	20	97.9	2	90.7	55	43.2	2	88.3	8	69.9
复星联合健康	57	49.3	27	51.1	1	100.0	66	46.6	11	59.9	3	85.3	34	93.4	4	99.3	63	40.1	4	59.5	55	68.4	48	61.0
国寿股份	43	54.4	49	46.3	63	45.6	25	82.8	48	54.7	55	66.4	7	99.1	28	97.3	1	100.0	59	42.9	13	79.9	59	59.8
太平人寿	44	53.8	11	56.0	32	50.8	21	83.4	35	56.1	23	74.9	4	99.5	30	97.2	7	53.2	50	43.4	16	78.9	2	90.3
平安健康	47	53.3	9	56.4	2	80.1	68	40.0	3	64.2	43	71.4	56	77.8	1	100.0	42	40.6	9	50.2	5	84.2	61	59.6
太保寿险	33	57.4	17	53.2	62	46.0	20	84.1	54	54.1	22	74.9	22	96.0	16	98.5	3	61.6	60	42.8	15	79.3	55	60.3
中邮人寿	62	47.2	15	53.7	13	58.6	1	100.0	50	54.6	37	72.7	53	81.0	52	89.8	10	46.0	44	43.6	30	73.5	4	76.7
招商仁和	59	48.5	35	49.5	4	73.3	16	84.8	24	58.1	2	87.2	35	92.8	47	92.7	34	40.8	2	61.6	57	67.8	16	64.3
泰康人寿	27	58.3	19	53.1	60	46.4	26	82.7	24	58.1	25	74.5	32	93.8	43	94.1	5	54.1	56	43.1	4	84.8	10	68.0
长城人寿	35	56.8	55	45.1	59	46.9	41	76.8	37	55.9	20	75.9	16	97.2	35	95.6	39	40.7	30	44.6	41	72.6	15	64.7

是总资产周转率指标,复星联合健康(第一名,100分)、平安健康(第二名,80.1分)、招商仁和(第四名,73.3分)进入68家公司中的前十名,一定程度上说明这些公司具备较强的资产经营能力。

从整体上来看,这些经营能力排名前十的公司在业务及管理费占比、综合费用率的增长率、报告期营业收入、保险业务收入增长率和净利润赔付支出覆盖率等指标上的表现都较为良好,除个别公司外,几乎都属于68家公司的中游以上水平,部分进入前十名。说明这10家公司在业务拓展方面的表现都较为不错,从而取得了经营能力总体评价的高分。

但也应该看到,这10家公司在保费收入费用增长比、综合赔付率、退保率3个指标上表现平平,相当一部分公司处于中下游水平。特别是综合赔付率指标,有6家公司位于中下游。以上指标的表现从一定程度上说明这些公司的经营能力在某些方面仍存在短板,如产品结构、保单服务、费用管控,等等。公司可以有针对性地加以改进,以进一步提高其综合经营能力。

(二)经营能力下各二级指标排名与得分前十的人身险公司

表4-12反映了经营能力的各项指标中,排名前十的人身险公司及其得分情况,从中可以对人身险公司经营能力的整体表现有一个基本的了解。其中,逆向指标已经过逆向化处理。

从表4-12可以看出,各个公司在经营能力各两项指标上的表现还是存在一定差距的。

其中,净资产周转率和总资产周转率反映了公司资产的管理质量和利用效率。在这两个指标下,平安健康表现优异,均入围前十名。平安健康在两个指标中分别排名第九名(56.4分)、第二名(80.1分)。

在综合费用率的增长率指标下,排名前十的公司之间差距都较小,整体表现较好。

同样,排名前十的公司之间差距较小的二级指标还有手续费及佣金占比、业务及管理费占比、险种集中度系数、退保率、应收保费率和应收分保率,前十名得分差距均在10分以内。

险种集中度系数反映了公司保费收入来源的产品险种集中程度,由于指标已经过逆向化处理,因此,此项指标得分越高,说明公司的保费收入越分散,能够反映公司产品开发及其市场拓展能力。此项指标的前三名分别为:恒安人寿(100分)、新华人寿(99.9分)、太平养老(99.5分)。

表4-12 经营能力下各二级指标得分与排名前十的人身险公司

二级指标	可运用资金收益率 公司名称(得分)	净资产周转率 公司名称(得分)	总资产周转率 公司名称(得分)	综合费用率 公司名称(得分)	综合赔付率 公司名称(得分)	综合费用率的增长率 公司名称(得分)	险种集中度系数 公司名称(得分)	退保率 公司名称(得分)	报告期营业收入 公司名称(得分)	保险业务收入增长率 公司名称(得分)	净利润赔付支出覆盖率 公司名称(得分)	保费收入费用增长比 公司名称(得分)
1	国联人寿(100)	昆仑健康(100)	复星联合健康(100)	中邮人寿(100)	珠江人寿(100)	三峡人寿(100)	佰安标准(100)	平安健康(100)	国寿股份(100)	三峡人寿(100)	友邦人寿(100)	农银人寿(100)
2	前海人寿(73.8)	百年人寿(89.4)	平安健康(80.1)	弘康人寿(97.8)	东吴人寿(65.4)	招商仁和(87.2)	新华人寿(99.9)	平安养老(100)	平安人寿(90.7)	招商仁和(61.6)	平安人寿(88.3)	太平人寿(90.3)
3	北大方正人寿(69.6)	华夏人寿(85)	三峡人寿(74)	工银安盛(95.4)	平安健康(64.2)	复星联合健康(85.3)	太平养老(99.5)	三峡人寿(99.6)	太保寿险(61.6)	信美人寿(61.2)	中美联泰(86.8)	佰大人寿(80.6)
4	陆家嘴国泰(68.9)	弘康人寿(75.9)	招商仁和(73.3)	前海人寿(93.5)	建信人寿(62)	中邮人寿(85)	太平人寿(99.4)	复星联合健康(99.3)	华夏人寿(55.9)	复星联合健康(59.5)	泰康人寿(84.8)	中邮人寿(76.7)
5	中德人寿(68.7)	合众人寿(66.8)	人保健康(65.1)	佰大人寿(91.9)	人保人寿(62)	信美人寿(84.8)	中英人寿(99.4)	友邦人寿(99.3)	泰康人寿(54.1)	复星保德信(57.7)	平安健康(84.2)	中德安联(74.1)
6	民生人寿(68.3)	农银人寿(58.4)	太保安联健康(64.9)	交银康联(91)	长生人寿(61.8)	爱心人寿(83.6)	民生人寿(99.3)	爱心人寿(99.1)	新华人寿(54)	信泰人寿(55)	中德安联(82.9)	弘康人寿(71.5)
7	横琴人寿(66.4)	汇丰人寿(57.1)	复星保德信(64.6)	利安人寿(89.9)	太平养老(61.4)	复星联合健康(81.3)	国寿股份(99.1)	复星保德信(99)	太平人寿(53.2)	爱心人寿(53)	民生人寿(82)	信美人寿(70)
8	和泰人寿(65)	工银安盛(56.6)	中华人寿(64.6)	国华人寿(89.9)	农银人寿(61.1)	东吴人寿(81)	华泰人寿(98.8)	中信保诚人寿(99)	人保寿险(49.5)	横琴人寿(52.2)	阳光人寿(81.6)	平安人寿(69.9)
9	中英人寿(65)	平安健康(56.4)	平安养老(63.2)	农银人寿(89.4)	北大方正人寿(61)	英大人寿(80.7)	友邦人寿(98.6)	泰康养老(99)	前海人寿(47.6)	平安健康(50.2)	中宏人寿(81.1)	工银安盛(69.5)
10	中华人寿(64.1)	君康人寿(56.3)	华贵人寿(62.4)	百年人寿(88)	太保安联健康(60)	昆仑健康(80)	中德安联(98.5)	和谐人寿(98.8)	中邮人寿(46)	上海人寿(49.1)	佰安标准(80.8)	泰康人寿(68)

退保率指标能够较为全面地反映公司的经营能力和应对退保的风险准备能力，由于指标已经过逆向化处理，退保率指标得分越高的公司，其退保率就越低，说明公司的风险管理能力较强且公司的业务经营较为稳定。此项指标的前三名分别为平安健康（100分）、平安养老（100分）、三峡人寿（99.6分），延续了2017年和2018年的优良表现。

综合赔付率与公司的产品特点及其公司的服务管理水平相关，指标经过逆向化处理，指标排名越高，说明公司赔付率水平越低。该指标下第一名珠江人寿（100分）优势明显，高于第二名至第十名（60~65.4分）。

此外，报告期营业收入指标下，前十名的公司得分差距较大。报告期营业收入除第一名100分、第二名90分以上之外，其余均在45~65分之间，显著低于其他公司。

（三）经营能力业务结构的模糊聚类分析

聚类分析是数理统计中一种多元分析方法，它是用数学方法定量地确定研究对象的亲疏关系，从而客观地划分类型和度量研究对象之间的相似程度。事物之间的界限，有些是确切的，有些则是模糊的。当聚类涉及事物之间的模糊界限时，须运用模糊聚类分析方法。

本书试图根据保险公司在这些指标上的指标得分，运用模糊聚类方法分析各公司之间的相似程度，为各公司之间的盈利能力比较提供一个新的方法和视角。同时，它体现的是一种"物以类聚、人以群分"的观念，实现的是对于公司经营能力结构的相似性分析，矩阵中的得分评价的是公司之间经营能力业务结构的相似性，是对保险公司经营能力的一个分类，是满足自反性、对称性和传递性的等价分类。

表4-13　　经营能力排名前十的公司的模糊聚类等价分析矩阵

公司名称	平安人寿	复星联合健康	国寿股份	太平人寿	平安健康	太保寿险	中邮人寿	招商仁和	泰康人寿	长城人寿
平安人寿	1.00	0.57	0.63	0.67	0.44	0.68	0.44	0.57	0.68	0.60
复星联合健康	0.57	1.00	0.57	0.57	0.44	0.57	0.44	0.57	0.57	0.57
国寿股份	0.63	0.57	1.00	0.63	0.44	0.63	0.44	0.57	0.63	0.60
太平人寿	0.67	0.57	0.63	1.00	0.44	0.67	0.44	0.57	0.67	0.60
平安健康	0.44	0.44	0.44	0.44	1.00	0.44	0.44	0.44	0.44	0.44

续表

公司名称	平安人寿	复星联合健康	国寿股份	太平人寿	平安健康	太保寿险	中邮人寿	招商仁和	泰康人寿	长城人寿
太保寿险	0.68	0.57	0.63	0.67	0.44	1.00	0.44	0.57	0.73	0.60
中邮人寿	0.44	0.44	0.44	0.44	0.44	0.44	1.00	0.44	0.44	0.44
招商仁和	0.57	0.57	0.57	0.57	0.44	0.57	0.44	1.00	0.57	0.57
泰康人寿	0.68	0.57	0.63	0.67	0.44	0.73	0.44	0.57	1.00	0.60
长城人寿	0.60	0.57	0.60	0.60	0.44	0.60	0.44	0.57	0.60	1.00

从表 4-13 中可以看出，处于主对角线上的值都取 1，显然各个公司和自己的相似与贴近程度为 100%。

在该模糊聚类等价矩阵中，各项得分都比较低，最高的是 0.73 分，最低的是 0.44 分，各公司经营能力与水平之间的可比性不高，且差别性不大。

中邮人寿和平安健康与其他 9 家公司之间的相似度得分都在 0.44，是矩阵中最低的得分，说明这两家公司的经营能力或者经营模式，与其他 9 家公司不具有可比性，具有进一步分析讨论的价值。

在该矩阵中，最高分是泰康人寿与太保寿险之间的 0.73 分，说明这两家公司之间在经营能力各项指标下的表现相似性最接近，具有比较高的可比性。这两家公司与中国人寿的相似度都是 0.63 分，是矩阵中的较高取值，说明这 3 家公司在经营能力方面具有可比性和相似性。

整体而言，经营能力排名前十的公司之间的近似性和可比性都不高，大公司之间的可比性相对来讲，更强一些，而不同背景或者新公司之间的经营能力和水平更参差不齐，寿险公司需要加强这方面的研究分析，提高经营能力和管理水平。

四、2019 年人身险公司风险管理能力排名与分析

数据预处理后，我们根据 68 家人身险公司的 11 个二级指标数据，得到一个 68×11 数据矩阵；根据主成分分析方法，我们选取了 6 个主成分，其累计解释率为 87.25%，每个主成分都是这 11 个二级指标的线性组合（见表 4-14）。

从表 4-14 中可以看出，人身险市场上风险管理能力排名前三的依次是太保安联健康、复星联合健康、信美人寿，在百分制基准下，得分分别为 100 分、93.4 分和 90.2 分。

表4-14 人身险公司风险管理能力排名与得分

公司名称	排名	得分	公司名称	排名	得分
太保安联健康	1	100.0	阳光人寿	35	74.3
复星联合健康	2	93.4	华泰人寿	36	74.0
信美人寿	3	90.2	建信人寿	37	73.7
三峡人寿	4	89.3	同方全球人寿	38	72.8
平安健康	5	87.6	民生人寿	39	72.5
人保健康	6	87.5	长生人寿	40	71.1
信泰人寿	7	86.4	招商信诺	41	70.9
爱心人寿	8	86.1	横琴人寿	42	70.4
东吴人寿	9	85.4	国寿股份	43	69.5
泰康养老	10	85.1	中美联泰	44	68.6
太平养老	11	84.8	汇丰人寿	45	68.5
招商仁和	12	83.9	新华人寿	46	68.5
复星保德信	13	83.1	人保寿险	47	68.3
陆家嘴国泰	14	82.9	中德安联	48	68.2
光大永明	15	82.7	前海人寿	49	68.0
中融人寿	16	82.6	交银康联	50	67.3
华贵人寿	17	82.2	农银人寿	51	67.0
北大方正人寿	18	81.7	华夏人寿	52	66.0
平安养老	19	80.3	平安人寿	53	65.9
和泰人寿	20	79.1	友邦人寿	54	64.9
国华人寿	21	78.4	长城人寿	55	64.4
渤海人寿	22	78.1	泰康人寿	56	64.2
中荷人寿	23	77.8	太平人寿	57	63.2
中华人寿	24	77.2	太保寿险	58	60.2
吉祥人寿	25	77.1	中意人寿	59	58.9
恒安标准	26	76.9	君康人寿	60	57.0
利安人寿	27	76.7	工银安盛	61	56.8
国联人寿	28	76.4	珠江人寿	62	56.4
上海人寿	29	76.3	合众人寿	63	55.2
英大人寿	30	76.3	弘康人寿	64	54.0
中宏人寿	31	75.9	中英人寿	65	53.4
中银三星	32	75.6	中信保诚人寿	66	50.0
恒大人寿	33	75.5	百年人寿	67	46.3
中邮人寿	34	74.9	昆仑健康	68	40.0

在参评的68家人身险公司中,风险管理能力得分最高的为太保安联健康(100分),最低的为昆仑健康(40.0分),平均得分72.9分,大于平均分的公司有37家,占比54.4%。

其中,80分以上的公司有19家,70~80分之间的有23家,60~70分之间的有16家,60分以下的有10家。

图4-5给出了风险管理能力排名前十的公司,依次是太保安联健康、复星联合健康、信美人寿、三峡人寿、平安健康、人保健康、信泰人寿、爱心人寿、东吴人寿、泰康养老。

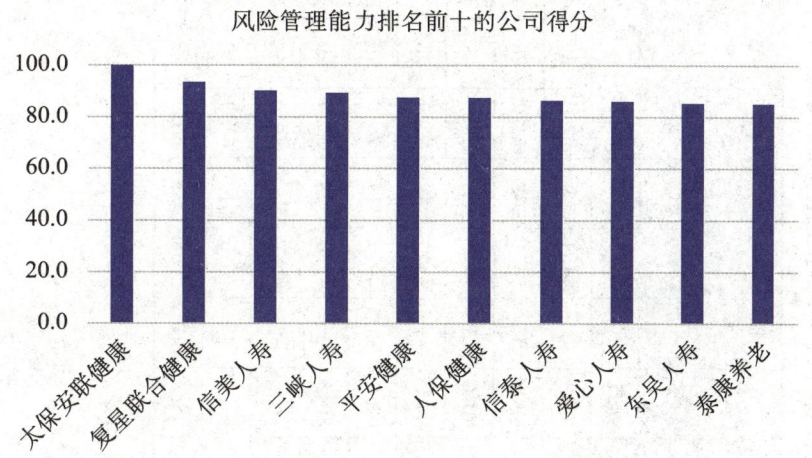

图4-5 风险管理能力排名前十的人身险公司

从图4-5中可以看出,风险管理能力排名第一的太保安联健康占有比较明显的优势(100分),比第二名的复星联合健康(得分93.4)高出6分多;而第二名与第十名的泰康养老(得分85.1)之间的差距不到10分。尽管前十名的人身险公司的得分总体呈逐一下降趋势,但第二名到第十名之间的得分差距并不大。

(一)风险管理能力排名前十的人身险公司,其二级指标的排名与得分情况

太保安联健康在风险管理能力排名中位列第一,主要得益于其在风险管理能力下各二级指标的优异表现。太保安联健康的自留保费率(逆向)、准备金安全率、保险负债占总资产比(逆向)和现金盈余保障倍数4项二级指标进入前十名,总体来看,其具备较强的风险管理能力。

表 4–15 风险管理能力排名前十的人身险公司，其二级指标的排名与得分

公司名称	偿付能力充足率 排名	偿付能力充足率 得分	流动性比率 排名	流动性比率 得分	自留保费率 排名	自留保费率 得分	自留保费占净资产的比率 排名	自留保费占净资产的比率 得分	自留保费增长率 排名	自留保费增长率 得分	准备金安全率 排名	准备金安全率 得分	保险负债占总资产比 排名	保险负债占总资产比 得分	现金盈余保障倍数 排名	现金盈余保障倍数 得分	收现比 排名	收现比 得分	付现比 排名	付现比 得分	资产杠杆率 排名	资产杠杆率 得分
太保安联健康	55	45.2	15	74.2	4	78.5	20	55.1	44	94.7	10	55.7	7	85.9	5	65.3	44	41.2	18	99.3	20	91.8
复星联合健康	54	45.5	3	88.3	13	55.8	16	56.9	63	82.3	3	74.4	3	97.0	30	42.1	50	40.8	7	99.7	2	98.8
信美人寿	39	49.5	25	68.5	2	89.3	49	47.8	61	88.8	15	54.1	38	61.2	26	43.1	60	40.5	4	99.8	19	91.9
三峡人寿	1	100.0	2	96.5	62	43.8	61	44.4	68	40.0	2	95.3	1	100.0	49	40.9	35	42.1	31	98.3	1	100.0
平安健康	29	54.2	4	87.3	8	64.3	6	62.7	60	89.4	5	64.5	9	82.9	56	40.6	61	40.3	9	99.5	15	92.9
人保健康	33	52.4	23	69.5	12	57.5	11	58.2	43	94.7	20	49.7	14	76.0	10	50.2	62	40.3	3	99.8	21	91.2
信泰人寿	56	45.0	9	81.7	16	53.9	13	57.7	66	80.3	36	45.0	58	52.4	3	70.1	22	44.2	47	95.7	36	86.8
爱心人寿	3	75.6	34	61.2	20	48.3	67	41.2	62	86.8	1	100.0	6	86.0	57	40.6	19	44.6	41	97.1	3	98.7
东吴人寿	32	52.8	22	69.7	48	44.5	59	44.7	57	91.5	11	55.6	19	71.9	19	44.4	30	42.6	42	97.0	14	93.8
泰康养老	24	56.1	1	100.0	55	43.9	48	48.0	40	95.3	18	50.8	22	66.2	13	46.7	65	40.3	11	99.5	18	92.4

复星联合健康在风险管理能力排名中位列第二。其在流动性比率、准备金安全率、付现比（逆向）和资产杠杆率（逆向）指标上表现出色。但复星联合健康在自留保费增长率指标上的表现劣势明显。

总体来看，总体排名前十的公司在流动性比率、自留保费率、准备金安全率、保险负债占总资产比、付现比和资产杠杆率6个指标上表现较为良好，多数公司位于68家公司中的中上游水平。

从资产杠杆率和准备金安全率指标来看，风险管理能力综合评分前十的公司表现优秀，说明绝大多数公司都具有稳健经营的能力。

在现金盈余保障倍数这个二级指标上的表现则两极分化较为明显。在现金盈余保障倍数指标上，表现出色的公司有信泰人寿（第三名，70.1分）、太保安联健康（第五名，65.3分）、人保健康（第十名，50.2分）、泰康养老（第十三名，46.7分）；其余6家公司则均处于中游或下游水平。

此外，在收现比、可运用资金收益率等指标上，各公司表现分化也较为明显，分布在总体中的各个水平段。

二级指标得分分化较为明显，从一定程度上说明了各个公司在风险管理能力、管理意识以及具体的风险管理控制策略选择上存在较大的差异。

（二）风险管理能力下各二级指标排名与得分前十的人身险公司

表4-16给出了风险管理能力指标下各二级指标排名前十的人身险公司及其得分，主要反映保险公司风险管理能力的整体状况。

流动性比率是衡量公司财务安全状况和短期偿债能力的重要指标，流动性比率排名最高的是泰康养老（100分）；三峡人寿位列第二（96.5分）；复兴联合健康排名第三（88.3分）。可以看出各个公司间的差距不大。就流动性比率排名前十位的人身险公司而言，整体上该指标较2018年有了明显提高，同时各家公司之间的差距显著缩小。

在偿付能力充足率排名前十的公司中，三峡人寿排名第一（100分），并与排名第二的友邦人寿（90.6分）及排名第三的爱心人寿（75.6）拉开了一定的差距。与此同时，从第四名到第十名的7家公司在偿付能力充足率指标下的得分差距较大（从64.5分到69.6分）。

同样，前十名差距较大的指标还有自留保费占净资产的比率（肯尼系数）、准备金安全率、收现比，从一定程度上再次说明了各个保险公司的风险管理能力、风险管理策略的选择都存在较大不同。

表4-16 风险管理能力下各二级指标得分与排名前十的人身险公司

二级指标	偿付能力充足率 公司名称(得分)	流动性比率 公司名称(得分)	自留保费率 公司名称(得分)	自留保费占净资产的比率 公司名称(得分)	自留保费增长率 公司名称(得分)	准备金安全率 公司名称(得分)	保险负债占总资产比 公司名称(得分)	现金盈余保障倍数 公司名称(得分)	收现比 公司名称(得分)	付现比 公司名称(得分)	资产杠杆率 公司名称(得分)
1	三峡人寿(100)	泰康养老(100)	横琴人寿(100)	百年人寿(100)	长生人寿(100)	爱心人寿(100)	三峡人寿(100)	利安人寿(100)	长城人寿(100)	中荷人寿(100)	三峡人寿(100)
2	友邦人寿(90.6)	三峡人寿(96.5)	信美人寿(89.3)	昆仑健康(97.4)	吉祥人寿(99.5)	三峡人寿(95.3)	弘康人寿(98)	光大永明(85.1)	珠江人寿(94.7)	英大人寿(99.9)	复星联合健康(98.8)
3	爱心人寿(75.6)	复星联合健康(88.3)	中融人寿(83.6)	华夏人寿(92.4)	珠江人寿(99)	复星联合健康(74.4)	复星联合健康(97)	信泰人寿(70.1)	君康人寿(80.6)	人保健康(99.8)	爱心人寿(98.7)
4	中美联泰(69.6)	平安健康(87.3)	太保安联健康(78.5)	弘康人寿(81.9)	国联人寿(98.2)	和泰人寿(67.2)	太平养老(88.2)	君康人寿(69)	百年人寿(78.7)	信美人寿(99.8)	和泰人寿(98.5)
5	渤海人寿(68.9)	昆仑健康(84.5)	中银三星(76.1)	合众人寿(68.7)	君康人寿(98)	平安健康(64.5)	招商仁和(86.3)	太保安联健康(65.3)	昆仑健康(74.1)	中邮人寿(99.7)	渤海人寿(97.9)
6	民生人寿(67.3)	百年人寿(84.1)	君康人寿(70.8)	平安养老(62.7)	渤海人寿(98)	平安养老(61.4)	爱心人寿(86)	百年人寿(55.4)	中英人寿(68.8)	招商仁和(99.7)	中华人寿(97.7)
7	佰安标准(66.5)	交银康联(84.1)	建信人寿(64.9)	农银人寿(61.8)	中荷人寿(97.6)	中华人寿(59.2)	太保安联健康(85.9)	北大方正人寿(53.4)	中信保诚人寿(60.6)	复星联合健康(99.7)	华贵人寿(96.8)
8	新华人寿(65.5)	中华人寿(83.8)	平安健康(64.3)	工银安盛(60.9)	佰大人寿(97.5)	招商仁和(56.6)	光大永明(83.5)	中融人寿(52)	弘康人寿(54.6)	招商信诺(99.7)	陆家嘴国泰(96.1)
9	利泰人寿(65.4)	信泰人寿(81.7)	中荷人寿(60.3)	太平人寿(58.8)	太平人寿(97.3)	渤海人寿(56.3)	平安健康(82.9)	汇丰人寿(51.7)	利安人寿(54)	平安健康(99.5)	太平人寿(95.1)
10	国寿股份(64.5)	中邮人寿(79.3)	弘康人寿(58.8)	汇丰人寿(58.8)	太保寿险(97.3)	太保安联健康(55.7)	中华人寿(81.5)	人保健康(50.2)	中意人寿(53.9)	农银人寿(99.5)	北大方正人寿(94.9)

准备金安全率中，除爱心人寿（第一名，100分）、三峡人寿（第二名，95.3分）表现优良外，复星联合健康（第三名，74.4）、和泰人寿（第四名，67.2）等其余公司的准备金安全状况不佳。说明除少数公司外，很多人身险公司的准备金安全风险保障能力仍有所欠缺。

而对于自留保费增长率、现金盈余保障倍数、资产杠杆率等二级指标，排名前十的公司之间的得分差距较小，均在20以内。

（三）风险管理能力指标结构的模糊聚类分析

聚类分析是数理统计中一种多元分析方法，它是用数学方法定量地确定研究对象的亲疏关系，从而客观地划分类型和度量研究对象之间的相似程度。事物之间的界限，有些是确切的，有些则是模糊的。当聚类涉及事物之间的模糊界限时，须运用模糊聚类分析方法。

本书试图根据保险公司在这些指标上的指标得分，运用模糊聚类方法分析各公司之间的相似程度，为各公司之间的风险管理能力比较提供一个新的方法和视角。同时，模糊聚类分析是一种基于"物以类聚、人以群分"的观念，进行各公司之间经营结构上近似程度的比较分析，不是优劣评价。

表4-17中的模糊聚类等价分析矩阵，是对风险管理能力排名前十的公司的一个等价分类，满足自反性、对称性和传递性。

表4-17　　风险管理能力排名前十的公司的模糊聚类等价矩阵

公司名称	太保安联健康	复星联合健康	信美人寿	三峡人寿	平安健康	人保健康	信泰人寿	爱心人寿	东吴人寿	泰康养老
太保安联健康	1.00	0.67	0.62	0.50	0.67	0.67	0.42	0.50	0.51	0.62
复星联合健康	0.67	1.00	0.62	0.50	0.72	0.69	0.42	0.50	0.51	0.62
信美人寿	0.62	0.62	1.00	0.50	0.62	0.62	0.42	0.50	0.51	0.62
三峡人寿	0.50	0.50	0.50	1.00	0.50	0.50	0.42	0.50	0.50	0.50
平安健康	0.67	0.72	0.62	0.50	1.00	0.69	0.42	0.50	0.51	0.62
人保健康	0.67	0.69	0.62	0.50	0.69	1.00	0.42	0.50	0.51	0.62
信泰人寿	0.42	0.42	0.42	0.42	0.42	0.42	1.00	0.42	0.42	0.42
爱心人寿	0.50	0.50	0.50	0.50	0.50	0.50	0.42	1.00	0.50	0.50
东吴人寿	0.51	0.51	0.51	0.50	0.51	0.51	0.42	0.50	1.00	0.51
泰康养老	0.62	0.62	0.62	0.50	0.62	0.62	0.42	0.50	0.51	1.00

从表4-17中可以看出，处于主对角线上的值都取1，显然各个公司和自己的相似与贴近程度为100%。

除了主对角线线上的元素外，此等价矩阵的取值介于0.42~0.72之间，说明这10家公司的风险管理能力和水平具有较大的差异性。这主要因为：一是外资公司与中资公司的风险管理能力和理念差别较大；二是因为中资公司之间以及外资公司之间的再保能力和风险管理能力的水平差别也很大；因此，公司之间的风险管理能力的可比性都较差。

在此矩阵中，复星联合健康和平安健康这组之间的相似程度最高，为0.72分，说明这两家公司的风险管理能力具有一定的可比性。

风险管理能力排名第一的太保安联健康与排名第十的泰康养老之间的相似度得分取值为0.62分。

信泰人寿与其他9家公司之间的相似度得分都是0.42分，是矩阵中的最低分，说明信泰人寿的风险管理业务结构和管理模式与其他9家公司之间不具有可比性，相似程度较低。

通过表4-17可以看出，尽管这些公司的风险管理能力都是前十名，但是各公司的风险管理能力和水平等差别还是很大的，这有多方面的原因，也是中资保险公司需要多加注意和学习的地方。

五、2019年人身险公司发展潜力排名与分析

数据预处理后，我们根据68家人身险公司的11个二级指标数据，得到一个68×11数据矩阵；根据主成分分析方法，我们选取了6个主成分，其累计解释率为84.68%，每个主成分都是这11个二级指标的线性组合（见表4-18）。

从表4-18中可以看出，人身险市场上发展潜力排名前三的依次是三峡人寿、招商仁和、中邮人寿，在百分制基准下，得分分别为100分、92.5分和90.6分。

在参评的68家人身险公司中，发展潜力得分最高的为中邮人寿（100分），最低的为渤海人寿（40.0分），平均得分68.7分，大于平均分的公司有32家，占比47%。其中，80分以上的公司有12家，70~80分之间的有20家，60~70分之间的有20家，60分以下的有16家。

图4-6给出了发展潜力排名前十的公司，依次是三峡人寿、招商仁和、中邮人寿、国寿股份、太平人寿、弘康人寿、泰康人寿、新华人寿、太保寿险、平安人寿。

表 4–18　　　　　　　　　　人身险公司发展潜力排名与得分

公司名称	排名	得分	公司名称	排名	得分
三峡人寿	1	100.0	恒大人寿	35	67.7
招商仁和	2	92.5	华泰人寿	36	67.7
中邮人寿	3	90.6	中融人寿	37	67.1
国寿股份	4	90.1	中英人寿	38	67.1
太平人寿	5	85.7	君康人寿	39	66.9
弘康人寿	6	85.1	太保安联健康	40	65.9
泰康人寿	7	84.1	中美联泰	41	65.5
新华人寿	8	83.5	陆家嘴国泰	42	65.0
太保寿险	9	83.0	合众人寿	43	64.2
平安人寿	10	82.0	光大永明	44	64.0
人保寿险	11	81.7	招商信诺	45	63.4
上海人寿	12	81.4	昆仑健康	46	63.4
中信保诚人寿	13	79.4	交银康联	47	62.7
华贵人寿	14	78.3	平安养老	48	62.0
工银安盛	15	78.2	中银三星	49	62.0
利安人寿	16	78.0	长城人寿	50	61.4
平安健康	17	77.8	中华人寿	51	60.4
阳光人寿	18	77.4	信美人寿	52	60.0
建信人寿	19	76.9	中德安联	53	59.8
友邦人寿	20	75.8	民生人寿	54	59.7
复星保德信	21	75.8	中宏人寿	55	59.3
华夏人寿	22	75.4	和泰人寿	56	59.1
英大人寿	23	75.3	中荷人寿	57	57.0
信泰人寿	24	74.5	恒安标准	58	56.8
太平养老	25	74.2	同方全球人寿	59	56.0
人保健康	26	73.6	北大方正人寿	60	55.2
泰康养老	27	72.8	爱心人寿	61	53.6
前海人寿	28	72.4	吉祥人寿	62	52.8
国华人寿	29	71.1	国联人寿	63	49.4
复星联合健康	30	70.9	汇丰人寿	64	49.3
中意人寿	31	70.8	长生人寿	65	48.1
横琴人寿	32	70.5	东吴人寿	66	44.9
百年人寿	33	68.6	珠江人寿	67	41.4
农银人寿	34	68.3	渤海人寿	68	40.0

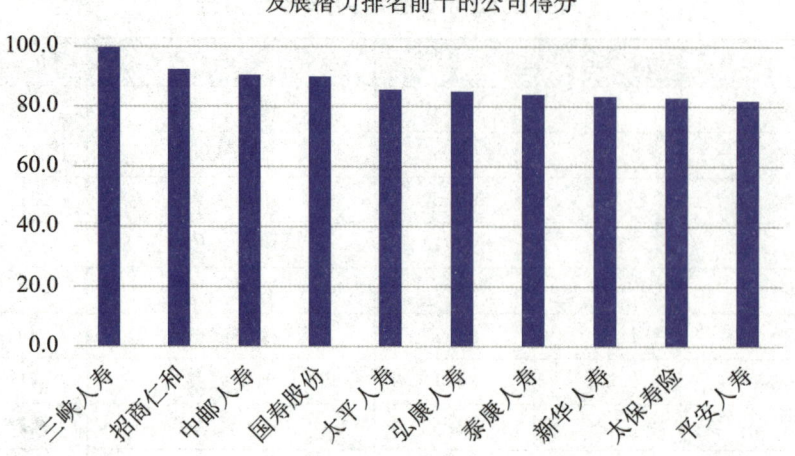

图 4-6 发展潜力排名前十的人身险公司

可以看出,在发展潜力排名前十的人身险公司中,第一名三峡人寿(得分100)占有比较明显的优势,比第二名招商仁和(92.5分)高出7.5分;而第二名与第十名平安人寿(得分82.0)之间差距是10分左右,两家公司之间的平均差距仅仅是1分左右,并不明显。观察其余50家人身险公司发展潜力情况,可以发现得分趋势与5~10名相似,同样表现出了缓慢下降趋势,整体差异不大。

(一)发展潜力排名前十的人身险公司,其二级指标的排名与得分情况

三峡人寿在68家人身险公司中的发展潜力排名第一位,反映了公司较为良好的发展前景。三峡人寿在发展潜力上的优异表现,得益于其在发展系数(第一名,100分)、保险业务收入增长率(第一名,100分)、总资产增长率(第六名,66.5分)3个二级指标上的优异表现。其余的二级指标中,三峡人寿表现较差,万张保单投诉量、分支机构数目、市场拓展能力等指标均处于中等偏下的水平。

招商仁和在发展潜力上排名第二位,主要得益于公司在发展潜力各项指标上稳定且优秀的表现。招商仁和除综合收益增长率(第六十三名、46.4分)、净资产增长率目(第六十四名,42.3分)、SARMRA得分(第六十名,64.2分)等指标比较靠后之外,其余指标的表现都比较良好。其中,发展系数(第二名,43.1分)、保险业务收入增长率(第二名,42.3分)指标方面表现优异,同时总资产增长率和人均产能指标位列前十。

中邮人寿的发展潜力排名第三位,主要得益于公司在人均产能(第二名,72.9分)指标上都有着不错的表现。然而,其在发展系数(第四十五名,40.4分)和 SARMRA 得分(第四十八名,73.8分)指标方面表现稍弱。

第四章 中国人身保险公司竞争力评价分析

表4-19 发展潜力排名前十的人身险公司，其二级指标的排名与得分

公司名称	发展系数		综合收益增长率		总资产增长率		净资产增长率		市场拓展能力		人均产能		分支机构数目		万张保单投诉量（件/万张）		应收保费周转率		保险业务收入增长率		SARMRA得分	
	排名	得分	排名	得分	排名	得分	排名	得分	排名	得分	排名	得分	排名	得分	排名	得分	排名	得分	排名	得分	排名	得分
三峡人寿	1	100.0	67	44.8	6	66.5	66	41.4	58	41.0	49	42.5	58	45.1	36	97.3	51	41.1	1	100.0	68	40.0
招商仁和	2	43.1	63	46.4	3	87.2	64	42.3	46	42.5	6	53.4	13	82.9	27	98.5	23	43.8	2	42.3	60	64.2
中邮人寿	45	40.4	13	53.8	23	49.9	6	54.7	32	44.0	2	72.9	19	74.3	11	99.5	5	53.6	44	40.4	48	73.8
国寿股份	60	40.3	10	57.4	55	43.0	22	49.5	5	67.0	22	44.9	3	98.3	5	99.7	54	41.0	59	40.3	5	94.1
太平人寿	51	40.4	4	66.0	33	47.1	5	55.2	7	58.8	38	43.3	11	88.0	16	99.1	34	42.1	50	40.4	8	90.4
弘康人寿	19	40.7	28	50.0	21	51.1	35	47.7	8	57.0	1	100.0	62	43.4	33	97.5	2	74.6	20	40.7	52	73.1
泰康人寿	55	40.3	32	49.9	52	43.3	17	50.7	2	99.1	34	43.5	1	100.0	18	99.0	43	41.4	56	40.3	7	92.7
新华人寿	53	40.4	12	54.6	42	44.6	21	49.6	1	100.0	40	43.2	3	98.3	46	96.1	37	41.9	52	40.4	18	85.6
太保寿险	61	40.3	34	49.7	49	43.4	25	48.7	4	74.1	29	44.2	3	98.3	14	99.1	33	42.3	60	40.3	10	89.9
平安人寿	57	40.3	27	50.3	48	43.6	13	51.6	6	59.6	27	44.4	3	98.3	52	95.6	53	41.0	55	40.3	4	95.5

计算发展潜力得分前十位的人身险公司各项二级指标的平均值，可以看出在各指标下前十位人身保险公司的整体情况。总体来看，发展潜力排名前十位的10家公司，在市场拓展能力（第五名，64.3分[1]）、人均产能（第六名，53.2分[2]）等指标方面的表现都较为良好，均处于整体的上游水平。

（二）发展潜力下各二级指标排名与得分前十的人身险公司

表4-20给出了发展潜力指标下各个二级指标排名前十的人身险公司及得分，该表格主要反映了人身险公司在发展潜力上各二级指标的整体表现和分布情况。

从表4-20中可以看出，各项指标排名前十位的公司在分支机构数目和万张保单投诉量两个指标上差异不大，前者从泰康人寿、人保寿险（第一名，100分）到泰康养老（第十名，93.1分），后者从平安健康（第一名，100分）到和泰人寿（第十名，99.5分）。

但各个公司在综合收益增长率（100分至57.4分）、净资产增长率（100分至51.9分）、市场拓展能力（100分至52.0分）、人均产能（100分至48.9分）指标上的差距十分明显。这些指标中，基本表现为，排位第一名或第二名以后的公司，指标得分会出现明显下降。可见，在大多数二级指标下，不同公司的得分差异是十分明显的。

（三）发展潜力指标结构的模糊聚类分析

聚类分析是数理统计中一种多元分析方法，它是用数学方法定量地确定研究对象的亲疏关系，从而客观地划分类型和度量研究对象之间的相似程度。事物之间的界限，有些是确切的，有些则是模糊的。当聚类涉及事物之间的模糊界限时，须运用模糊聚类分析方法。

本书试图根据保险公司在这些指标上的指标得分，运用模糊聚类方法分析各公司之间发展潜力的相似程度，为各公司之间的发展潜力比较提供一个新的方法和视角。同时，模糊聚类分析是一种基于"物以类聚、人以群分"的观念，进行各公司之间经营结构上近似程度的比较分析，不是优劣评价。

表4-21中的模糊聚类等价分析矩阵，是对发展潜力排名前十的公司的一个等价分类，满足自反性、对称性和传递性。

---

[1] 计算前十家公司各项二级指标的平均值，可以得到该平均值在68家人身险公司中的排名。
[2] 计算前十家公司各项二级指标的平均值，可以得到该平均值在68家人身险公司中的排名。

第四章 中国人身保险公司竞争力评价分析

表 4-20 发展潜力下各二级指标得分与排名前十的公司

二级指标	发展系数 公司名称 (得分)	综合收益增长率 公司名称 (得分)	总资产增长率 公司名称 (得分)	净资产增长率 公司名称 (得分)	市场拓展能力 公司名称 (得分)	人均产能 公司名称 (得分)	分支机构数目 公司名称 (得分)	万张保单投诉量 公司名称 (得分)	应收保费周转率 公司名称 (得分)	保险业务收入增长率 公司名称 (得分)	SARMRA得分 公司名称 (得分)
1	三峡人寿 (100)	利安人寿 (100)	复星联合健康 (100)	昆仑健康 (100)	新华人寿 (100)	弘康人寿 (100)	泰康人寿 (100)	平安健康 (100)	中融人寿 (100)	三峡人寿 (100)	华贵人寿 (100)
2	招商仁和 (43.1)	人保寿险 (73.2)	横琴人寿 (98)	国华人寿 (62.2)	泰康人寿 (99.1)	中邮人寿 (72.9)	人保寿险 (100)	中融人寿 (99.9)	弘康人寿 (74.6)	招商仁和 (42.3)	中意人寿 (98.4)
3	信美人寿 (42.3)	英大人寿 (71.2)	招商仁和 (87.2)	复星联合健康 (61.1)	恒大人寿 (96.9)	上海人寿 (63)	国寿股份 (98.3)	中荷人寿 (99.7)	华贵人寿 (63.4)	信美人寿 (42.3)	中信保诚人寿 (95.9)
4	复星联合健康 (42.1)	太平人寿 (66)	信美人寿 (85.5)	北大方正人寿 (60.6)	太保寿险 (74.1)	前海人寿 (60.8)	太保寿险 (98.3)	太平养老 (99.7)	前海人寿 (54.3)	复星联合健康 (42.1)	平安人寿 (95.5)
5	复星保德信 (41.9)	陆家嘴国泰 (65.9)	复星保德信 (74.8)	太平人寿 (55.2)	国寿股份 (67)	华夏人寿 (55.3)	平安人寿 (98.3)	国寿股份 (99.7)	中邮人寿 (53.6)	复星保德信 (41.9)	国寿股份 (94.1)
6	信泰人寿 (41.6)	吉祥人寿 (62.8)	三峡人寿 (66.5)	中邮人寿 (54.7)	平安人寿 (59.6)	招商仁和 (53.4)	新华人寿 (98.3)	平安养老 (99.6)	君康人寿 (52.5)	信泰人寿 (41.6)	中英人寿 (93.1)
7	爱心人寿 (41.4)	阳光人寿 (61)	太保安联健康 (64.9)	中德安联 (53.1)	太平人寿 (58.8)	百年人寿 (51.5)	太平人寿 (98.3)	珠江人寿 (99.6)	利安人寿 (51.3)	爱心人寿 (41.4)	泰康人寿 (92.7)
8	横琴人寿 (41.3)	人保健康 (60.4)	昆仑健康 (62.7)	中信保诚人寿 (53.1)	弘康人寿 (57)	友邦人寿 (50.7)	平安养老 (98.3)	东吴人寿 (99.6)	国联人寿 (49.9)	横琴人寿 (41.3)	太平人寿 (90.4)
9	上海人寿 (41)	太平养老 (59.3)	爱心人寿 (62.2)	百年人寿 (52.3)	华夏人寿 (56)	君康人寿 (49.4)	阳光人寿 (94.9)	君康人寿 (99.5)	上海人寿 (49.7)	平安健康 (41.1)	友邦人寿 (89.9)
10	东吴人寿 (40.9)	国寿股份 (57.4)	平安健康 (61.9)	农银人寿 (51.9)	中信保诚人寿 (52)	工银安盛 (48.9)	泰康养老 (93.1)	和泰人寿 (99.5)	渤海人寿 (49.6)	上海人寿 (41)	太保人寿险 (89.9)

127

表 4-21　　　　　发展潜力排名前十的公司的模糊聚类等价矩

公司名称	三峡人寿	招商仁和	中邮人寿	国寿股份	太平人寿	弘康人寿	泰康人寿	新华人寿	太保寿险	平安人寿
三峡人寿	1.00	0.20	0.20	0.20	0.20	0.20	0.20	0.20	0.20	0.20
招商仁和	0.20	1.00	0.40	0.40	0.40	0.40	0.40	0.40	0.40	0.40
中邮人寿	0.20	0.40	1.00	0.60	0.60	0.48	0.60	0.60	0.60	0.60
国寿股份	0.20	0.40	0.60	1.00	0.73	0.48	0.83	0.76	0.83	0.67
太平人寿	0.20	0.40	0.60	0.73	1.00	0.48	0.73	0.73	0.73	0.67
弘康人寿	0.20	0.40	0.48	0.48	0.48	1.00	0.48	0.48	0.48	0.48
泰康人寿	0.20	0.40	0.60	0.83	0.73	0.48	1.00	0.76	0.86	0.67
新华人寿	0.20	0.40	0.60	0.76	0.73	0.48	0.76	1.00	0.76	0.67
太保寿险	0.20	0.40	0.60	0.83	0.73	0.48	0.86	0.76	1.00	0.67
平安人寿	0.20	0.40	0.60	0.67	0.67	0.48	0.67	0.67	0.67	1.00

从表 4-21 中可以看出，处于主对角线上的值都取 1，显然各个公司和自己的相似与贴近程度为 100%。

该模糊聚类等价矩阵中的分值偏低、差距较大，介于 0.20~0.86 之间，说明在发展潜力竞争力上，各个公司的相似程度差别较大。

从矩阵中可以发现，发展潜力排名第一的三峡人寿与其他 9 家公司的相似度得分为 0.2，基本不具可比性。

处于发展潜力排名第二名和第三名的分别是招商仁和、中邮人寿，这两家公司之间的相似度得分为 0.4 分，并不高。

在矩阵中，相似程度最高的分别是泰康人寿和太保寿险之间，达到了 0.86 分；体现了这两家保险公司在发展潜力的表现形式和模式上具有较高的可比性和相似性。

综上所述，说明人身险公司在发展潜力的模式、观念上差别较大，在各项指标得分上近似度很低，可比性和借鉴性不高。

第四节 2019年人身保险公司综合竞争力评价结果的稳健性检验

一、稳健性分析的必要性

在对保险公司的竞争力评价研究中,需要对反映事物的多个变量进行大量的观测,收集大量数据以便进行分析寻找规律。多变量大样本无疑会为科学研究提供丰富的信息,主成分分析方法的降维特点使其在处理大量信息时显示出其优越性,主成分分析法给出了全面衡量保险公司竞争力的一种渠道,然而,正是基于其处理信息的大量性,其稳健性才显得愈发重要。

同时,保险公司在现实的经营中有其自身的发展轨道和趋势,也拥有其自身在市场中地位的连续性即稳健性,市场微小波动,如某个小规模公司进入或者退出市场,对于其他在市场中已经拥有规模优势及占据大量市场的公司来说,其相对位置冲击应该不大。如果市场微小波动,导致所有公司排名发生颠覆性变化,那么这个结果就有悖于市场和现实,就失去了其指导现实的客观性;主成分分析法基于选择代表保险公司竞争力特征的指标来为保险公司"打分",如果某个指标的微小波动就导致保险公司竞争力排名的剧烈波动,那么主成分分析法也是不稳健的。我们假设这样一个市场,仅仅由于某个保险公司增开了一家分支机构,该公司本身甚至整个行业的竞争力就发生重大变化,那么这种情况在现实中也是不可能存在的,因此,稳健性分析对于方法的适用性很重要。

稳健性分析对于运用定量分析方法研究保险公司的竞争力评价非常重要,这也是我们课题组的一个创新性应用研究成果。

二、稳健性的定义与步骤

稳健性(robust)检验的是实证结果是否随着参数设定的改变而发生变化,如果改变参数设定以后,发现结果的顺序等没有发生显著性改变,就说明结果是稳健的;相反,如果结果发生了显著性改变,说明结果不是稳健的,需要寻找问题的所在。

一般根据所要检验问题的具体情况选择稳健性检验的内容。我们根据对保险公司综合竞争力评价结果的影响因素,分两种情况对评价结果进行稳健性检验:

（1）从公司出发，根据一定的标准去掉部分公司后，检验剩余公司的评价结果是否与原来一致；

（2）从指标出发，根据一定的标准去掉部分指标后，重新进行竞争力评价，检验保险公司的评价结果是否与原来一致。

三、2019年人身险公司综合竞争力评价结果的稳健性检验

主要基于两种思路进行人身险公司的稳健性检验。

一是剔除部分公司进行稳健性检验。首先利用聚类分析，将保险公司分为两类；在排除掉一类公司（公司数目较少的一类）后，对另一类公司仍然运用主成分分析，进行竞争力评价的排名和得分，与这些公司在原来情况下的排名进行比较分析，从而得到保险公司竞争力评价结果的稳健性检验。

二是剔除部分指标进行稳健性检验。利用聚类分析方法对评价指标进行分类，并剔除掉指标较少的类别后，运用余下的指标对保险公司竞争力进行主成分分析，得到的排名与原来的排名进行对比，从而完成稳健性分析。

（一）剔除部分公司后，保险公司竞争力评价的稳健性分析

为了便于剔除公司和提高稳健性分析结果的有效性，首先运用聚类分析方法将60家人身险公司分为5类。根据前述方法，结果如表4-22所示。

表4-22　　　　　人身险公司在聚类分析下分为5类结果

公司	类别5	类别4	类别3	类别2
国寿股份	1	1	1	1
太保寿险	1	1	1	1
平安人寿	1	1	1	1
新华人寿	1	1	1	1
泰康人寿	1	1	1	1
太平人寿	1	1	1	1
建信人寿	2	2	2	1
光大永明	2	2	2	1
民生人寿	2	2	2	1
平安养老	2	2	2	1
中融人寿	3	2	2	1
合众人寿	2	2	2	1

续表

公司	类别5	类别4	类别3	类别2
太平养老	2	2	2	1
人保健康	2	2	2	1
华夏人寿	3	2	2	1
君康人寿	3	2	2	1
信泰人寿	2	2	2	1
农银人寿	2	2	2	1
长城人寿	2	2	2	1
昆仑健康	3	2	2	1
人保寿险	2	2	2	1
国华人寿	2	2	2	1
英大人寿	2	2	2	1
泰康养老	2	2	2	1
阳光人寿	2	2	2	1
百年人寿	3	2	2	1
中邮人寿	2	2	2	1
利安人寿	2	2	2	1
前海人寿	2	2	2	1
东吴人寿	2	2	2	1
珠江人寿	4	3	2	1
弘康人寿	3	2	2	1
吉祥人寿	2	2	2	1
渤海人寿	2	2	2	1
国联人寿	2	2	2	1
太保安联健康	2	2	2	1
上海人寿	2	2	2	1
中华人寿	2	2	2	1
横琴人寿	3	2	2	1
复星联合健康	2	2	2	1
信美人寿	2	2	2	1
华贵人寿	2	2	2	1
爱心人寿	2	2	2	1
和泰人寿	2	2	2	1
招商仁和	2	2	2	1

续表

公司	类别5	类别4	类别3	类别2
三峡人寿	5	4	3	2
中宏人寿	2	2	2	1
中德安联	2	2	2	1
工银安盛	2	2	2	1
中信保诚人寿	2	2	2	1
交银康联	2	2	2	1
中意人寿	2	2	2	1
友邦人寿	2	2	2	1
北大方正人寿	2	2	2	1
中荷人寿	2	2	2	1
中英人寿	2	2	2	1
同方全球人寿	2	2	2	1
招商信诺	2	2	2	1
长生人寿	2	2	2	1
恒安标准	2	2	2	1
华泰人寿	2	2	2	1
陆家嘴国泰	2	2	2	1
中美联泰	2	2	2	1
平安健康	2	2	2	1
中银三星	2	2	2	1
恒大人寿	2	2	2	1
汇丰人寿	2	2	2	1
复星保德信	2	2	2	1

根据聚类分析的原理，如果进行聚类分析时，类别越多，每个类别内的距离最近，则类内的相似度最近。为了保证信息的充足性，增强可比性，将68家公司分为两大类。由表4-22得到，大部分公司属于类别1和类别2，共有59家公司；其余9家公司分别属于类别3、类别4、类别5，分别是三峡人寿、横琴人寿、珠江人寿、弘康人寿、百年人寿、昆仑健康、华夏人寿、君康人寿、中融人寿，占总体68家的86.8%。

剔除这9家后，再对剩余的59家公司进行竞争力评价，通过对比分析，从而对2019年人身险公司综合竞争力的评价结果进行稳健性检验。

第四章 中国人身保险公司竞争力评价分析

首先重新对类别1和类别2中的59个成员运用主成分分析法进行综合竞争力评价,结果如表4-23所示。

表4-23　2019年人身险公司综合竞争力评价结果的前后排名对比(剔除部分公司)

公司	原排名	新排名	原、新排名之差	公司	原排名	新排名	原、新排名之差
平安人寿	2	1	1	华泰人寿	44	31	13
国寿股份	1	2	-1	交银康联	25	32	-7
平安健康	9	3	6	中美联泰	18	33	-15
太平人寿	4	4	0	同方全球人寿	34	34	0
泰康人寿	3	5	-2	太保安联健康	37	35	2
招商仁和	12	6	6	泰康养老	32	36	-4
太保寿险	5	7	-2	太平养老	38	37	1
中邮人寿	7	8	-1	中银三星	45	38	7
人保寿险	10	9	1	国华人寿	30	39	-9
复星联合健康	19	10	9	和泰人寿	53	40	13
工银安盛	13	11	2	中德安联	27	41	-14
新华人寿	6	12	-6	恒大人寿	33	42	-9
前海人寿	20	13	7	中宏人寿	31	43	-12
农银人寿	11	14	-3	建信人寿	26	44	-18
复星保德信	39	15	24	利安人寿	46	45	1
中信保诚人寿	15	16	-1	中英人寿	43	46	-3
信泰人寿	22	17	5	国联人寿	58	47	11
上海人寿	21	18	3	陆家嘴国泰	52	48	4
友邦人寿	8	19	-11	恒安标准	49	49	0
招商信诺	17	20	-3	民生人寿	41	50	-9
阳光人寿	16	21	-5	爱心人寿	55	51	4
中华人寿	48	22	26	光大永明	42	52	-10
华贵人寿	51	23	28	中荷人寿	54	53	1
人保健康	28	24	4	汇丰人寿	50	54	-4
英大人寿	35	25	10	北大方正人寿	24	55	-31
中意人寿	36	26	10	长生人寿	59	56	3
东吴人寿	40	27	13	长城人寿	29	57	-28
平安养老	14	28	-14	吉祥人寿	56	58	-2
合众人寿	23	29	-6	渤海人寿	57	59	-2
信美人寿	47	30	17				

在表 4-23 中，原排名列表示剔除 9 家公司后，剩余的 59 家公司在原来综合竞争力评价结果中的排名；新排名列表示剔除掉 9 家公司后，剩余的 59 家公司在重新运用主成分分析方法后进行评价的综合竞争力评价结果。

对公司的新旧排名进行对比，基本分析情况如表 4-24 所示。

表 4-24　　　　　　　　　　　　描述统计

描述性统计资料

	N	平均数	概率偏差	最小值	最大值
原排名	59	30.0000	17.17556	1.00	59.00
新排名	59	30.0000	17.17556	1.00	59.00

根据表 4-24 的结果，运用威尔科克森（wilcoxon）符号秩检验，进行稳健性分析。主要结论如表 4-25 所示。

表 4-25　　　　　　　　威尔科克森（wilcoxon）符号秩检验

等级

		N	平均等级	等级总和
新排名 - 原排名	负等级	28[a]	28.27	791.50
	正等级	28[b]	28.73	804.50
	等值结	3[c]		
	总计	59		

注：a. 新排名 < 原排名；b. 新排名 > 原排名；c. 新排名 = 原排名。

表 4-26 的结果显示：使用"渐进"方法计算的双侧显著性水平 Z 值为 0.958，远大于 0.05，所以新旧排名的差异不显著；也就是说，两个样本来自同一总体，具有相同的总体分布（见表 4-26）。

表 4-26　　　　　　　　　　　　检验统计结果

检定统计资料[a]

	新排名 - 原排名
Z	-0.053[b]
渐近显著性（双尾）	0.958

a. Wilcoxon 符号等级检定；b. 根据负等级。

则运用主成分分析法对 2019 年人身险公司综合竞争力评价结果的检验在 0.05 的显著性水平下具有稳健性。即我们根据聚类分析的结果，剔除掉部分公司后，根据我们建立的指标体系，运用主成分分析方法对其余公司竞争力的评价结果的影响不显著，通过了稳健性检验。

（二）剔除部分指标后，保险公司竞争力评价的稳健性分析

指标体系应该尽可能地反映保险公司竞争力各方面的信息，显然部分指标的缺失或波动对保险公司竞争力的评价结果有影响。此部分通过聚类分析，剔除部分表现"特殊"的指标后，在对保险公司竞争力进行评价。通过剔除部分指标对评价结果的影响来进行稳健性检验。

首先利用聚类分析将所有指标进行分类（见表4-27）。

表4-27　　　对人身险公司综合竞争力评价二级指标的聚类分析

指标名称	5聚类	4聚类	3聚类	2聚类
总资产收益率	1	1	1	1
净资产收益率	1	1	1	1
投资收益率	1	1	1	1
净投资收益率	1	1	1	1
承保利润率	1	1	1	1
投资资产占总资产的比率	1	1	1	1
净利润	2	2	1	1
人均利润	1	1	1	1
净利润增长率	1	1	1	1
综合收益率	1	1	1	1
资本管理系数	1	1	1	1
认可资产负债率	1	1	1	1
资产认可率	1	1	1	1
资本利用率	1	1	1	1
资金成本率	1	1	1	1
准备金保费比率	1	1	1	1
认可资产增长率	1	1	1	1
所有者权益	3	3	2	1
资产杠杆系数	1	1	1	1
资本运用率	1	1	1	1
资本回报率	1	1	1	1
风险调整资本利润率	1	1	1	1

续表

指标名称	5聚类	4聚类	3聚类	2聚类
风险调整资本回报率	1	1	1	1
资本管理绩效增长率	1	1	1	1
可运用资金收益率	1	1	1	1
净资产周转率	1	1	1	1
总资产周转率	1	1	1	1
综合费用率	1	1	1	1
综合赔付率	1	1	1	1
综合费用率的增长率	1	1	1	1
险种集中度系数	1	1	1	1
退保率	1	1	1	1
报告期营业收入	4	4	3	2
保险业务收入增长率	1	1	1	1
净利润赔付支出覆盖率	1	1	1	1
保费收入费用增长比	1	1	1	1
偿付能力充足率	1	1	1	1
流动性比率	1	1	1	1
自留保费率（逆向）	1	1	1	1
自留保费占净资产的比率	1	1	1	1
自留保费增长率	1	1	1	1
准备金安全率	1	1	1	1
保险负债占总资产比	1	1	1	1
现金盈余保障倍数	1	1	1	1
收现比	1	1	1	1
付现比	1	1	1	1
资产杠杆率	1	1	1	1
发展系数	1	1	1	1
综合收益增长率	1	1	1	1
总资产增长率	1	1	1	1
净资产增长率	1	1	1	1
市场拓展能力	1	1	1	1
人均产能	1	1	1	1
分支机构数目	5	1	1	1

续表

指标名称	5聚类	4聚类	3聚类	2聚类
万张保单投诉量	1	1	1	1
应收保费周转率	1	1	1	1
保险业务收入增长率	1	1	1	1
SARMRA得分	1	1	1	1

根据聚类结果，净利润、所有者权益、报告期营业收入、分支机构数目这4个指标特殊，剔除后重新对保险公司进行竞争力评价，与其他指标不在同一类中。我们把净利润、所有者权益、报告期营业收入、分支机构数目这几项指标剔除出去，再对公司的综合竞争力评价结果进行检验（见表4-28）。

表4-28　剔除上述4个指标后，人身险公司综合竞争力评价结果的对比

公司	原排名	新排名	原、新排名之差	公司	原排名	新排名	原、新排名之差
太保寿险	5	1	4	汇丰人寿	56	35	21
平安人寿	2	2	0	英大人寿	40	36	4
太平人寿	4	3	1	农银人寿	15	37	-22
泰康人寿	3	4	-1	恒安标准	55	38	17
国寿股份	1	5	-4	恒大人寿	38	39	-1
新华人寿	6	6	0	太保安联健康	42	40	2
友邦人寿	9	7	2	太平养老	43	41	2
中德安联	31	8	23	信泰人寿	26	42	-16
中美联泰	22	9	13	陆家嘴国泰	59	43	16
中信保诚人寿	19	10	9	建信人寿	30	44	-14
合众人寿	27	11	16	交银康联	29	45	-16
平安健康	10	12	-2	利安人寿	52	46	6
平安养老	18	13	5	复星联合健康	23	47	-24
华夏人寿	13	14	-1	君康人寿	50	48	2
同方全球人寿	39	15	24	前海人寿	24	49	-25
招商信诺	21	16	5	中融人寿	57	50	7
中宏人寿	35	17	18	长城人寿	33	51	-18
昆仑健康	37	18	19	北大方正人寿	28	52	-24
中意人寿	41	19	22	吉祥人寿	65	53	12
华泰人寿	49	20	29	上海人寿	25	54	-29

续表

公司	原排名	新排名	原、新排名之差	公司	原排名	新排名	原、新排名之差
阳光人寿	20	21	-1	横琴人寿	64	55	9
中邮人寿	7	22	-15	招商仁和	16	56	-40
工银安盛	17	23	-6	复星保德信	44	57	-13
中荷人寿	62	24	38	信美人寿	53	58	-5
人保健康	32	25	7	中华人寿	54	59	-5
民生人寿	46	26	20	长生人寿	68	60	8
人保寿险	12	27	-15	华贵人寿	58	61	-3
中银三星	51	28	23	国联人寿	67	62	5
国华人寿	34	29	5	东吴人寿	45	63	-18
光大永明	47	30	17	和泰人寿	61	64	-3
泰康养老	36	31	5	爱心人寿	63	65	-2
弘康人寿	11	32	-21	珠江人寿	60	66	-6
百年人寿	8	33	-25	渤海人寿	66	67	-1
中英人寿	48	34	14	三峡人寿	14	68	-54

根据表 4-28 的结果，运用威尔科克森（wilcoxon）符号秩检验，进行稳健性分析。主要结论如表 4-29 和表 4-30 所示。

表 4-29　　　　　　　　保险公司原排名与新排名的基本情况

描述性统计资料

	N	平均数	概率偏差	最小值	最大值
原排名	68	34.5000	19.77372	1.00	68.00
新排名	68	34.5000	19.77372	1.00	68.00

表 4-30　　　　　　　　指标的威尔科克森（wilcoxon）符号秩检验

等级

		N	平均等级	等级总和
新排名 - 原排名	负等级	35[a]	33.47	1 171.50
	正等级	31[b]	33.53	1 039.50
	等值结	2[c]		
	总计	68		

注：a. 新排名 < 原排名；b. 新排名 > 原排名；c. 新排名 = 原排名。

表 4-31　人身险公司指标稳健性的威尔科克森（wilcoxon）符号秩检验结果

检定统计资料ᵃ

	新排名 - 原排名
Z	-0.422ᵇ
渐近显著性（双尾）	0.673

注：a. Wilcoxon 符号等级检定；b. 根据正等级。

表 4-31 给出了统计检验结果。结果显示：使用"渐进"方法计算的双侧渐进显著性水平 Z 值为 0.673，大于 0.05，所以两组排名的差异不显著。因此，本书认为剔除部分特殊指标后，采用剩余的指标进行竞争力评价与没有剔除这些指标下的评价结果差异不显著。也就是说，两个样本来自同一总体，具有相同的总体分布，即认为主成分分析法对于指标的变化具有统计上的稳健性，通过了稳健性检验。

（三）结论及建议

由以上一系列的分析可知，利用主成分分析方法进行保险公司竞争力评价研究时，剔除少部分公司或者指标后，对于保险公司竞争力的最后结果影响有限，即评价结果统计上的稳健性。

但是，从评价结果来看，通过聚类分析方法，剔除少部分公司的评价结果比剔除少部分指标的评价结果更具有稳健性。这一定程度上说明，部分公司的进入或者退出对最后结果的影响没有指标的选择对评价结果的影响大，因此，选择比较客观、全面和科学的指标，对于保险公司竞争力的评价结果尤为关键；同时，从得到的个别结果来看，某些公司的排名波动较大，可以考虑在对公司进行最终的排名前，能设计一种过滤方法，将对主成分排名法最终排名结果影响较大的因子予以剔除，或者运用最优化方法选择使得最终竞争力排名的结果波动最小的因子（这与主成分分析方法中，寻找方差占比最大的综合因子并不矛盾，因为它们所指的对象并不一样）。而这些因子从理论上说最能够代表保险公司竞争力的本质，但是这是一个不断探索和优化的过程，甚至需要对其选择标准进行数理化的设定，有待进一步的研究。

第五章
中国财产保险公司竞争力评价分析

保险公司竞争力评价研究都是基于公开、客观和科学的原则，即研究方法、评价指标、数据来源等坚持公开、客观和科学的原则。

我们坚持评价过程和目标要客观有效，避免或者尽量减少人为主观因素的干扰；考虑到结果的敏感性，在有可能使用定量分析的地方，使用定量分析；尽量避免或者减少涉及权重选择等主观性问题的评价方法。

一、信息来源说明

保险公司竞争力评价研究的数据主要来源于各个保险公司的年度信息披露报告，少部分指标来源于历年的《中国保险年鉴》和保监会、保险学会、保险行业协会以及各公司自己的网站信息，即全部数据都是来源于公开渠道。

保险公司 2019 年的年报信息披露报告主要包括以下 5 个方面的内容：公司简介；年度财务报告及其附注；风险管理状况；产品信息；偿付能力信息。本研究分析主要从以上报表获取数据进行研究。

二、研究对象

根据中国银保监会的网站，截至 2019 年 12 月 31 日，中国财产险公司共有 88 家，其中，中资公司 66 家，外资保险公司共有 22 家。

其中，出口信用保险、华海财险、长江财险、永诚财险、大家财险没有公布 2019 年度信息披露报告。这 5 家保险公司不予评价。

劳合社的经营业务特殊，不予评价。

太平科技、黄河财险、融盛财险，这 3 家财产保险公司成立营业时间距离 2019 年年底，均不足 2 年，不予评价。

天安财险、珠峰财险、富邦财险这 3 家公司的部分指标数据异常，不予评价。

公司的部分指标数据异常，并不意味着公司经营绩效的"优"或"劣"。由于采用主成分分析、因子分析方法进行竞争力运算，为了避免少数公司的部分指标异常对其他公司的评价结果引起重大、异常的影响，从而使得评价结果不合常理，这是我们进行必要的前期数据处理的原因。

上述12家公司，如果有任何问题、建议或者意见，请与保险公司竞争力评价研究课题组联系。

最后，课题组共对76家财产保险公司进行竞争力评价。

三、特别说明

（1）本研究分析都是采用公开发布的披露数据进行分析，我们根据实质重于形式的原则，对发现个别公司披露数据存在错误或异样的年报信息进行调整或者在涉及该指标时进行批注说明。

（2）本研究分析采用的数据皆来源于已公开的资料或课题组成员的个人分析，但我们不保证上述信息的完整与准确性，中国精算研究院不因使用本报告而产生的一切后果承担责任，只以此作为学术研究以及学界和业界的信息交流与参考。同时，本研究分析为课题组成员的个人观点，并不代表中国精算研究院的观点。有关问题的来源、讨论或争议，请使用电话或电子邮件的方式与我方联系。

（3）评价指标中，有的指标的取值是越大越好，可以称为正向指标；有的指标的取值是越小越好，可以称为逆向指标；有的指标的取值是位于中间的某个值为好。

对于逆向指标，我们在本报告中都已经逆向化处理，即逆向化后的指标数据的取值也是越高越好；对于有的指标取值是位于中间的某个值为好，此时，我们往往是通过构建系数的方式，对此类指标进行处理，经过系数化后的指标取值也是越大越好。

第一节　财产险公司竞争力指标体系的构建

（一）评价指标体系说明

目前，国内外还没有一个比较明确的、被广泛接受的"保险公司竞争力"的定义。我们综合国内外相关研究，结合自己的经验和理解，给出保险公司竞争力的定义：保险公司竞争力是保险公司根据行业和自身特点，在市场经济环境中，综合运用人力、物力、财力等各种资源，获得相对于竞争对手所表现出来的生存能力、创新能力和持续发展能力的总和，是公司综合能力的体现。同时，竞争力也是一个相对的概念，强调的是保险行业内竞争者之间的比较。

我们进行的保险公司竞争力评价研究是以保险公司为出发点和落脚点，建立保险公司的盈利能力、资本管理能力、经营能力、风险管理能力和发展潜力5个一级指标，来反映保险公司竞争力的不同方面。我们首先在每个一级指标下建立个数不等的二级指标（二级指标如果不特别说明，均为正向指标）；其次，通过对二级指标定量分析得到保险公司一级指标的评价结果；最后对全部二级指标进行定量分析，得到保险公司竞争力的综合评价结果。

（二）指标体系构建

具体指标体系如下：

Ⅰ. 盈利能力指标

盈利能力指标共有10个二级指标，包括10个比率、结构分析指标和规模性指标。

Ⅰ-1. 总资产收益率：

总资产收益率 = 报告期净利润 ÷ [（期初总资产 + 期末总资产）÷ 2] × 100%

Ⅰ-2. 净资产收益率：

净资产收益率 = 净利润 ÷ 平均净资产 × 100%

Ⅰ-3. 投资收益率：

投资收益率 = 投资收益总额 ÷（期初投资资产 + 期末投资资产）的均值 × 100%

Ⅰ-4. 净投资收益率：

净投资收益率 =（利润表中的投资收益 + 其他业务收入）÷（期初投资资产 + 期末投资资产）的均值 × 100%

Ⅰ-5. 承保利润率：

承保利润率 = 承保利润 ÷ 已赚保费 × 100%

Ⅰ-6. 投资资产占总资产比率：

投资资产占总资产比率 = 平均投资资产 ÷ 平均总资产 × 100%

其中：平均投资资产 =（本年投资资产 + 上一年投资资产）/2

平均总资产 =（本年总资产 + 上一年总资产）/2

Ⅰ-7. 净利润增长率：

净利润增长率=（当年净利润-上一年净利润）/（上一年净利润的绝对值）

Ⅰ-8. 人均利润：

人均利润=利润总额/公司职工人数

Ⅰ-9. 净利润

Ⅰ-10. 综合收益率：

综合收益率=（利息收入+投资收益+交易类公允价值变动+可供出售类公允价值变动-交易费用及税金+其他综合收益）/两年平均投资资产

Ⅱ. 资本管理能力

资本管理能力包含11个二级指标，包括1个规模性指标和10个比率、结构性分析指标。

Ⅱ-1. 资本管理系数：

偿付能力充足率（x）=实际资本÷最低资本

$$资本管理系数 = \begin{cases} \dfrac{x - 150\% + 70\%}{70\%}, & 80\% \leq x \leq 150\% \\ 1, & 150\% < x \leq 300\% \\ \dfrac{300\% + 2\,000\% - x}{2\,000\%}, & 300\% < x \leq 300\% + 2\,000\% \\ 0, & 其他 \end{cases}$$

Ⅱ-2. 认可资产负债率：

认可资产负债率=认可负债÷认可资产×100%

Ⅱ-3. 资产认可率：

资产认可率=认可资产÷总资产×100%

Ⅱ-4. 认可资产增长率：

认可资产增长率=（期末认可资产-期初认可资产）÷期初认可资产

Ⅱ-5. 资本利用率：

资本利用率=保险业务收入÷所有者权益×100%

Ⅱ-6. 准备金保费比率：

准备金保费比率=两年的（未到期责任准备金+未决赔款准备金+保险保障基金+寿险责任准备金+长期健康险责任准备金-应收分保未到期责任准备金-应收分保未决赔款准备金-应收分保寿险责任准备金-应收分保长期健康险责任准备金）均值÷两年的原保费收入的均值

Ⅱ-7. 资产保费比：

资产保费比=报告期期末总资产÷报告期保险业务收入×100%

Ⅱ-8. 所有者权益（净资产）

Ⅱ-9. 资产报酬率：

资产报酬率=（股东权益合计+利润总额）/平均资产总额

Ⅱ-10. 风险调整资本回报率：

风险调整资本回报率=（综合收益-保险业务营业税金及附加-业务及管理费-手续费及佣金-报告期退保金额）÷最低资本

Ⅱ-11. 资本管理绩效增长率：

资本管理绩效增长率=本年的（净利润÷最低资本）÷上一年的（净利润÷最低资本）

Ⅲ. 经营能力指标

经营能力由以下13个指标构成，12个是比率或结构性指标，1个规模性指标。

Ⅲ-1. 净资产周转率：

净资产周转率=报告期营业收入合计÷[（期初股东权益+期末股东权益）÷2]×100%

Ⅲ-2. 总资产周转率：

总资产周转率=报告期营业收入合计÷[（期初总资产+期末总资产）÷2]×100%

Ⅲ-3. 综合赔付率：

综合赔付率=（赔付支出-摊回赔付支出+提取未决赔款准备金-摊回未决赔款准备金+保费准备金）÷已赚保费

Ⅲ-4. 综合费用率：

综合费用率=（业务及管理费+手续费及佣金+分保费用+保险业务营业税金及附加-摊回分保费用）÷已赚保费×100%

Ⅲ-5. 综合成本率的变化率：

综合成本率的变化率=（期末综合成本率-期初综合成本率）÷期初综合成本率

Ⅲ-6. 险种集中度系数：

险种集中度系数=$\sum_{i=1}^{5}$（前i种产品的各自保费收入）^{2}÷（前五种产品保费总收入）^{2}

Ⅲ-7. 报告期营业收入

Ⅲ-8. 营业收入增长率:

营业收入增长率=(期末营业收入-期初营业收入)÷期初营业收入

Ⅲ-9. 净利润赔付支出覆盖率:

净利润赔付支出覆盖率=总利润÷(赔付支出-摊回赔付支出+提取未决赔款准备金-摊回未决赔款准备金)

Ⅲ-10. 应收分保率:

应收分保率=(期初应收分保账款+期末应收分保账款)/(期初分出保费+期末分出保费)

Ⅲ-11. 车险保费占比:

车险保费占比=车险保费收入/公司保费收入

Ⅲ-12. 保费收入费用增长比:

保费收入费用增长比=(当期原保费收入-上一期原保费收入)/(当期综合费用-上一期综合费用)

Ⅲ-13. 再保险亏损率:

再保险亏损率=(分出保费-摊回赔付支出-摊回保险责任准备金-摊回分保费用)÷分出保费×100%

Ⅳ. 风险管理能力指标

风险管理能力由11个比率结构性分析指标构成。

Ⅳ-1. 偿付能力充足率:

偿付能力充足率=实际资本÷最低资本×100%

Ⅳ-2. 流动性比率:

流动性比率=流动性资产余额÷流动性负债余额×100%

Ⅳ-3. 自留比率:

自留比率=自留保费÷保险业务收入×100%

Ⅳ-4. 未决赔款准备金充足率:

未决赔款准备金充足率=两年的提取未决赔款准备金的均值÷两年赔付支出的均值×100%

Ⅳ-5. 自留保费占净资产的比率(肯尼系数):

自留保费占净资产的比率=自留保费/(期初所有者权益+期末所有者权益)的均值

Ⅳ-6. 应收保费率:

应收保费率 =（期初应收保费 + 期末应收保费）/（期初保险业务收入 + 期末保险业务收入）

Ⅳ-7. 保险负债占总资产比：

保险负债占总资产比 = 保险负债/总资产

Ⅳ-8. 收现比：

收现比 =（经营活动、投资活动、筹资活动的现金流入合计 + 汇率变动对现金及现金等价物的影响额）÷营业收入合计

Ⅳ-9. 付现比：

付现比 =（经营活动、投资活动、筹资活动的现金流出合计 + 汇率变动对现金及现金等价物的影响额）÷营业支出合计

Ⅳ-10. 现金盈余保障倍数：

现金盈余保障倍数 = 经营活动净现金流÷（净利润的绝对值）

Ⅳ-11. 负债权益比率：

负债权益比率 = 总负债/股东权益

Ⅴ. 发展潜力

发展潜力由9个比率或结构性分析指标和2个规模指标，共11个指标构成。

Ⅴ-1. 发展系数：

发展系数 = 公司的原保费收入增量市场份额÷公司的原保费收入市场份额×100%

Ⅴ-2. 保险业务收入增长率：

保险业务收入增长率 =（公司当年保险业务收入 - 公司上一年保险业务收入）÷公司上一年保险业务收入

Ⅴ-3. 总资产增长率：

承保潜力 = 4 - 自留保费/（实收资本 + 资本公积 + 盈余公积）

Ⅴ-4. 净资产增长率：

净资产增长率 =（期末所有者权益 - 期初所有者权益）÷期初所有者权益×100%

Ⅴ-5. 资本运营充分率：

资本运营充分率 = 公司原保费收入÷（实收资本（股本）+ 资本公积）

Ⅴ-6. 人均产能：

人均产能 = 保险业务收入/公司职工人数

Ⅴ-7. 人均产能增长率：

人均产能增长率 =（期末人均产能 - 期初人均产能）/期初人均产能

V - 8. 承保潜力：

承保潜力 = 4 - 自留保费/（实收资本 + 资本公积 + 盈余公积）

V - 9. 亿元保费投诉量

V - 10. 分支机构数目

V - 11. 单位最低资本利润增长率：

单位最低资本利润增长率 =（期末净利润 - 期初净利润）÷ 平均最低资本

第二节 2019年财产险公司综合竞争力评价结果与分析

为了保证对保险公司竞争力评价的客观性和科学性，首先，根据指标的正向和逆向，进行数据的预处理、统一，使处理后的全部指标数据为正向，即其数据越大越好；其次，指标数据中有些是比率指标，有些是数值指标，为了避免"以大欺小"以及指标单位对评价结果的影响，我们对全部数据进行归一化处理，即全部指标数据都在0~1间取值；最后，我们运用主成分分析方法，对全部56个二级指标数据进行计算（并对部分指标进行了加权处理），得到综合竞争力评价结果。此外，我们在对一级指标（如盈利能力、资本管理能力等）进行竞争力评价时，是对一级指标下的二级指标进行主成分分析。因此，综合竞争力的评价结果并不是对一级指标的评价结果一个简单的加权处理，二级指标与一级指标的隶属关系不影响对综合竞争力的评价结果。

为了便于对公司的业绩进行比较，以下披露的各个公司的二级指标数据都进行了逆向化处理，即得分高意味着对一级指标具有更大的"正向"作用，得分低意味着对于一级指标具有较低的"负向"作用；同时，根据综合运用主成分分析、因子分析得到的对保险公司综合竞争力以及一级指标的评价结果，设定最高分不超过100分，最低分不低于40分。

一、2019年财产保险公司综合竞争力的得分与排名

数据预处理后，我们得到76家财产险公司的56个二级指标数据。为了更好地反映保险公司竞争力的实际情况，并根据保险业发展阶段和我们对于保险公司发展规律的认识，课题组对部分指标进行了加权处理，得到了一个76×60的数据矩阵；运用主成分分析方法，我们共选取了14个主成分，其累计解释率为86.3%，其

中，每个主成分都是这些二级指标的线性组合（见图5-1）。

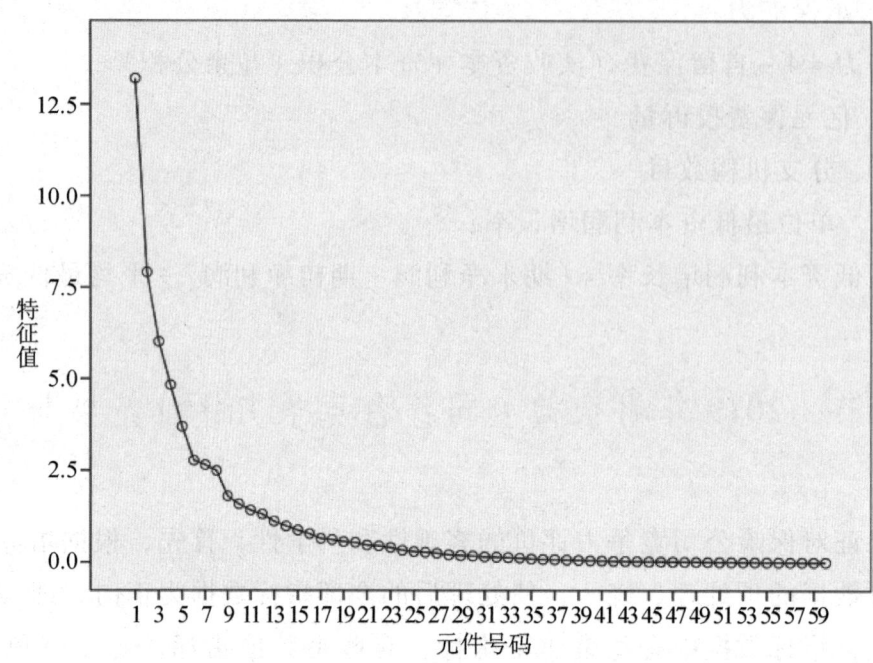

图5-1 财产险公司综合竞争力分析的陡坡图（碎石图）

选取这14个主成分后，各保险公司综合竞争力的评价结果与排名如表5-1所示。

表5-1　2019年中国财产险公司竞争力综合评价排名与得分

公司	排名	得分	公司	排名	得分
人保股份	1	100.0	华农财险	39	66.7
平安财险	2	96.6	汇友互助	40	66.3
太保财险	3	93.4	粤电自保	41	66.2
国寿财险	4	90.2	渤海财险	42	66.0
中华联合	5	85.2	安信农险	43	65.8
太平保险	6	84.8	苏黎世保险	44	65.8
阳光财险	7	83.9	久隆财险	45	65.1
大地财险	8	81.6	安盛天平	46	65.0
中石油专属保险	9	79.3	中远海自保	47	65.0
华安财险	10	77.2	美亚保险	48	64.8
国泰财险	11	76.6	东海航运	49	64.7
北部湾财产	12	76.5	鑫安汽车	50	64.6
鼎和财险	13	76.3	国元农险	51	64.0

续表

公司	排名	得分	公司	排名	得分
安联财险	14	76.1	恒邦保险	52	63.9
英大财险	15	74.9	瑞再企商	53	63.6
永安财险	16	74.5	众诚保险	54	63.2
安华农险	17	74.3	三星财险	55	62.9
前海联合	18	73.7	现代财险	56	62.9
爱和谊	19	73.4	中路财险	57	61.5
紫金财险	20	73.4	中原农险	58	60.7
安心财险	21	73.0	中意财险	59	60.1
华泰财险	22	72.9	合众财险	60	58.6
锦泰财险	23	72.9	诚泰财险	61	57.8
泰康在线	24	72.6	铁路自保	62	57.5
安达保险	25	72.4	乐爱金	63	57.3
泰山财险	26	71.6	众安财险	64	57.0
亚太财险	27	71.3	长安责任	65	56.1
利宝互助	28	71.2	燕赵财险	66	54.8
东京海上	29	70.5	中航安盟	67	54.4
中煤财险	30	69.7	安诚财险	68	54.2
浙商财险	31	69.4	阳光农险	69	51.0
都邦财险	32	69.2	建信财险	70	51.0
日本财险	33	69.2	日本兴亚	71	50.4
中银保险	34	68.9	信利保险	72	47.8
国任财险	35	68.8	易安财险	73	47.2
三井住友	36	68.5	富德财险	74	45.7
众惠相互	37	68.0	海峡金桥	75	45.6
史带财险	38	67.0	阳光信用	76	40.0

二、结论与分析

我们根据中国保险业的发展状况，修改和完善了财产险公司竞争力评价指标体系，并进一步明确了当前中国财产险公司行业发展与保险市场建设以及保险公司应关注的关键指标。根据保险公司竞争力的定义和相应的评价指标体系，运用主成分分析方法对中国财产险公司的竞争力进行了评价分析。

根据我们的研究表明，国际经济金融危机对中国保险业发展的影响开始逐渐减小，中国财产险公司的管理能力和技术不断得到提高。课题组的研究表明，中国财产险公司在注重规模的同时，开始注重效益，并且中资保险公司的竞争力普遍高于外资保险公司。主要结论如下：

1. 综合竞争力方面：根据 2019 年中国财产险公司的综合竞争力评价结果可以看出，综合竞争力排名前十的公司，全部是中资保险公司；其中，人保股份、平安财险、太保财险占据参评的全部 76 家公司中的前三名。整体来看，得益于国家的经济发展、政策监管的不断完善和保险公司资本、管理、技术的不断提高，中国财产保险公司的竞争力不断得到提升，然而，在风险管理能力和产品开发能力方面还有待加强。

2. 盈利能力方面：2019 年以承保为利润主要来源的财险业取得了不菲的业绩，财产险公司的盈利能力普遍提高。在盈利能力竞争力排名前十位的公司中，全部为中资保险公司，说明中资保险公司的盈利能力与外资保险公司相比，占有一定的优势。

在 2019 年盈利能力竞争力排名前十位的公司中，没有一家农业保险公司入围，说明随着政策性农业保险业务的放开和相关业务的激烈竞争，政策性农业保险业务对财险公司盈利水平的贡献将越来越不明显。

相对于 2018 年，财险公司在新增车险需求疲弱的环境下，如何拓展业务能力、寻找优势项目以及提高公司的产品开发能力等，提到了一个前所未有的地位。

3. 资本管理能力方面：在 2019 年财产险公司的资本管理能力方面，排名前十的保险公司中，中资保险公司比外资保险公司更占有优势。根据评价结果，在财产险公司资本管理能力前十名的公司中，有 3 家是外资保险公司，分别是现代财险（排名第五）、爱和谊（排名第九）和史带财险（排名第十），其余 7 家均为中资保险公司，值得注意的是爱和谊连续两年的资本管理能力排名前十。

4. 经营能力方面：根据 2018 年财产保险公司的经营能力评价结果，在排名前十的保险公司中，有 8 家是中资保险公司，2 家外资保险公司，即利宝互助（排名第三）和国泰财险（排名第四）。

在 2018 年经营能力竞争力排名结果中，只有 1 家外资财产保险公司入围（乐爱金），通过比较发现，外资保险公司在经营能力竞争力方面的优势扩大。

根据我们的经营能力评价指标可以看出，中资财险公司在总资产周转率和净资产周转率方面排名靠前（也意味着比较辛苦），在综合费用成本控制方面比较严格（综合费用率较低）；外资保险公司在综合赔付的成本控制方面比较严格（综合赔付比较低)、分保能力强、保费收入的来源比较均衡稳定。

由于股东背景和公司管理能力和策略的不同,中资财险公司在经营管理能力方面还有许多有待改进和学习的地方。

5. 风险管理能力方面:在风险管理能力方面,外资保险公司以往占有比较明显的优势。然而,从2019年保险公司的风险管理能力评价结果来看,排名前十的保险公司中,只有2家外资财产保险公司入围,分别是排名第一的汇友互助和排名第四的瑞再企商,其余8家都是中资保险公司,说明中资保险公司在资本实力、偿付能力管理、风险管理等方面取得了比较明显的进步。

尤其值得关注的是,在风险管理能力排名前十的财产保险公司中,有3家专业自保公司入围,分别是中远海自保(排名第二)、粤电自保(排名第三)和中石油专属保险(排名第五)。截至2019年年底,注册地在内地的中国专业自保公司只有4家,其中,3家的风险管理能力排名进入前十,说明专业自保公司在风险管理能力方面比普通商业财产保险公司占有得天独厚的优势。专业自保公司也许会成为很多大型国有企业或者国有集团组织进行风险管理的比较新颖的方式和组织形式。

6. 发展潜力方面:在公司增长潜力竞争力排名前十位的公司中,有8家为中资保险公司,2家外资保险公司(国泰财险,排名第六;安联财险,排名第十)。这说明中资保险公司在发展潜力方面占有一定的优势。同时,外资保险公司在保险理念、技术、资本等方面有许多中资需要学习的地方。通过分析表明外资保险公司的增长潜力开始逐步克服机构数量较少、资产规模增长较慢等因素,呈现出良好的发展势头。

依据2018年中国保险公司综合竞争力评价结果,显示排名前十的有9家是中资保险公司。研究结论说明中资保险公司竞争力低于外资保险公司的论断并不成立。通过研究分析,我们对中国保险公司的竞争力现状有了一个基本的了解。

针对中国财产险公司竞争力评价的结论,为了更好地提高财产险公司的竞争力,建议如下:

第一,中国保险公司应该加强企业的风险管理。中国的国家经济结构转型升级,以及国际金融危机尚未得到解决甚至有所深化的国内外环境下,如何控制资本市场的风险、产品创新风险等,是保险公司面临的诸多挑战,严重的可能会导致偿付能力不足的风险。因此,高标准地开展承保业务和充足的资本,是财产险公司管理其风险的关键。在中国财产险市场迅速发展的过程中,相对于外资保险公司,中资保险公司只有相对较低的资本实力和偿付能力充足率,这是一个很清楚的警示信号:财产险公司要注重内部的全面风险管理。

第二，在现阶段，整体比较而言，中国财产保险公司要想提高竞争力，必须实现规模、效益、风险的统一，确保机构数目达到 20~25 家左右，保费规模达到 100 亿元以上，注册资本 50 亿元以上，总资产达到 300 亿元以上。

第三，2020 年财产险市场竞争的激烈程度将进一步提升，市场格局的转变速度将不断加快，规模化经营与互联网金融的快速发展给实力不强的中小财产险公司带来巨大的生存压力和突破空间；因金融、保险市场的不断发展，政府监管力度、质量的不断提高，预计 2020 年财险行业承保利润和投资收益的竞争将更加激烈。

第四，加大政府和中国银行保险监督管理委员会的支持力度。随着第二代偿付能力建设，以及费率市场化、利率市场化的改革，财险公司需要继续推进渠道转型，需要更注重电销、网销和交叉销售，增强产品开发能力，满足不同层次消费者的需求，提高行业的服务管理水平。

第五，探讨外资保险公司竞争力普遍低于中资保险公司的原因并予以改进。

这方面既有股东背景和资金实力的问题，又有综合费用与综合赔付的成本管理策略和分保再保的技术策略等问题，需要财险公司根据自己的实际情况和定位进行具体分析。

第六，中国经济由高速增长阶段转向高质量发展阶段，需要更好地发挥保险作用。党的十九大做出了中国经济由高速增长阶段转向高质量发展阶段的重大判断，这一过程要求坚持市场化改革，更好地发挥市场配置资源的决定性作用。在中国经济由高速增长阶段转向高质量发展阶段这一历史进程中，通过商业保险市场化手段解决转型过程中可能出现的风险问题，可以有效促进社会和谐稳定。

总而言之，随着国家经济实力和保险意识的增强，我们的研究所得到的中国财产险公司竞争力排名，向中国的财产险公司发出了强烈而积极的信号：中国财产险业有着光明的发展前景。

第三节 2019 年财产险公司综合竞争力一级指标的评价结果与分析

根据定义，财产保险公司的综合竞争力评价包括盈利能力、资本管理能力、经营能力、风险管理能力和发展潜力 5 个一级指标。各一级指标下含有数量不等的二级指标。我们基于二级指标，运用主成分分析方法，对 76 家财产险公司的一级指标的表现情况进行评价和分析。

一、2019 年财产险公司盈利能力排名与分析

盈利能力共包含 10 个相关二级指标。经过数据预处理后，我们得到一个 76 × 10 的数据矩阵。运用主成分分析法，我们共选取了 5 个主成分，其累计解释率为 88.5%，其中，每个主成分都是这 10 个二级指标的线性组合。将主成分分析得分按照最低分 40、最高分 100 进行标准化，得到各公司盈利能力的百分制得分（见表 5-2）。

表 5-2　　　　　　　　　财产险公司盈利能力竞争力排名与得分

公司	排名	得分	公司	排名	得分
鼎和财险	1	100.0	苏黎世保险	39	64.9
平安财险	2	96.3	东海航运	40	64.4
人保股份	3	95.4	三井住友	41	64.0
久隆财险	4	92.1	中路财险	42	63.4
中华联合	5	88.1	乐爱金	43	63.3
国寿财险	6	85.5	国泰财险	44	63.0
华泰财险	7	85.0	爱和谊	45	62.7
泰山财险	8	84.1	安联财险	46	62.7
太保财险	9	83.0	日本兴亚	47	62.6
中石油专属保险	10	82.9	国元农险	48	62.4
北部湾财产	11	82.4	中原农险	49	62.0
粤电自保	12	81.3	都邦财险	50	61.9
众惠相互	13	80.9	众诚保险	51	61.5
英大财险	14	80.7	渤海财险	52	61.3
锦泰财险	15	80.5	燕赵财险	53	60.9
诚泰财险	16	78.8	泰康在线	54	60.5
安信农险	17	77.9	安达保险	55	60.0
大地财险	18	77.9	中煤财险	56	59.2
安心财险	19	77.6	中航安盟	57	58.6
亚太财险	20	77.4	安盛天平	58	56.8
永安财险	21	77.2	国任财险	59	56.2
铁路自保	22	75.2	中意财险	60	55.9
鑫安汽车	23	74.8	合众财险	61	55.6
阳光财险	24	74.7	浙商财险	62	55.5
美亚保险	25	73.3	现代财险	63	55.2
恒邦保险	26	73.2	信利保险	64	54.9
长安责任	27	71.7	瑞再企商	65	54.9

续表

公司	排名	得分	公司	排名	得分
华安财险	28	71.6	汇友互助	66	54.6
中远海自保	29	70.7	众安财险	67	53.9
日本财险	30	70.4	安诚财险	68	53.3
太平保险	31	70.1	海峡金桥	69	49.5
东京海上	32	69.6	华农财险	70	49.0
中银保险	33	69.5	利宝互助	71	47.1
史带财险	34	67.0	前海联合	72	45.0
阳光农险	35	67.0	易安财险	73	44.9
紫金财险	36	66.0	建信财险	74	44.1
安华农险	37	65.4	阳光信用	75	44.1
三星财险	38	65.1	富德财险	76	40.0

从表5-2中可以看出，财产险市场中盈利能力排名前三的依次是鼎和财险、平安财险和人保股份，在百分制基准下，得分分别为100.0分、96.3分和95.4分。

在参评的76家财产保险公司中，盈利能力的最高分为鼎和财险（100.0分），最低分为富德财险（40.0分），平均得分67.2分，大于平均分的公司有33家，占比43.4%。90分以上的有4家，80~90分之间的有11家，70~80分之间的有16家，60~70分之间的有24家，60分以下的有21家。

图5-2给出了盈利能力排名前十的公司，依次是鼎和财险、平安财险、人保股份、久隆财险、中华联合、国寿财险、华泰财险、泰山财险、太保财险、中石油专属保险。

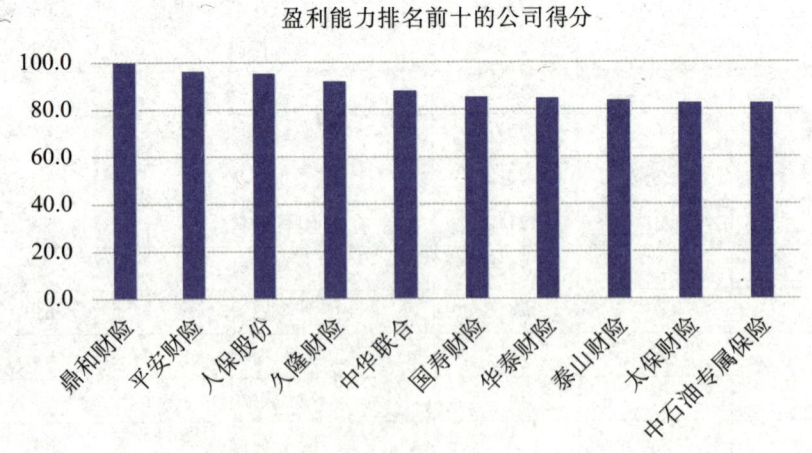

图5-2 盈利能力排名前十的财产险公司

从图5-2中可以看出，在盈利能力排名前十的财产险公司中，排名前三位的鼎和财险、平安财险和人保股份得分较为接近，均高于95分，其盈利能力得分较为显著地高于其他财险公司，超过其他7家财险公司盈利能力平均得分11.4分。第六至第十名得分较为紧凑，集中在82~86分，分差平均值不超过1分。与此同时，盈利能力排名前十的公司全部为中资公司，可见中资产险企业在盈利能力方面较外资企业有明显优势。

（一）盈利能力排名前十的财产险公司，其二级指标的排名与得分情况

表5-3主要反映了盈利能力排名前十的财产险公司，其各个二级指标的表现情况。

从表5-3中可以看出，鼎和财险的盈利能力排名第一，主要是由于该公司在净投资收益率（第一名，100.0分）、总资产收益率（第二名，98.5分）、投资收益率（第三名，82.5分）、综合收益率（第四名，75.9分）4个二级指标上表现优秀，除投资资产占总资产的比率指标（第七十五名，40.2分）外，各项盈利能力二级指标基本表现优秀，获得了此一级指标的第一名。

平安财险在盈利能力一级指标中排名第二，其在净利润（第二名，92.8分）、净资产收益率（第二名，96.7分）、总资产收益率（第五名，96.7分）3个指标上表现优秀。其余各指标排名也都不低于三十五名，都在中等水平以上，综合盈利能力表现优异。

人保股份排名第三，其二级指标中，净利润（第一名，100.0分）、净资产收益率（第五名，89.5分）表现优秀。其余各指标也都不低于三十二名，处于中上游水平。人保财险作为国内体量最大、资历最老的财产险公司，在市场上始终保持着强有力的竞争力。

整体来看，盈利能力排名前十的各家公司各个二级指标排名基本都位于市场中上游水平，并且都有个别表现拔尖的二级指标。说明这10家保险公司具有较强的投资获取能力和利润获取能力。

（二）盈利能力下各二级指标排名与得分前十的财产险公司情况

表5-4给出了盈利能力指标下各二级指标排名前十的财产险公司及得分，主要反映了财产险公司盈利能力的整体情况。

表 5-3　盈利能力排名前十的财产险公司，其二级指标的排名与得分

公司名称	总资产收益率		净资产收益率		投资收益率		净投资收益率		承保利润率		投资资产占总资产的比率		净利润增长率		人均利润		净利润		综合收益率	
	排名	得分	排名	得分	排名	得分	排名	得分	排名	得分	排名	得分	排名	得分	排名	得分	排名	得分	排名	得分
鼎和财险	2	98.5	7	88.6	3	82.5	1	100.0	7	94.5	75	40.2	38	78.1	15	54.0	8	43.0	4	75.9
平安财险	5	95.7	2	96.7	24	60.1	24	52.2	17	94.0	35	71.1	31	78.3	18	53.8	2	90.8	28	55.1
人保股份	6	93.1	5	89.5	18	63.1	30	50.5	21	93.7	19	79.8	32	78.3	23	53.4	1	100.0	20	57.7
久隆财险	4	95.8	15	83.1	1	100.0	58	45.9	10	94.2	76	40.0	2	96.4	4	57.2	23	41.7	1	100.0
中华联合	36	85.0	32	78.8	5	76.8	7	62.5	47	92.9	65	59.0	66	77.0	39	52.9	9	42.9	3	79.2
国寿财险	18	88.9	11	84.6	12	65.1	21	54.0	29	93.5	40	69.8	1	100.0	33	52.9	4	46.9	14	61.1
华泰财险	15	89.6	16	82.9	9	67.5	22	53.8	27	93.5	62	59.9	3	86.3	21	53.4	11	42.6	12	61.9
泰山财险	46	83.5	48	76.1	6	74.5	4	65.1	52	92.7	53	64.5	33	78.2	45	52.6	45	41.6	6	71.7
太保财险	9	91.4	6	89.2	27	59.6	37	49.8	19	93.8	24	76.2	25	78.5	26	53.2	3	55.4	35	53.1
中石油专属	17	89.0	27	80.4	64	52.9	65	44.7	20	93.7	4	94.3	53	77.7	1	100.0	12	42.4	60	46.6

第五章 中国财产保险公司竞争力评价分析

表5-4 盈利能力各二级指标中，排名前十的财产险公司及其得分

排名 二级指标	总资产收益率 公司名称（得分）	净资产收益率 公司名称（得分）	投资收益率 公司名称（得分）	净投资收益率 公司名称（得分）	承保利润率 公司名称（得分）	投资资产占总资产的比率 公司名称（得分）	净利润增长率 公司名称（得分）	人均利润 公司名称（得分）	净利润 公司名称（得分）	综合收益率 公司名称（得分）
1	英大财险 (100)	英大财险 (100)	久隆财险 (100)	鼎和财险 (100)	中远海自保 (100)	利宝互助 (100)	国寿财险 (100)	中石油专属保险 (100)	人保股份 (100)	久隆财险 (100)
2	鼎和财险 (98.5)	平安财险 (96.7)	安心财险 (91.5)	安心财险 (89.7)	美亚保险 (96.5)	富德财险 (99.9)	久隆财险 (96.4)	铁路自保 (76.8)	平安财险 (90.8)	安心财险 (90.0)
3	美亚财险 (98.3)	长安责任 (96.7)	鼎和财险 (82.5)	众惠相互 (71.0)	铁路自保 (95.9)	汇友互助 (98.2)	华泰财险 (86.3)	中远海自保 (67.1)	太保财险 (55.4)	中华联合 (79.2)
4	久隆财险 (95.8)	美亚保险 (90.0)	众惠相互 (78.0)	泰山财险 (65.1)	乐爱金 (95.2)	中石油专属保险 (94.3)	众诚保险 (84.0)	久隆财险 (57.2)	国寿财险 (46.9)	鼎和财险 (75.9)
5	平安财险 (95.7)	人保财险 (89.5)	中华联合 (76.8)	诚泰财险 (63.6)	英大财险 (95.2)	海峡金桥 (90.0)	锦泰财险 (83.1)	苏黎世保险 (57.2)	大地财险 (45.6)	众惠相互 (74.5)
6	人保股份 (93.1)	太保财险 (89.2)	泰山财险 (74.5)	长安责任 (62.6)	鑫安汽车 (94.6)	众安财险 (89.8)	安达保险 (81.1)	爱和谊 (55.7)	英大财险 (45.0)	泰山财险 (71.7)
7	鑫安汽车 (92.8)	鼎和财险 (88.6)	北部湾财产 (70.9)	中华联合 (62.5)	鼎和财险 (94.5)	信利保险 (89.6)	紫金财险 (80.7)	粤电自保 (55.2)	阳光财险 (44.7)	中路财险 (69.2)
8	铁路自保 (91.9)	日本财险 (86.7)	中路财险 (70.4)	粤电自保 (62.1)	日本财险 (94.4)	众诚保险 (88.4)	东京海上 (80.0)	美亚保险 (54.9)	鼎和财险 (43.0)	北部湾财产 (66.6)
9	太保财险 (91.4)	东京海上 (85.5)	华泰财险 (67.5)	锦泰财险 (61.0)	苏黎世保险 (94.4)	爱和谊 (86.3)	华安财险 (79.7)	英大财险 (54.8)	中华联合 (42.9)	诚泰财险 (65.2)
10	东京海上 (90.6)	阳光财险 (85.5)	亚太财险 (67.4)	北部湾财产 (60.3)	久隆财险 (94.2)	建信财险 (85.8)	英大财险 (79.3)	日本财险 (54.7)	太平保险 (42.7)	锦泰财险 (63.0)

从表5-4中可以看到，在人均利润指标中，第一名（中石油专属保险，100.0分）、第二名（铁路自保，76.8分）、第三名（中远海自保，67.1分）这3家专业自保公司名列前三，并且比第四名至第十名（57.2~54.7分）得分占有比较明显的优势，说明3家专业自保公司在盈利能力方面比普通商业保险公司有更为得天独厚的优势和因素。中石油专属保险公司在人均利润指标方面的优势表现更为显著。

在净利润指标中，排名前三的分别是人保股份、平安财险和太保财险，其中，人保股份与平安财险的优势明显。它们的得分分别是：第一名人保股份，100.0分；第二名平安财险，90.8分；第三名太保财险，55.4分。并且这3家实力雄厚的财产保险公司与第四名至第十名（46.9~42.7分）相比较，优势更为明显。净利润指标是规模性指标，该指标波动范围大主要是因为排名前三的人保股份、平安财险和太保财险在企业规模、盈利管理能力水平上具有较为明显的优势。净利润作为规模性指标，排名靠前的公司与后面的公司差距较大是符合客观情况的。

另外，其余几个二级指标前十名的得分波动范围都较小。尤其是投资资产占总资产的比率指标，其第一名（利宝互助，100.0分）和第十名（建信财险，85.8分）得分差距仅有14.2分。

值得注意的是，投资收益率、净投资收益率、综合收益率、净利润4个指标的得分排名前十的，均为中资公司。这可以说明，中资公司在盈利能力尤其是投资收益方面，是优于外资公司的，这可能是因为外资公司在投资时相对保守。然而，在人均利润指标上，前十家公司中有5家为外资公司，也许外资保险公司在承保利润方面比中资保险公司做得更好一些。

（三）盈利能力结构的模糊聚类分析

聚类分析是数理统计中一种多元分析方法，它是用数学方法定量地确定研究对象的亲疏关系，从而客观地划分类型和度量研究对象之间的相似程度。事物之间的界限，有些是确切的，有些则是模糊的。当聚类涉及事物之间的模糊界限时，须运用模糊聚类分析方法。模糊聚类分析是一种基于"物以类聚、人以群分"的观念，进行各公司之间经营结构上近似程度的比较分析，不是优劣评价。

本书试图根据保险公司在这些指标上的指标得分，运用模糊聚类方法分析各公司之间的相似程度，为各公司之间的盈利能力比较提供一个新的方法和视角。

表 5-5　　　　　　盈利能力排名前十的公司的模糊聚类等价矩阵

	鼎和财险	平安财险	人保股份	久隆财险	中华联合	国寿财险	华泰财险	泰山财险	太保财险	中石油专属
鼎和财险	1.00	0.60	0.60	0.62	0.53	0.60	0.60	0.54	0.60	0.38
平安财险	0.60	1.00	0.81	0.60	0.53	0.79	0.78	0.57	0.81	0.38
人保股份	0.60	0.81	1.00	0.60	0.53	0.79	0.78	0.57	0.84	0.38
久隆财险	0.62	0.60	0.60	1.00	0.53	0.60	0.60	0.57	0.60	0.38
中华联合	0.53	0.53	0.53	0.53	1.00	0.53	0.53	0.75	0.57	0.38
国寿财险	0.60	0.79	0.79	0.60	0.53	1.00	0.78	0.57	0.79	0.38
华泰财险	0.60	0.78	0.78	0.60	0.53	0.78	1.00	0.57	0.78	0.38
泰山财险	0.54	0.57	0.57	0.57	0.75	0.57	0.57	1.00	0.57	0.38
太保财险	0.60	0.81	0.84	0.60	0.57	0.79	0.78	0.57	1.00	0.38
中石油专属	0.38	0.38	0.38	0.38	0.38	0.38	0.38	0.38	0.38	1.00

从表 5-5 中可以看出，处于主对角线上的值都取 1，显然各个公司和自己的相似与贴近程度为 100%。

盈利能力排名前十的公司之间的矩阵得分介于 0.38~0.84 之间，这说明各公司之间的盈利能力与业务结构具有一定程度的差异性。我们需要关注那些公司盈利能力业务结构具有明显较高或明显较低之间的比较分析，因为即使盈利能力排名前十的公司，它们的盈利模式、能力和水平仍有很多需要进一步分析研究的地方。

鼎和财险的盈利能力竞争力排名第一，它与其他 9 家财险公司的盈利能力相似度处于 0.60~0.38 之间。这从定量分析的角度说明了鼎和财险的盈利能力和模式与其他 9 家财险公司差异程度都较大，这也说明了鼎和财险的盈利能力在行业中具有独特性。

在此矩阵中，人保股份与太保财险的盈利能力相似性最高，达到了 0.84 分；这两家公司与平安财险之间的盈利能力相似性达到了 0.81 分，也是矩阵中第二高的得分，说明这两家公司在盈利能力和模式上，相比其他财险公司具有较高的可比性；此外，国寿财险、华泰财险与上述 3 家财险公司之间盈利能力相似性也都较高，分别是 0.79 分和 0.78 分，说明它们的盈利模式具有相似性和可借鉴意义。

值得注意的是，盈利能力排名第十的中石油专属保险，与其余 9 家财险公司盈利能力的相似性均为 0.38 分，说明这家在境内成立最早的专业自保公司在盈利能力模式方面有其独到的地方，与其他公司的盈利能力可比性不高。

这十家盈利能力排名靠前的公司，在盈利能力业务结构、盈利模式等方面的还是有一定的差异性。

二、2019年财产险公司资本管理能力排名与分析

资本管理能力共包含11个相关二级指标,经过数据预处理后,得到一个76×11的数据矩阵。根据主成分分析法,我们选取了6个累计解释率为87.3%的主成分,其中,每个主成分都是这11个资本管理能力二级指标的线性组合。将主成分分析得分按照最低分40、最高分100进行标准化,得到各公司盈利能力的百分制得分(见表5-6)。

表5-6　　　　财产险公司资本管理能力竞争力排名与得分

公司	排名	得分	公司	排名	得分
人保股份	1	100.0	中意财险	39	66.2
平安财险	2	96.8	华农财险	40	65.0
国寿财险	3	89.5	瑞再企商	41	64.5
太保财险	4	88.9	中路财险	42	64.2
现代财险	5	84.7	富德财险	43	63.6
阳光财险	6	82.9	鼎和财险	44	63.4
太平保险	7	81.0	安信农险	45	62.7
中华联合	8	80.8	鑫安汽车	46	62.6
爱和谊	9	78.5	利宝互助	47	61.7
史带财险	10	76.6	泰山财险	48	60.4
安华农险	11	76.5	美亚保险	49	60.2
大地财险	12	76.5	国元农险	50	60.1
三井住友	13	76.0	众诚保险	51	59.9
中煤财险	14	75.5	亚太财险	52	58.0
渤海财险	15	75.4	中航安盟	53	57.4
中石油专属保险	16	75.1	信利保险	54	55.4
东京海上	17	74.7	乐爱金	55	55.0
华安财险	18	74.1	国泰财险	56	54.6
泰康在线	19	74.0	汇友互助	57	53.4
华泰财险	20	73.7	合众财险	58	53.3
长安责任	21	73.3	久隆财险	59	53.1
安心财险	22	72.4	众安财险	60	52.9
苏黎世保险	23	72.3	阳光农险	61	52.8
锦泰财险	24	72.2	铁路自保	62	51.0
英大财险	25	71.7	易安财险	63	50.9
国任财险	26	71.6	建信财险	64	50.1
永安财险	27	71.5	海峡金桥	65	50.0

续表

公司	排名	得分	公司	排名	得分
日本财险	28	70.2	燕赵财险	66	49.7
北部湾财产	29	70.0	中远海自保	67	49.6
紫金财险	30	70.0	众惠相互	68	49.4
安联财险	31	70.0	中原农险	69	48.2
前海联合	32	69.9	恒邦保险	70	46.5
浙商财险	33	69.8	诚泰财险	71	45.3
安达保险	34	68.7	安诚财险	72	45.2
安盛天平	35	68.5	东海航运	73	44.8
三星财险	36	68.3	粤电自保	74	41.5
中银保险	37	67.7	日本兴亚	75	41.4
都邦财险	38	66.8	阳光信用	76	40.0

从表5-6中可以看出，财产险市场上资本管理能力排名前三的依次是人保股份、平安财险和国寿财险，在百分制基准下，得分分别为100.0分、96.8分和89.5分。

参评的76家财险公司的资本管理能力的最高分为人保股份（100.0分），最低分为阳光信用（40.0分），平均得分65.0分，大于平均分的公司有40家，占比52.6%。其中，80分以上的公司有8家，70~80分之间的公司有23家，60~70分之间的有19家，60分以下的有16家。

图5-3给出了资本管理能力排名前十的财产保险公司依次是人保股份、平安财险、国寿财险、太保财险、现代财险、阳光财险、太平保险、中华联合、爱和谊、史带财险。

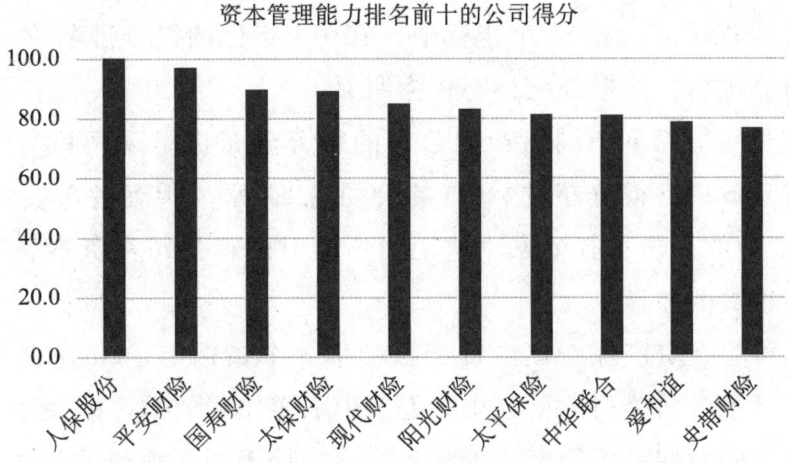

图5-3 资本管理能力排名前十的财产保险公司

其中，前两名人保股份、平安财险得分高于90分，远高于其余公司；第三名到第十名的公司得分差距非常小，平均分差2.0分，走势平缓。

（一）资本管理能力排名前十的财产险公司，其二级指标的排名与得分情况

表5-7给出了资本管理能力排名前十的财产险公司的情况，即资本管理能力体系下11个二级指标的具体得分及排名，有助于我们分析这十家公司的资本管理能力。

在10家公司中，人保股份的资本管理能力排名第一，主要是因为其在资本管理系数（第一名，100.0分）、所有者权益（第一名，100.0分）、认可资产负债率（第二名，98.8分）3个指标上明显的优势。但在某些指标得分排名上，如资产认可率（第七十三名，48.5分），表现不佳。这说明人保股份的资本管理能力还有需要改进的地方。

平安财险在资本管理能力指标中位列第二名，这主要由于其在资本管理系数（第一名，100.0分）、认可资产负债率（第一名，100.0分）、所有者权益（第二名，73.1分）3个指标上表现优异。同时，与人保股份的情况类似，有几个指标的表现并不理想。在11个指标中，有3个指标的得分排名在第五十名之后，表明平安财险在资本管理方面仍有可以改进的地方。

国寿财险在资本管理能力指标中位列第三名，在资本管理系数（第一名，100.0分）、资本管理绩效增长率（第二名，96.4分）、所有者权益（第五名，48.3分）、认可资产负债率（第九名，87.3分）上的表现优异。

现代财险在资本管理能力指标中位列第四名，在资本管理系数（第一名，100.0分）、资产保费比（第四名，74.4分）、认可资产增长率（第二名，64.7分）等指标上表现优异。在11个指标中，有6个指标的得分排名位于前十，然而，不同指标的得分排名的两极分化状态较为明显。

另外，在某些指标下不同财产险公司的得分分布也呈现两极分化的状态，例如，资本管理系数指标得分超过90分的公司有51家，所有者权益（净资产）指标得分超过70分的公司只有2家。这说明不同财产险公司在资本管理的一些策略上，存在较为极端的差异。

在资产认可率、资产保费比、资产报酬率3个指标上，10家公司的表现普遍较差，均有超过半数的公司的得分排名处于中下游位置。进一步说明，各公司在资本管理能力方面的发展并不均衡，没有各指标均处于领先地位的公司。

表 5-7　资本管理能力排名前十的财产保险公司，其二级指标的排名与得分

公司名称	资本管理系数		认可资产负债率		资产认可率		认可资产增长率		资本利用率		准备金保费比率		资产保费比		所有者权益		资产报酬率		风险调整资本回报率		资本管理绩效增长率		得分
	排名	得分	排名	得分	排名	得分	排名	得分	排名	得分	排名	得分	排名	得分	排名	得分	排名	得分	排名	得分	排名	
人保股份	1	100	2	98.8	73	48.5	39	46.1	19	59.0	49	41.5	59	41.8	1	100.0	43	62.3	30	93.1	19	73.3
平安财险	1	100	1	100.0	65	53.0	22	47.2	16	61.6	24	42.3	51	42.2	2	73.1	52	59.5	33	92.5	18	73.4
国寿财险	1	100	9	87.3	46	58.5	42	46.1	12	64.6	39	41.7	72	41.3	5	48.3	56	58.2	48	89.9	2	96.4
太保财险	1	100	3	93.4	57	55.9	34	46.4	11	65.0	51	41.4	67	41.4	3	54.1	58	57.8	47	89.9	17	73.5
现代财险	1	100	8	87.5	27	64.2	2	64.7	65	42.5	10	44.5	4	74.4	66	40.1	55	58.5	8	99.0	45	72.3
阳光财险	1	100	4	92.5	55	56.4	19	47.3	14	62.1	25	42.2	52	42.1	8	44.7	61	56.0	36	91.9	31	72.9
太平保险	1	100	5	91.0	53	57.1	11	48.3	9	69.0	59	41.0	73	41.2	10	42.4	63	54.8	65	86.0	20	73.3
中华联合	1	100	13	86.2	48	58.2	27	46.7	13	62.4	40	41.7	58	41.9	6	45.7	66	54.3	39	91.5	54	72.0
爱和谊	1	100	31	75.4	22	66.3	49	45.7	24	56.2	1	100.0	65	41.4	59	40.1	30	68.2	5	99.3	26	73.1
史带财险	1	100	42	70.2	62	53.4	38	46.2	50	47.6	3	50.5	16	49.5	44	40.3	59	57.6	11	98.3	39	72.5

（二）资本管理能力下各二级指标排名与得分前十的财产险公司情况

表 5-8 给出了资本管理能力指标下，各二级指标排名前十的财产险公司及其得分，主要反映了财产险公司资本管理能力的整体情况。

另外，对于资本管理系数，共有 37 家保险公司的得分为 100.0 分，除表格中给出的 10 家公司外，另外 28 家公司分别为：国寿财险、阳光农险、都邦财险、华农财险、长安责任、鼎和财险、英大财险、浙商财险、紫金财险、锦泰财险、北部湾财产、中路财险、易安财险、前海联合、史带财险、美亚保险、东京海上、瑞再企商（太阳联合）、安达保险（丘博保险）、三井住友、日本财险、利宝互助、中航安盟、安盛天平、苏黎世保险、现代财险、中意财险和国泰财险。限于表格的篇幅，我们这里进行说明。在 38 家公司中，中资公司有 24 家，外资公司有 14 家。

资本管理能力排名前十的公司中，除了爱和谊（第四十名，97.9 分）之外，其余 9 家公司在资本管理系数指标上的得分均为满分 100.0 分，并列第一。在资本管理系数指标上是否获得第一，导致了公司在资本管理能力得分的分层，获得满分的公司排名较为靠前；但同时由于并列满分的公司较多，也导致了这些指标对并列的公司之间的得分排序影响被稀释。

认可资产负债率指标和风险调整资本回报率指标反映了公司的经营类别、观念与资产质量。两项指标的第一名分别是平安财险和利宝互助，得分均为 100.0 分，排名第十的分别是三井住友（87.0 分）和鑫安汽车（98.8 分），这两个指标得分前十的公司差距均较小。资产报酬率和风险调整资本回报率两个指标前十名的得分差距也较小。

资本利用率表明公司利用资本获取收入的能力，第一名（安心财险，100.0 分）、第十名是都邦财险，得分 66.1，具有一定的差距。

准备金保费比率反映的是公司准备金占保费收入的比率，该指标下第一名爱和谊（100.0 分）优势明显，连续 3 年保持该指标的第一位。并且从第二名开始得分迅速下降到 54.9 分。可以看到，前十名中仅有 3 家中资公司（中石油专属保险公司、信利保险、阳光信用），在该指标上外资公司占有很明显的优势，可见外资公司在管理资本时更趋于保守，准备金占保费收入的比例较高，从而能够为公司提供更安全的运营环境。

（三）资本管理能力结构的模糊聚类分析

聚类分析是数理统计中一种多元分析方法，它是用数学方法定量地确定研究对

第五章 中国财产保险公司竞争力评价分析

表5-8 资本管理能力各二级指标中，排名前十的公司及得分

二级指标\排名	资本管理系数 公司名称（得分）	认可资产负债率 公司名称（得分）	资产认可率 公司名称（得分）	认可资产增长率 公司名称（得分）	资本利用率 公司名称（得分）	准备金保费比率 公司名称（得分）	资产保费比 公司名称（得分）	所有者权益 公司名称（得分）	资产报酬率 公司名称（得分）	风险调整资本回报率 公司名称（得分）	资本管理绩效增长率 公司名称（得分）
1	人保股份（100.0）	平安财险（100）	利宝互助（100）	汇友互助（100）	安心财险（100）	爱和谊（100）	阳光信用（1 000）	人保股份（100）	诚泰财险（100）	中石油专属（100）	久隆财险（100）
2	中华联合（100.0）	人保股份（98.8）	信利保险（87.8）	现代财险（64.70）	安华农险（85.2）	信利保险（54.9）	信利保险（99.3）	平安财险（73.1）	粤电自保（95.4）	铁路自保（99.8）	国寿财险（96.4）
3	太保财险（100.0）	太保财险（93.4）	中路财险（80.6）	泰康在线（62.4）	浙商财险（80.6）	史带财险（50.5）	中石油专属（81.5）	太保财险（54.1）	中远海自保（95.2）	中远海自保（99.7）	华泰财险（83.9）
4	平安财险（100.0）	阳光财险（92.5）	都邦财险（78.5）	众诚保险（58.2）	长安责任（79.2）	中石油专属（48.9）	现代财险（74.4）	大地财险（49.6）	汇友互助（92.6）	众安财险（99.4）	富德财险（79.7）
5	华安财险（100.0）	太平财险（91.0）	浙商财险（77.7）	国任财险（51.2）	渤海财险（77.4）	三井住友（47.1）	粤电自保（74.2）	国寿财险（48.3）	久隆财险（92.6）	爱和谊（99.3）	锦泰财险（78.5）
6	永安财险（100.0）	三星财险（89.0）	合众财险（77.6）	安心财险（50.8）	利宝互助（77.2）	苏黎世保险（46.4）	铁路自保（66.0）	中华联合（45.7）	恒邦保险（91.2）	久隆财险（99.1）	渤海财险（77.1）
7	太平财险（100.0）	英大财险（87.9）	长安责任（77.2）	鑫安汽车（49.3）	前海联合（72.4）	日本财险（45.9）	汇友互助（63.9）	众安财险（44.8）	阳光信用（87.3）	乐爱金（99.1）	众诚保险（76.3）
8	国任财险（100.0）	现代财险（87.5）	燕赵财险（74.7）	中煤财险（49.2）	中煤财险（70.8）	阳光信用（45.1）	中远海自保（56.9）	阳光财险（44.7）	日本兴亚（87.1）	现代财险（99.0）	紫金财险（75.5）
9	安华农险（100.0）	国寿财险（87.3）	建信财险（74.0）	中远海自保（48.5）	太平保险（69.0）	中意财险（44.6）	诚泰财险（56.4）	诚泰财险（42.7）	众诚保险（85.6）	苏黎世保险（98.9）	东京海上（75.5）
10	阳光财险（100.0）	三井住友（87.0）	日本兴亚（72.6）	前海联合（48.3）	都邦财险（66.1）	现代财险（44.5）	久隆财险（56.2）	太平保险（42.4）	中原农险（84.1）	鑫安汽车（98.8）	英大财险（74.8）

象的亲疏关系,从而客观地划分类型和度量研究对象之间的相似程度。事物之间的界限,有些是确切的,有些则是模糊的。当聚类涉及事物之间的模糊界限时,须运用模糊聚类分析方法。模糊聚类分析是一种基于"物以类聚、人以群分"的观念,进行各公司之间经营结构上近似程度的比较分析,不是优劣评价。

本书试图根据保险公司在这些指标上的指标得分,运用模糊聚类方法分析各公司之间的相似程度,为各公司之间的资本管理能力比较提供一个新的方法和视角。

表 5-9　　　　资本管理能力排名前十的公司的模糊聚类等价矩阵

	人保股份	平安财险	国寿财险	太保财险	现代财险	阳光财险	太平保险	中华联合	爱和谊	史带财险
人保股份	1.00	0.87	0.74	0.82	0.40	0.77	0.73	0.77	0.36	0.40
平安财险	0.87	1.00	0.74	0.82	0.40	0.77	0.73	0.77	0.36	0.40
国寿财险	0.74	0.74	1.00	0.74	0.40	0.74	0.73	0.74	0.36	0.40
太保财险	0.82	0.82	0.74	1.00	0.40	0.77	0.73	0.77	0.36	0.40
现代财险	0.40	0.40	0.40	0.40	1.00	0.40	0.40	0.40	0.36	0.45
阳光财险	0.77	0.77	0.74	0.77	0.40	1.00	0.73	0.85	0.36	0.40
太平保险	0.73	0.73	0.73	0.73	0.40	0.73	1.00	0.73	0.36	0.40
中华联合	0.77	0.77	0.74	0.77	0.40	0.85	0.73	1.00	0.36	0.40
爱和谊	0.36	0.36	0.36	0.36	0.36	0.36	0.36	0.36	1.00	0.36
史带财险	0.40	0.40	0.40	0.40	0.45	0.40	0.40	0.40	0.36	1.00

从表 5-9 中可以看出,处于主对角线上的值都取 1,显然各个公司和自己的相似与贴近程度为 100%。

得分越接近 0,说明两公司间在资本管理能力方面的相似程度越低;得分越接近 1,说明两公司间在资本管理能力方面的相似程度越高。资本管理能力排名前十的公司之间的相似度介于 0.36~1.00 之间,且有多家公司之间的相似度高于 0.70,这说明多家公司在资本管理能力方面,都存在着可比性较高的公司,但也存在个别资本管理安排独特性较高的公司。

人保股份的资本管理能力综合排名第一,它与平安财险的相似度最高,达到 0.87,此外,太保财险与人保财险、平安财险的相似度都是 0.82 分,也具有比较高的相似度。此外,阳光财险和中华联合这两家公司的资本管理能力相似度达到 0.85 分,具有很高的相似度。

从矩阵 5-9 可以看出,从资本管理能力的角度分析,人保财险与平安财险的相似度最高,其次是中华联合与阳光财险,这一对公司之间的相似度得分是 0.85,

也非常高；而这 4 家公司之间的相似度是 0.77 分，显然，在资本管理能力和理念上，这两对公司之间还是有所不同的。有兴趣的读者，可以做更深一步的探讨和分析。

值得注意的是，排名第九、第十的爱和谊与史带财险是两家外资保险公司，这两家公司与其余 8 家保险公司之间的相似度介于 0.36～0.40 之间，说明这两家外资保险公司与其余 8 家中资保险公司之间在资本管理能力和经营理念上相似性很低，同时，这两家外资保险公司之间的指标管理能力相似度也是 0.36 分，得分最低，背后的逻辑与问题值得再去仔细分析。

总体而言，外资公司和中资公司在资本管理能力方面的差异还是较为明显的。

此矩阵中的相关结果是根据资本管理能力各个指标运算得到的。这对我们认识保险公司在资本管理的模式、技术和意识方面是有所帮助的。但是，感兴趣的学者还可以对其做进一步的研究和分析。

三、2019 年财产险公司经营能力的排名与分析

经营能力共包含 13 个相关二级指标，经过数据预处理后，我们得到一个 75 × 13 的数据矩阵。运用主成分分析法，我们共选取了 8 个主成分，其累计解释率为 88.5%，其中，每个主成分都是这 13 个二级指标的线性组合。将主成分分析得分按照最低分 40、最高分 100 进行标准化，得到各公司经营能力的百分制得分（见表 5-10）。

表 5-10　　　　　　　　财产险公司经营能力竞争力排名与得分

公司	排名	得分	公司	排名	得分
人保股份	1	100.0	华泰财险	39	74.5
平安财险	2	94.2	日本财险	40	74.5
利宝互助	3	94.1	鼎和财险	41	73.5
国泰财险	4	93.0	永安财险	42	73.4
前海联合	5	92.0	易安财险	43	73.3
泰康在线	6	91.6	都邦财险	44	72.5
太保财险	7	91.1	三井住友	45	72.2
国寿财险	8	90.5	国任财险	46	71.4
太平保险	9	88.2	日本兴亚	47	71.4
阳光财险	10	86.6	恒邦保险	48	71.3
众惠相互	11	86.5	英大财险	49	71.0

续表

公司	排名	得分	公司	排名	得分
信利保险	12	85.0	中意财险	50	70.9
中华联合	13	84.4	美亚保险	51	69.8
众安财险	14	83.3	中煤财险	52	69.0
建信财险	15	83.0	安华农险	53	68.7
汇友互助	16	82.8	诚泰财险	54	68.1
粤电自保	17	82.5	渤海财险	55	67.0
安心财险	18	82.2	苏黎世保险	56	66.9
亚太财险	19	82.0	安诚财险	57	66.3
安联财险	20	81.4	众诚保险	58	66.1
大地财险	21	80.8	三星财险	59	66.1
东海航运	22	80.4	史带财险	60	65.6
中路财险	23	80.4	海峡金桥	61	65.4
爱和谊	24	79.2	安信农险	62	65.3
华安财险	25	79.2	现代财险	63	64.3
中石油专属保险	26	78.9	华农财险	64	64.1
瑞再企商	27	78.0	阳光农险	65	63.1
中原农险	28	77.9	安盛天平	66	62.0
浙商财险	29	76.8	泰山财险	67	62.0
中银保险	30	76.7	鑫安汽车	68	58.7
合众财险	31	76.7	乐爱金	69	56.8
北部湾财产	32	76.1	富德财险	70	56.5
中航安盟	33	75.9	燕赵财险	71	55.7
国元农险	34	75.7	长安责任	72	54.9
锦泰财险	35	75.5	久隆财险	73	53.4
紫金财险	36	75.3	阳光信用	74	52.7
安达保险	37	75.3	铁路自保	75	47.1
东京海上	38	75.1	中远海自保	76	40.0

从表5-10中可以看出，财产险市场上经营能力排名前三的依次是人保股份、平安财险和利宝互助，在百分制基准下，得分分别为100.0分、94.2分和94.1分。

在参评的76家财产险公司中，经营能力得分最高的为人保股份（100.0分），最低的为中远海自保（40.0分），平均得分73.9分，大于平均分的公司有40家，占比52.6%。其中，90分以上的公司有8家，80~90分之间的有15家，70~80

分之间的有 27 家，60~70 分之间的有 17 家，60 分以下的有 9 家。

图 5-4 给出了经营能力排名前十的公司，依次是人保股份、平安财险、利宝互助、国泰财险、前海联合、泰康在线、太保财险、国寿财险、太平保险、阳光财险。

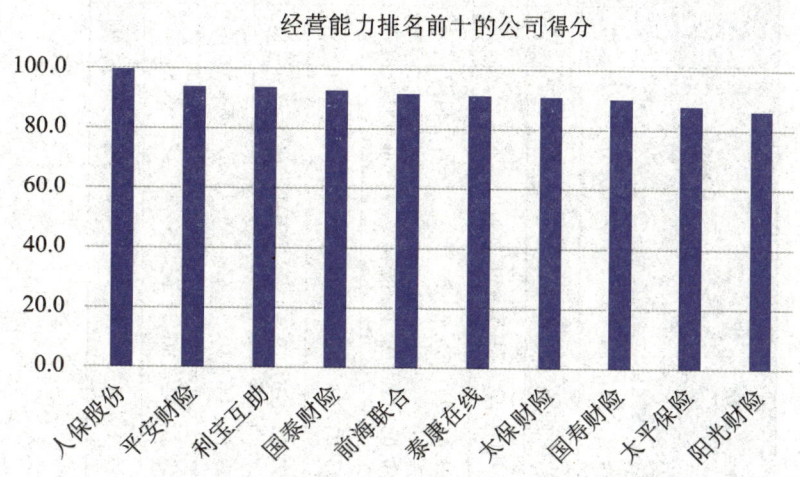

图 5-4 经营能力排名前十的财产保险公司

从图 5-4 中可以看出，前十名公司得分差距不大，得分缓慢下降。其中，外资财产险公司有 2 家（利宝互助、国泰财险）。总体来看，中资财产险公司的经营能力略高于外资公司。

（一）经营能力排名前十的公司，其二级指标的排名与得分情况

表 5-11 给出了经营能力指标下，各二级指标排名前十的财产险公司及其得分，主要反映了财产险公司经营能力的整体情况。其中，各逆向指标都已做过逆向化处理，即得分越高，则代表经营能力越强。

人保股份的经营能力排名第一，主要得益于该公司在报告期营业收入这一指标上表现优异（第一名，100.0 分），且该指标下，第二名得分 77.5（平安财险）、第三名得分 58.4（太保财险），显然，人保股份的该项指标占有非常明显的优势。值得注意的是，人保股份在 6 个指标的排名中，处于中下游水平的，分别是险种集中度系数（第三十八名，80.9 分）、综合成本率的变化率（第四十七名，56.3 分）、综合赔付率（第五十四名，71.9 分）、净利润赔付支出覆盖率（第五十四名，79.4 分）、车险保费占比（第五十四名，62.3 分）、再保险亏损率（第五十五名，71.8 分）。另外，有 5 个指标得分排名处于第 11~20 名之间。整体而言，人保股份的经营能力发展较为均衡，在个别指标上表现十分优秀。

平安财险的经营能力排名第二，主要是由于其报告期营业收入指标（第二名，

表 5 - 11　经营能力排名前十的财产险公司，其二级指标的排名与得分

公司名称	净资产周转率		总资产周转率		综合赔付率		综合费用率		综合成本率的变化率		险种集中度系数		报告期营业收入		营业收入增长率		净利润赔付支出覆盖率		车险保费占比		保费收入费用增长比		应收分保率		再保险亏损率	
	得分	排名	得分	排名	得分	排名	得分	排名	得分	排名	得分	排名	得分	排名	得分	排名	得分	排名	得分	排名	得分	排名	得分	排名	得分	排名
人保股份	91.6	17	69.8	16	71.9	54	81.6	11	56.3	47	80.9	38	100.0	1	59.8	37	79.4	54	62.3	54	59.0	20	96.0	20	71.8	55
平安财险	92.5	12	67.0	26	73.1	38	81.2	19	56.3	46	72.6	49	77.5	2	59.3	46	78.6	60	57.8	59	58.1	32	96.1	19	73.2	45
利宝互助	99.8	2	94.7	2	72.6	44	80.8	29	56.5	38	79.0	39	40.3	36	61.0	27	81.3	23	65.6	46	57.7	38	96.7	16	82.2	4
国泰财险	97.0	3	100	1	72.0	53	81.3	15	56.5	41	72.9	48	40.7	23	63.4	19	80.8	25	97.7	24	51.7	59	93.3	31	78.7	14
前海联合	94.5	7	88.1	3	75.4	8	78.8	66	57.0	28	88.9	20	40.3	38	69.0	8	83.1	14	83.9	32	51.2	60	73.7	73	76.3	22
泰康在线	89.3	25	63.5	33	73.0	40	79.1	61	57.7	14	88.2	22	40.7	19	75.9	5	83.9	12	95.1	25	58.5	25	93.0	34	74.2	35
大保财险	92.7	11	68.5	21	72.7	42	81.2	18	56.4	44	67.9	56	58.4	3	60.1	35	79.5	53	58.1	58	60.0	14	97.5	12	73.0	48
国寿财险	93.6	9	73.4	7	72.4	46	81.1	21	56.4	43	68.4	55	50.7	4	59.8	36	80.0	48	55.4	66	58.5	27	98.7	7	71.0	63
太平保险	94.7	4	72.7	10	74.0	20	80.2	48	56.3	51	70.8	53	43.8	8	59.7	39	80.2	42	56.6	62	55.8	48	98.8	6	72.2	54
阳光财险	93.8	8	68.4	23	73.2	34	80.9	25	56.3	49	81.6	34	45.5	7	59.2	47	79.9	49	62.2	55	57.7	39	92.2	40	72.6	52

77.5分）表现优秀，这凸显了平安财险在经营能力方面的优势。另外，平安财险在7个指标上的得分排名处于中下游，但各指标得分排名都在60名之上。其余5个指标位于中上游水平。与人保股份类似，平安财险的经营能力排名领先是因为，其各二级指标的表现较为均衡，且在个别指标上的表现十分亮眼。

利宝互助的经营能力排名第三。其在净资产周转率（第二名，99.8分）、总资产周转率（第二名，94.7分）、再保险亏损率（第四名，82.4分）3个指标上的得分排名靠前。

由表5-11可以发现，在净资产周转率、综合费用率和应收分保率这3个指标上，10家财产险公司的得分差异并不大，这也表明利宝互助并没有在这两项指标上取得绝对优势。然而，10家公司在再保险亏损率指标上的得分排名多位于中下游水平，这表明利宝互助的再保险业务表现优异，值得学习借鉴。

净资产周转率和总资产周转率是考察企业资产运营效率的重要指标，能够反映企业对其全部资产的管理质量和利用效率。总体来看，经营能力综合排名前十的公司，除公司泰康在线（净资产收益率，第二十五名，89.3分；总资产周转率，第三十三名，63.3分）外，其余8家公司在这两项二级指标上的表现均普遍处于上游水平，分别有6家公司和4家公司进入这两个指标的前十名。一定程度上说明这些公司具备较强的资产经营能力，相对来讲，泰康在线则在这两项指标上处于中等水平。特别是两家外资保险公司（利宝互助、国泰财险）在这两个指标上的得分排名十分靠前，说明外资公司在资产运营方面还是具有一定的优势。

此外，这些经营能力排名前十的公司在报告期营业收入、应收分保率指标上的表现都较为良好，除个别公司外，几乎都属于76家公司的中游以上水平，部分进入前十名。说明这十家公司在业务收入和分保方面的表现都较为不错，从而取得了经营能力总体评价的高分。

但是也应该看到，这十家公司在综合赔付率、综合费用率、综合成本率的变化率、险种集中度系数、车险保费占比和再保险亏损率6个指标的得分排名上，均有超过半数公司处于中下游水平。以上指标的表现也从一定程度上说明这些公司的经营能力在某些方面仍存在短板，如成本控制、产品结构、再保安排等。公司可以有针对性地加以改进，以进一步提高其综合经营能力。

（二）经营能力下各二级指标排名与得分前十的财产险公司情况

表5-12中给出了经营能力指标下，各二级指标排名前十的财产公司及其得分，主要反映保险公司经营能力的整体状况。

表 5-12 经营能力指标下，各二级指标排名前十的财产险公司及其得分

排名	净资产周转率 公司名称（得分）	总资产周转率 公司名称（得分）	综合赔付率 公司名称（得分）	综合费用率 公司名称（得分）	综合成本率的变化率 公司名称（得分）	险种集中度系数 公司名称（得分）	报告期营业收入 公司名称（得分）	营业收入增长率 公司名称（得分）	净利润赔付支出覆盖率 公司名称（得分）	车险保费占比 公司名称（得分）	保费收入费用增长比 公司名称（得分）	应收分保率 公司名称（得分）	再保险亏损率 公司名称（得分）
1	浙商财险 (100)	国泰财险 (100)	信利保险 (100)	中远海自保 (100)	粤电自保 (100)	众安财险 (100)	人保股份 (100)	汇友互助 (100)	汇友互助 (100)	中石油专属 (100)	安心财险 (100)	渤海财险 (100)	信利保险 (100)
2	利宝互助 (99.8)	利宝互助 (94.7)	众惠相互 (77.7)	乐爱金 (83.8)	汇友互助 (67.0)	中银保险 (99.1)	平安财险 (77.5)	安联财险 (83.7)	阳光信用 (91.2)	铁路自保 (100)	汇友互助 (88.2)	安心财险 (100)	日本兴亚 (82.9)
3	国泰财险 (97.0)	前海联合 (88.1)	铁路自保 (77.6)	鑫安汽车 (83.2)	信利保险 (64.4)	中意财险 (98.5)	太保财险 (58.4)	众惠相互 (80.9)	易安财险 (88.5)	阳光信用 (100)	建信财险 (70.1)	诚泰财险 (100)	现代财险 (82.8)
4	太平保险 (94.7)	都邦财险 (76.5)	易安财险 (77.2)	国元农险 (82.8)	瑞再企商 (63.8)	东京海上 (97.7)	国寿财险 (50.7)	安心财险 (76.9)	富德财险 (87.3)	易安财险 (100)	安华农险 (69.5)	众诚保险 (98.9)	利宝互助 (82.2)
5	都邦财险 (94.7)	紫金财险 (76.2)	安达保险 (76.9)	阳光财险 (82.4)	长安责任 (61.6)	三井住友 (97.5)	大地财险 (46.70)	泰康在线 (75.9)	信利保险 (86.0)	东海航运 (100)	燕赵财险 (67.5)	日本兴亚 (98.8)	苏黎世保险 (81.1)
6	中煤财险 (94.6)	永安财险 (75.0)	汇友互助 (75.7)	美亚财险 (82.4)	东海航运 (60.2)	瑞再企商 (97.1)	中华联合 (46.7)	东海航运 (71.5)	中路财险 (86.0)	众惠相互 (100)	乐爱金 (67.4)	太平保险 (98.8)	中石油专属 (81.0)
7	前海联合 (94.5)	国寿财险 (73.4)	史带财险 (75.5)	安信农险 (82.4)	久隆财险 (60.0)	安联财险 (96.0)	阳光财险 (45.5)	佰邦保险 (70.2)	东海航运 (85.9)	中远海自保 (100)	鑫安汽车 (65.7)	国寿财险 (98.7)	爱和道 (80.8)
8	阳光财险 (93.8)	爱和谊 (73.4)	前海联合 (75.4)	中石油专属 (82.0)	燕赵财险 (58.7)	三星财险 (95.8)	太平保险 (43.8)	前海联合 (69.0)	合众财险 (85.8)	汇友互助 (100)	渤海财险 (65.2)	粤电自保 (98.5)	三井住友 (80.3)
9	国寿财险 (93.6)	华安财险 (73.1)	美亚保险 (74.8)	安华农险 (81.8)	美亚财险 (58.6)	美亚保险 (94.7)	众安财险 (42.0)	中原农险 (68.5)	建信财险 (85.7)	粤电自保 (100)	合众财险 (61.9)	中远财险 (97.9)	乐爱金 (80.5)
10	中华联合 (92.7)	太平保险 (72.7)	久隆财险 (74.8)	鼎和财险 (81.4)	乐爱金 (58.6)	日本财险 (94.5)	华安财险 (42.0)	建信财险 (67.9)	众惠相互 (84.8)	史带财险 (100)	众惠相互 (61.0)	众惠相互 (97.9)	易安财险 (80.1)

车险保费占比指标下，得分并列第一的财险公司共有22家，除了表5-12中的10家公司之外，另外12家分别是美亚保险、东京海上、瑞再企商、安达保险、三井住友、安联财险、日本财险、苏黎世保险、现代财险、日本兴亚、乐爱金、信利保险。

从表5-12中可以看出，这些公司在报告期营业收入指标上的得分差距十分明显，第一名（人保股份，100.0分）比第十名（华安财险，42.0分）得分高出58.0分，反映了公司营业收入方面的巨大差异。在剩余的指标中，第一名和第十名的得分差距都在30分以内，比较合理，能够较好地反映各个公司的经营能力和水平。

在净资产周转率和总资产周转率方面，净资产周转率排名前十的公司中，有2家为外资公司（利宝互助、国泰财险），总资产周转率排名前十的公司中，有3家为外资公司（利宝互助、国泰财险、爱和谊），可见流动性安排上，中资财产险公司相比外资财产险公司略有优势。

外资财产险公司在险种集中度系数、再保险亏损率指标上有着突出表现。险种集中度系数反映了保险公司保费收入来源的集中程度，也反映了公司的产品开发能力和业务拓展水平。从险种集中度系数指标来看，前十名中有8家为外资财产险公司，说明中资公司的产品较单一，不够多样化，与外资公司相比有一定的差距。再保险亏损率指标得分越高，表明再保安排越合理。再保险亏损率指标得分排名前十的公司中，有8家为外资财产险公司。可以反映出外资财产险公司在再保安排上更加成熟和合理。

中资财产险公司在报告期营业收入、营业收入增长率、净利润赔付支出覆盖率、车险保费占比、保费收入费用增长比、应收分保率6个指标上的表现明显优于外资公司。报告期营业收入指标的前十名均为中资财险公司，其他5个指标的前十名中，中资财产险公司都占了9个。可见中资财产险公司在保费收入、分保安排等方面有着绝对优势。

在剩余的指标中，进入前十名的外资财产险公司数量如下：净资产周转率，2家；总资产周转率，3家；综合赔付率，4家；综合费用率，2家；综合成本率的变化率，4家。

由于收集的数据中，中、外资保险公司分别有56家和20家，比例约3∶1。总体来看，外资公司在产品结构、赔付管控和再保安排等方面表现相对较好，而中资公司在营业收入、资产管理效率和费用管理等方面更有优势。

(三) 财险公司经营能力结构的模糊聚类分析

聚类分析是数理统计中一种多元分析方法，它是用数学方法定量地确定研究对象的亲疏关系，从而客观地划分类型和度量研究对象之间的相似程度。事物之间的界限，有些是确切的，有些则是模糊的。当聚类涉及事物之间的模糊界限时，须运用模糊聚类分析方法。模糊聚类分析是一种基于"物以类聚、人以群分"的观念，进行各公司之间经营结构上近似程度的比较分析，不是优劣评价。

本书试图根据保险公司在这些指标上的指标得分，运用模糊聚类方法分析各公司之间的相似程度，为各公司之间的经营能力比较提供一个新的方法和视角。

表 5-13　　经营能力排名前十的公司的模糊聚类等价分析矩阵

公司名称	人保股份	平安财险	利宝互助	国泰财险	前海联合	泰康在线	太保财险	国寿财险	太平保险	阳光财险
人保股份	1.00	0.73	0.55	0.55	0.45	0.73	0.73	0.73	0.62	0.66
平安财险	0.73	1.00	0.55	0.55	0.45	0.81	0.81	0.77	0.62	0.66
利宝互助	0.55	0.55	1.00	0.63	0.45	0.55	0.55	0.55	0.55	0.55
国泰财险	0.55	0.55	0.63	1.00	0.45	0.55	0.55	0.55	0.55	0.55
前海联合	0.45	0.45	0.45	0.45	1.00	0.45	0.45	0.45	0.45	0.45
泰康在线	0.73	0.81	0.55	0.55	0.45	1.00	0.81	0.77	0.62	0.66
太保财险	0.73	0.81	0.55	0.55	0.45	0.81	1.00	0.77	0.62	0.66
国寿财险	0.73	0.77	0.55	0.55	0.45	0.77	0.77	1.00	0.62	0.66
太平保险	0.62	0.62	0.55	0.55	0.45	0.62	0.62	0.62	1.00	0.62
阳光财险	0.66	0.66	0.55	0.55	0.45	0.66	0.66	0.66	0.62	1.00

从表 5-13 中可以看出，处于主对角线上的值都取 1，显然各个公司和自己的相似与贴近程度为 100%。

得分越接近 0，说明两公司间的在经营能力方面的相似度越低；得分越接近 1，说明两公司间的在经营能力方面的相似度越高。经营能力排名前十的公司之间的相似度介于 0.45~0.81 之间。这说明在经营能力方面，各家公司之间基本没有相似程度特别高的，也没有相似程度特别低的。在经营策略上，每家公司都在一定程度上有着自己的独特性。

人保股份的经营能力综合排名第一，它与平安财险、太保财险、泰康在线、国寿财险的相似度都是 0.73 分，不算很高。

在此矩阵中，平安财险与泰康在线、太保财险 3 家公司之间的相似度是 0.81

分，是矩阵中的最高分，这说明在经营能力、经营模式方面，3家公司之间具有较高的相似性。这说明经营能力最强的几家财产险公司在其经营策略等方面是有较高的相似性的，值得其他公司分析借鉴。

前十名中的2家外资公司：利宝互助和国泰财险之间的相似度是0.63分，与其他8家公司的相似度得分介于0.45~0.55之间，说明这两家外资保险公司之间的相似度略大于它们与其余8家中资财产保险公司之间的相似度。整体来看，中国的财产保险业内还没有形成一个比较占主流地位的经营管理模式。

四、2019年财产险公司风险管理能力排名与分析

风险管理能力共包含11个相关二级指标。经过数据预处理后，我们得到一个76×11的数据矩阵。运用主成分分析法，我们共选取了6个主成分，其累计解释率为90.4%，其中，每个主成分都是这11个二级指标的线性组合。将主成分分析得分按照最低分40、最高分100进行标准化，得到各公司盈利能力的百分制得分（见表5-14）。

表5-14　　　　财产险公司风险管理能力排名与得分

公司	排名	得分	公司	排名	得分
汇友互助	1	100.0	安达保险	39	61.0
中远海自保	2	87.7	中原农险	40	60.5
粤电自保	3	87.2	日本财险	41	60.4
瑞再企商	4	82.6	易安财险	42	59.8
中石油专属保险	5	82.4	阳光农险	43	59.4
众诚保险	6	81.8	英大财险	44	59.3
东海航运	7	79.8	爱和谊	45	58.8
恒邦保险	8	79.3	北部湾财产	46	58.6
燕赵财险	9	77.1	苏黎世保险	47	58.4
阳光信用	10	76.2	安信农险	48	57.9
诚泰财险	11	75.9	中路财险	49	57.6
海峡金桥	12	74.9	紫金财险	50	57.5
铁路自保	13	74.8	华农财险	51	57.5
日本兴亚	14	73.8	东京海上	52	57.3
泰山财险	15	73.2	中银保险	53	57.0
鑫安汽车	16	71.6	华安财险	54	56.6

续表

公司	排名	得分	公司	排名	得分
久隆财险	17	71.5	安盛天平	55	56.6
现代财险	18	70.2	大地财险	56	54.9
富德财险	19	69.4	永安财险	57	54.1
安诚财险	20	69.4	泰康在线	58	53.6
信利保险	21	68.5	人保股份	59	53.6
建信财险	22	66.1	安华农险	60	51.3
合众财险	23	65.8	中航安盟	61	51.3
安联财险	24	65.6	太平保险	62	51.1
众惠相互	25	65.2	中华联合	63	51.0
三星财险	26	64.9	太保财险	64	50.6
鼎和财险	27	64.6	长安责任	65	50.3
美亚保险	28	64.2	国寿财险	66	50.2
国泰财险	29	63.8	利宝互助	67	49.8
乐爱金	30	63.6	锦泰财险	68	49.5
中意财险	31	63.1	中煤财险	69	49.3
国任财险	32	63.0	前海联合	70	48.2
史带财险	33	62.6	都邦财险	71	47.0
众安财险	34	62.5	渤海财险	72	46.4
三井住友	35	61.6	平安财险	73	44.6
华泰财险	36	61.6	浙商财险	74	42.9
国元农险	37	61.1	阳光财险	75	42.3
亚太财险	38	61.0	安心财险	76	40.0

从表5-14中可以看出，财险市场上风险管理能力排名前三的依次是汇友互助、中远海自保和粤电自保，在百分制基准下，得分分别为100.0分、87.7分和87.2分。

在参评的76家财险公司中，风险管理能力得分最高的为汇友互助（100.0分），最低的为安心财险（40.0分），平均得分62.3分，大于平均分的公司有34家，占比44.7%。其中，90分以上的公司有1家，80~90分的有5家，70~80分的有12家，60~70分的有23家，60分以下的有35家。

图5-5给出了风险管理能力排名前十的公司，依次是汇友互助、中远海自保、粤电自保、瑞再企商、中石油专属保险、众诚保险、东海航运、恒邦保险、燕赵保

险、阳光信用。

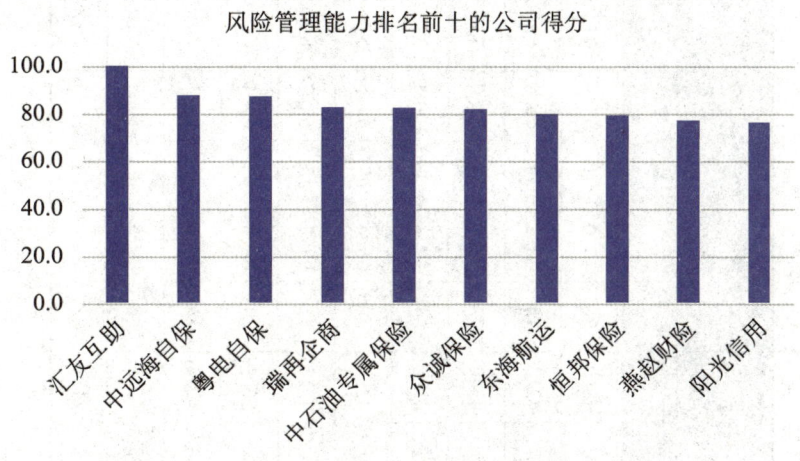

图 5-5 风险管理能力排名前十的财产险公司

从图 5-5 中可以看到,风险管理能力排名前十的财产险公司的得分总体呈均匀下降趋势。第一名与第十名得分差距为 23.6 分。

(一)风险管理能力排名前十的财产险公司,其二级指标排名与得分情况

表 5-15 中给出了风险管理能力指标下,各二级指标排名前十的财产公司及其得分。

2018 年在风险管理能力排名前十的财产险公司中,有 6 家外资公司,4 家中资公司;2019 年在风险管理能力排名前十的财产险公司中,有 5 家外资公司,5 家中资公司。这说明,2019 年中资财产险公司的风险管理意识和能力较 2018 年有所上升。

汇友互助的风险管理能力排名第一,主要得益于其在未决赔款准备金充足率(第一名,100.0 分)、收现比(第一名,100.0 分)、流动性比率(第二名,99.5 分)等指标上的优异表现。汇友互助共有 6 个指标进入了前十名,除了上述 3 个指标之外,还有保险负债占总资产比、偿付能力充足率、自留比率 3 个指标也进入前十名。因此,尽管汇友互助在付现比(第七十六名,40 分)、负债权益比率(第七十一名,41.7 分)等指标上表现不佳,但是其总体风险管理能力仍能取得第一名。

中远海自保的风险管理能力排名第二,在 11 个指标中,有 4 个指标排名在前十,分别是流动性比率(第一名,100 分)、自留比率(第二名,99.0 分)、未决赔款准备金充足率(第三名,88.5 分)和收现比(第七名,43.3 分)。中远海自保在各二级指标上的两极分化也较为严重,其中,在自留保费占净资产的比率、付

表 5-15 风险管理能力排名前十的公司，其二级指标的排名与得分

公司名称	偿付能力充足率		流动性比率		自留比率		未决赔款准备金充足率		自留保费占净资产的比率		应收保费率		保险负债占总资产比		收现比		付现比		现金盈余保障倍数		负债权益比率	
	排名	得分	排名	得分	排名	得分	排名	得分	排名	得分	排名	得分	排名	得分	排名	得分	排名	得分	排名	得分	排名	得分
汇友互助	4	66.8	2	99.5	7	81.3	1	100.0	70	79.9	11	97.7	3	96.6	1	100.0	76	40.0	51	65.5	71	41.7
中远海自保	18	49.7	1	100.0	2	99.0	3	85.5	73	79.7	51	86.8	15	83.3	7	43.3	75	42.2	36	66.4	69	42.1
粤电自保	1	100.0	27	59.2	1	100.0	2	86.7	75	79.7	56	84.3	7	88.2	5	43.8	73	93.0	64	63.0	73	41.2
瑞再企商	39	45.4	14	65.5	5	93.2	7	73.1	68	80.1	43	90.8	30	71.8	12	41.8	64	97.8	1	100.0	33	51.6
中石油专属	24	48.3	16	65.0	21	60.3	4	76.9	69	80.0	16	96.7	4	95.7	9	42.4	70	95.4	50	65.5	57	45.2
众诚保险	8	58.1	5	78.2	41	46.7	70	41.1	46	83.2	9	98.2	12	85.5	4	45.5	71	93.7	15	68.7	68	42.6
东海航运	5	61.4	17	63.1	14	74.4	23	44.8	66	80.2	72	58.1	10	86.5	2	56.1	74	84.8	63	63.4	61	43.7
恒邦保险	6	60.6	49	54.3	60	41.8	39	42.7	56	81.7	27	95.0	13	85.2	43	40.4	35	99.5	9	72.7	70	41.8
燕赵财险	13	53.7	46	55.4	45	45.4	22	45.0	54	82.1	19	95.8	32	69.0	33	40.5	38	99.5	6	80.8	56	45.6
阳光信用	3	73.7	8	73.4	44	45.9	43	42.5	72	79.8	49	87.8	2	99.4	13	41.7	47	99.3	70	61.5	75	40.1

现比这两个指标上的排名都在第七十名之后,在负债权益比率指标上的排名是第六十九名,得分很低。

总体来看,排名前十的公司在自留比率、未决赔款准备金充足率两个指标上的表现较为良好,除个别公司外,在这两个指标上的得分均高于平均水平。而在保险负债占总资产比、付现比两个指标上,10家公司的表现普遍较差,得分大都低于平均水平,尤其是保险负债占总资产比指标,10家公司中有7家的得分排名处于后十位。各家公司的风险管理能力仍需加强。

(二)风险管理能力下各二级指标排名前十的财产公司及其得分

表5-16给出了风险管理能力指标下各二级指标排名前十的公司及其得分,主要反映保险公司风险管理能力的整体状况。

从表5-16中可以看出,在自留保费占净资产的比率、应收保费率、付现比这3个指标下,前十名公司得分普遍较高,分差很小,第十名都在90分以上。相反,在偿付能力充足率、未决赔款准备金充足率、收现比等指标下,排名前十的公司得分差距明显,第十名的得分都低于60.0分。其中,在收现比指标下,得分排名第二的东海航运得分仅为65.1分,第十名的泰山财险得分仅为42.2分。

在偿付能力充足率指标前十名的公司中,只有1家外资公司;2018年前十名中有1家外资公司;2017年前十名全部为中资公司。这说明中资公司在偿付能力方面一直要优于外资公司。

流动性比率反映了公司偿还短期债务的能力。流动性比率指标排名第一的是中远海自保,且前十名中有8家是中资公司,说明中资保险公司在短期偿债能力方面的表现略优于外资公司。

自留比率是自留保费和保险业务收入的比例,反映了公司的风险管理意识,是一项逆向指标。该指标下的前十名中,有5家是外资保险公司,考虑到76家公司中,中资和外资公司的比例为56:20,这说明外资保险公司在保费自留与分出的处理方面的风险管理能力明显强于中资公司。

未决赔款准备金充足率是考察公司风险能力的一个重要指标。该指标下的前十名中,有6家都是外资公司,说明外资保险公司在未决赔款准备金的度量上更为保守,安全性更高。

收现比可以反映企业当期收入的变现能力。该指标下,前十名均为中资公司,说明中资公司背后的现金流量支持程度更高。

表 5-16 风险管理能力下，各二级指标排名前十的财产公司及其得分

二级指标 排名	偿付能力充足率 公司名称（得分）	流动性比率 公司名称（得分）	自留比率 公司名称（得分）	未决赔款准备金充足率 公司名称（得分）	自留保费占净资产的比率 公司名称（得分）	应收保费率 公司名称（得分）	保险负债占总资产比 公司名称（得分）	收现比 公司名称（得分）	付现比 公司名称（得分）	现金盈余保障倍数 公司名称（得分）	负债权益比率 公司名称（得分）
1	粤电自保（100）	中远海自保（100）	粤电自保（100）	汇友互助（100）	利宝互助（100）	爱和谊（100）	诚泰财险（100）	汇友互助（100）	爱和谊（100）	瑞再企商（100）	安心财险（100）
2	诚泰财险（86.8）	汇友互助（99.5）	中远海自保（99.0）	粤电自保（86.7）	浙商财险（98.4）	都邦财险（99.7）	阳光信用（99.4）	东海航运（65.1）	海峡金桥（99.9）	安联财险（99.0）	长安责任（96.3）
3	阳光信用（73.7）	中原农险（81.8）	乐爱金（96.9）	中远海自保（85.5）	国泰财险（95.5）	合众财险（99.7）	汇友互助（96.6）	华农财险（46.5）	东京海上（99.9）	国泰财险（94.9）	安华农险（83.9）
4	汇友互助（66.8）	铁路自保（79.2）	信利保险（94.6）	中石油专属（76.9）	前海联合（93.8）	长安责任（99.5）	中石油专属（95.7）	众诚保险（45.5）	前海联合（99.8）	北部湾（91.7）	中煤财险（80.8）
5	东海航运（61.4）	众诚保险（78.2）	瑞再企商（93.2）	苏黎世保险（73.5）	太平保险（93.7）	利宝互助（99.2）	久隆财险（94.7）	粤电自保（43.8）	永安财险（99.8）	泰山财险（85.9）	渤海财险（78.7）
6	佰邦保险（60.6）	信利保险（78.0）	安心财险（90.6）	信利保险（73.3）	都邦财险（92.8）	浙商财险（99.0）	日本兴亚（88.6）	华安财险（43.6）	亚太财险（99.8）	燕赵财险（80.8）	浙商财险（75.3）
7	日本兴亚（58.4）	海峡金桥（74.0）	汇友互助（81.3）	瑞再企商（73.1）	阳光财险（92.5）	安盛天平（99.0）	粤电自保（88.2）	中远海自保（43.3）	众惠相互（99.8）	国任财险（75.0）	安达保险（62.1）
8	众诚保险（58.1）	阳光信用（73.4）	现代财险（79.4）	安达保险（68.2）	国寿财险（92.0）	三星财险（98.4）	现代财险（87.8）	鑫安汽车（42.5）	泰康在线（99.8）	亚太财险（73.1）	现代财险（61.0）
9	铁路自保（57.8）	阳光信用（72.7）	美亚保险（78.4）	现代财险（58.2）	中煤财险（91.7）	众诚保险（98.2）	阳光财险（86.5）	中石油专属（42.4）	中路财险（99.8）	佰邦保险（72.7）	太平保险（60.3）
10	海峡金桥（57.0）	中航安盟（66.9）	安华农险（78.3）	中意财险（57.3）	太保财险（91.5）	鼎和财险（98.2）	东海航运（86.5）	泰山财险（42.2）	人保股份（99.8）	安华农险（71.7）	安联财险（60.1）

在剩余的指标中，进入前十名的外资财产险公司数量如下：自留保费占净资产的比率，2家；应收保费率，4家；保险负债占总资产比，2家；付现比，2家；现金盈余保障倍数，3家；负债权益比率，2家。

（三）财险公司风险管理能力结构的模糊聚类分析

聚类分析是数理统计的一种多元分析方法，它是用数学方法定量地确定研究对象的亲疏关系，从而客观地划分类型和度量研究对象之间的相似程度。事物之间的界限，有些是确切的，有些则是模糊的。当聚类涉及事物之间的模糊界限时，须运用模糊聚类分析方法。模糊聚类分析是一种基于"物以类聚、人以群分"的观念，进行各公司之间经营结构上近似程度的比较分析，不是优劣评价。

本书试图根据保险公司在这些指标上的指标得分，运用模糊聚类方法分析各公司之间的相似程度，为各公司之间的风险管理能力比较提供一个新的方法和视角。

表5-17　　　　　　风险管理能力排名前十的公司的模糊聚类等价分析矩阵

	汇友互助	中远海自保	粤电自保	瑞再企商	中石油专属	众诚保险	东海航运	恒邦保险	燕赵财险	阳光信用
汇友互助	1.00	0.70	0.63	0.58	0.60	0.50	0.57	0.50	0.50	0.50
中远海自保	0.70	1.00	0.63	0.58	0.60	0.50	0.57	0.50	0.50	0.50
粤电自保	0.63	0.63	1.00	0.58	0.60	0.50	0.57	0.50	0.50	0.50
瑞再企商	0.58	0.58	0.58	1.00	0.58	0.50	0.57	0.50	0.50	0.50
中石油专属	0.60	0.60	0.60	0.58	1.00	0.50	0.57	0.50	0.50	0.50
众诚保险	0.50	0.50	0.50	0.50	0.50	1.00	0.58	0.53	0.55	
东海航运	0.57	0.57	0.57	0.57	0.57	0.50	1.00	0.50	0.50	0.50
恒邦保险	0.50	0.50	0.50	0.50	0.58	0.50	1.00	0.53	0.55	
燕赵财险	0.50	0.50	0.50	0.50	0.53	0.50	0.53	1.00	0.53	
阳光信用	0.50	0.50	0.50	0.50	0.50	0.55	0.55	0.53	1.00	

从表5-17中可以看出，处于主对角线上的值都取1，显然各个公司和自己的相似与贴近程度为100%。

得分越接近0，说明两公司间的在风险管理能力方面的相似程度越低；得分越接近1，说明两公司间的在风险管理能力方面的相似程度越高。风险管理能力排名前十的公司之间的相似度介于0.50~0.70之间。这说明在风险管理能力方面，各家公司之间基本没有相似程度特别高的，也没有相似程度特别低的。在风险控制等方面，每家公司都在不同程度上有着自己的独特性。

相对于其他几个一级指标的分析,风险管理能力排名靠前的外资保险公司比较多。这与我们前几年的分析结果类似。

汇友互助和中远海自保之间的风险管理能力相似度是 0.70,是该矩阵中的最高分,说明它们之间的可比性相对较强。

另外,众诚保险、恒邦保险、燕赵保险、阳光信用与其余保险公司之间的相似度都介于 0.50~0.53 之间,也是矩阵中的最低分。说明这 4 家公司与其他公司之间在风险管理能力上的可比性相对较低。

前十家公司的相似度分布较为集中,这可以说明,在风险管理能力方面,不同的财产险公司之间,还没有找到一个比较统一的、可行的方法进行科学管理,还处于探索过程之中;或者说,各公司都是根据自己的背景特点、发展思路和技术优势等,来确定自己的风险管理模式和战略,行业内还没有形成一个权威的模式和方法。

五、2019 年财产险公司发展潜力的排名与分析

发展潜力共包含 11 个相关二级指标。经过数据预处理后,我们得到一个 76×11 的数据矩阵。运用主成分分析法,我们共选取了 6 个主成分,其累计解释率为 88.7%,其中,每个主成分都是这 11 个二级指标的线性组合。将主成分分析得分按照最低分 40、最高分 100 进行标准化,得到各公司盈利能力的百分制得分(见表 5-18)。

表 5-18　　　　　　　　财产险公司发展潜力排名与得分

公司	排名	得分	公司	排名	得分
泰康在线	1	100.0	北部湾财产	39	74.5
国寿财险	2	99.0	都邦财险	40	74.5
太平保险	3	98.4	东海航运	41	74.5
人保股份	4	97.8	鑫安汽车	42	73.6
阳光财险	5	97.4	爱和谊	43	72.5
平安财险	6	96.6	东京海上	44	72.3
太保财险	7	96.0	国元农险	45	71.7
国泰财险	8	95.2	安信农险	46	71.7
前海联合	9	92.0	三井住友	47	70.8
安联财险	10	91.8	中煤财险	48	70.7
安心财险	11	91.8	建信财险	49	70.4

续表

公司	排名	得分	公司	排名	得分
中华联合	12	91.3	合众财险	50	70.0
大地财险	13	90.2	现代财险	51	69.8
华安财险	14	90.1	久隆财险	52	68.8
英大财险	15	90.1	三星财险	53	68.2
永安财险	16	88.5	阳光农险	54	67.3
紫金财险	17	88.0	渤海财险	55	66.9
安华农险	18	87.8	中意财险	56	66.4
众惠相互	19	86.9	苏黎世保险	57	66.2
国任财险	20	86.2	安诚财险	58	66.1
华泰财险	21	84.7	美亚保险	59	66.0
亚太财险	22	84.1	中路财险	60	65.4
中原农险	23	81.2	浙商财险	61	65.3
中银保险	24	80.0	诚泰财险	62	64.8
泰山财险	25	79.9	中航安盟	63	64.7
安盛天平	26	79.9	长安责任	64	64.3
众安财险	27	79.0	日本财险	65	63.9
史带财险	28	78.9	乐爱金	66	63.2
汇友互助	29	78.3	富德财险	67	61.9
锦泰财险	30	77.9	海峡金桥	68	61.4
恒邦保险	31	77.7	瑞再企商	69	60.5
中石油专属保险	32	77.6	燕赵财险	70	60.2
鼎和财险	33	77.5	粤电自保	71	58.6
中远海自保	34	76.9	易安财险	72	57.1
众诚保险	35	76.5	日本兴亚	73	55.4
利宝互助	36	75.2	铁路自保	74	54.8
安达保险	37	74.7	信利保险	75	44.1
华农财险	38	74.7	阳光信用	76	40.0

从表 5-18 中可以看出，财险市场上发展潜力排名前三的依次是泰康在线、国寿财险和太平保险，在百分制基准下，得分分别为 100.0 分、99.0 分和 98.4 分。

在参评的 75 家财产险公司中，发展潜力得分最高的为泰康在线，得分最低的为阳光信用，平均得分 75.6 分，大于平均分的公司有 35 家，占比 46.1%。其中，90 分以上的公司有 15 家，80～90 分的有 9 家，70～80 分的有 26 家，60～70 分的有20家，60分以下的有6家。

图5-6给出了发展潜力排名前十的公司，依次是泰康在线、国寿财险、太平保险、人保股份、阳光财险、平安财险、太保财险、国泰财险、前海联合、安联财险。

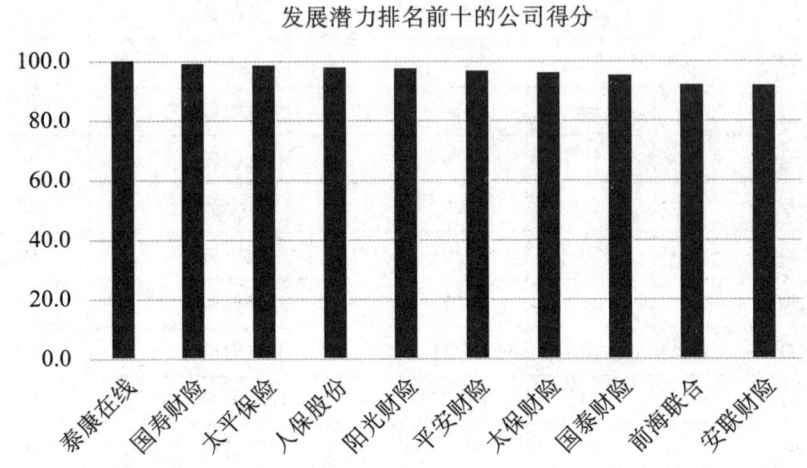

图5-6 发展潜力排名前十的财产险公司

从图5-6中可以看到，发展潜力排名前十的人身险公司的得分总体呈较为平缓的下降趋势，第十名得分91.8分。

（一）发展潜力排名前十的财产险公司，其二级指标的排名与得分情况

表5-19中给出了发展潜力指标下，各二级指标排名前十的财产公司及其得分。

在发展潜力排名前十的财产险公司中，外资公司有2家（国泰财险，第八名；安联财险，第十名），考虑到76家公司中，中资和外资公司56∶20的比例，中资公司的发展潜力略高于外资公司。

泰康在线的发展潜力排名第一。其在人均产能（第二名，99.9分）、总资产增长率（第三名，95.3分）、净资产增长率（第三名，91.4分）、人均产能增长率（第五名，72.5分）等指标上表现优秀。11个二级指标中，有6个指标的得分排名位于前十名。同时应当看到，在亿元保费投诉量指标上，泰康在线（第七十三名，86.1分）表现不佳，说明其客户满意度欠缺，需要提高服务质量。

国寿财险的发展潜力排名第二。在11个二级指标中，单位最低资本利润增长率（第二名，82.5分）、分支机构数目（第四名，96.8分）和资本运营充分率（第八名，58.6分）进入了前十名。但其承保潜力排名第七十，说明自留保费较

表 5-19　发展潜力排名前十的公司，其二级指标的排名与得分

公司名称	发展系数		保险业务收入增长率		总资产增长率		净资产增长率		人均产能增长率		资本运营充分率		人均产能		承保潜力		分支机构数目		亿元保费投诉量		单位最低资本利润增长率	
	排名	得分	排名	得分	排名	得分	排名	得分	排名	得分	排名	得分	排名	得分	排名	得分	排名	得分	排名	得分	排名	得分
泰康在线	5	94.4	5	75.9	3	95.2	3	91.4	5	72.5	37	45.7	2	82.5	40	85.5	64	40.0	73	86.1	48	71.2
国寿财险	35	85.5	36	59.8	35	58.2	11	72.0	45	49.5	8	58.6	61	43.0	70	53.3	4	96.8	25	98.8	2	82.5
太平保险	38	85.5	39	59.7	20	61.3	13	71.6	2	90.9	4	64.1	22	48.8	76	40.0	8	90.3	45	97.1	37	71.3
人保股份	36	85.5	37	59.8	41	57.4	8	72.4	57	47.2	1	100.0	46	44.7	75	42.9	1	100.0	21	98.9	36	71.4
阳光财险	46	85.0	47	59.2	32	58.7	5	75.4	4	72.8	6	62.2	42	45.4	71	52.9	3	96.8	36	98.1	53	71.1
平安财险	44	85.1	46	59.3	29	59.2	9	72.4	56	47.4	2	98.4	40	45.7	73	50.4	10	88.6	23	98.8	35	71.4
太保财险	32	85.8	35	60.1	55	55.0	17	70.9	58	47.2	3	69.0	45	45.0	74	47.2	2	96.8	19	99.0	31	71.4
国泰财险	18	88.3	19	63.4	12	63.4	2	98.6	36	52.3	23	48.2	11	61.5	52	76.0	26	56.2	68	90.2	17	71.8
前海联合	6	93.1	8	69.0	6	65.5	69	65.6	15	60.0	22	48.3	7	63.1	64	72.0	42	44.9	4	100.0	30	71.5
安联财险	2	98.0	2	83.7	8	64.4	56	68.7	18	59.0	32	46.5	6	66.9	37	87.5	45	44.9	67	90.5	68	70.5

多,承保能力发挥已经比较充分。

太平保险的发展潜力排名第三。11个指标中有4个进入了前十名,分别是资本运营充分率(市场拓展能力)(第四名,64.1分)、分支机构数目(第八名,90.3分)、人均产能增长率(第二名,90.9分)。但其在承保潜力指标上得到了最低分,排名第七十六名。

总体来看,发展潜力排名前十的10家公司,在认可资产增长率、资本运营充分率(市场拓展能力)指标上的表现基本良好,多数处于整体的中上游水平。然而,在承保能力指标上,10家公司的排名均处于较后的排名。同时,亿元保费投诉量指标下,10家公司中的4家处于倒数后十名的排名,这表明在合同设计以及客户满意度等方面,几家公司的管理和服务有待加强。

(二) 发展潜力下各二级指标排名前十的财产公司及其得分

表5-20给出了发展潜力指标下各个二级指标排名前十的财产险公司及得分,主要反映了财产险公司在发展潜力上各二级指标的整体表现和分布情况。

从表5-20中可以看出,在人均产能、人均产能增长率、承保潜力、亿元保费投诉量4个指标下,排名前十的公司得分较高且相互之间差距不大,第十名得分都在90分以上。特别是亿元保费投诉量指标下,得到满分的有10家公司,其中4家为外资公司。单位最低资本的利润增长率指标的第一名(汇友互助,100.0分)和第十名(前海联合,68.5分)的分差超过30分。其余几个指标下,排名前十的公司得分大都呈现均匀下降的趋势。

在人均产能增长率指标得分排名前十的公司中,外资公司有5家,考虑到75家公司中,中资公司和外资公司55:20的比例,该指标体现了外资公司在人均产能增长方面的优势。

保险业务收入增长率、资本运营充分率、承保潜力3个指标得分排名前十的公司均为中资公司,体现了近年来中资财产险公司发展的强劲势头。发展系数、总资产增长率、单位最低资本的利润增长率3个指标得分排名前十的公司中,中资公司均占了9家,体现了中资公司在规模发展和利润增长方面的相对优势。

在剩余的指标中,进入前十名的外资财产险公司数量如下:净资产增长率,4家;人均产能,3家;亿元保费投诉量,4家;分支机构数目,4家。

(三) 财险公司发展潜力指标结构的模糊聚类分析等价矩阵

聚类分析是数理统计的一种多元分析方法,它是用数学方法定量地确定研究对

第五章 中国财产保险公司竞争力评价分析

表 5-20 发展潜力下，各二级指标排名前十的财产公司及其得分

排名	发展系数 公司名称 (得分)	保险业务收入增长率 公司名称 (得分)	总资产增长率 公司名称 (得分)	净资产增长率 公司名称 (得分)	单位最低资本的利润增长率 公司名称 (得分)	资本运营充分率 公司名称 (得分)	人均产能 公司名称 (得分)	人均产能增长率 公司名称 (得分)	承保潜力 公司名称 (得分)	亿元保费投诉量 公司名称 (得分)	分支机构数目 公司名称 (得分)
1	汇友互助 (100)	汇友互助 (100)	现代财险 (100)	众诚保险 (100)	久隆财险 (100)	人保股份 (100)	中石油专属保险 (100)	三星财险 (100)	粤电自保 (100)	中石油专属保险 (100)	人保股份 (100)
2	安联财险 (98.0)	安联财险 (83.7)	安心财险 (96.3)	国泰财险 (98.6)	国寿财险 (82.5)	平安财险 (98.4)	泰康在线 (82.5)	太平保险 (90.9)	信利保险 (100)	铁路自保 (100.0)	太保财险 (96.8)
3	众惠相互 (96.0)	众惠相互 (80.9)	泰康在线 (95.2)	泰康在线 (91.4)	安心财险 (82.1)	太保财险 (69.0)	爱和谊 (76.9)	中路财险 (78.9)	中远海自 (99.8)	久隆财险 (100.0)	阳光财险 (96.8)
4	安心财险 (94.8)	安心财险 (76.9)	国任财险 (70.1)	中原农险 (89.0)	华泰财险 (76.4)	太平财险 (64.1)	中远海自保 (76.5)	阳光财险 (72.8)	阳光财险 (99.5)	前海联合 (100.0)	国寿财险 (96.8)
5	泰康在线 (94.4)	泰康在线 (75.9)	安华农险 (69.9)	阳光财险 (75.4)	锦泰财险 (73.8)	安华农险 (63.4)	铁路自保 (70.5)	泰康在线 (72.5)	汇友互助 (99.4)	中远海自保 (100.0)	华泰财险 (91.9)
6	前海联合 (93.1)	东海航运 (71.5)	前海联合 (65.5)	英大财险 (75.0)	安达保险 (73.0)	阳光财险 (62.2)	安盛天平 (66.9)	安盛天平 (72.1)	乐爱金 (99.2)	粤电自保 (100.0)	都邦财险 (91.9)
7	恒邦财险 (92.3)	恒邦财险 (70.2)	中远海自保 (65.1)	利宝互助 (72.4)	众诚保险 (72.8)	华安财险 (58.8)	前海联合 (63.1)	泰山财险 (70.8)	瑞再企商 (99.1)	瑞再企商 (100)	中华联合 (90.3)
8	东海航运 (92.2)	前海联合 (69.0)	安联财险 (64.4)	人保股份 (72.4)	紫金财险 (72.4)	国寿财险 (58.6)	众安财险 (62.8)	永安财险 (69.7)	中石油专 (98.7)	爱和谊 (100)	太平财险 (90.3)
9	建信财险 (91.0)	中原农险 (68.5)	长安责任 (63.9)	平安财险 (72.4)	东京海上 (72.4)	阳光农险 (55.1)	苏黎世保险 (62.8)	东海航运 (69.3)	日本兴亚 (98.4)	乐爱金 (100.0)	大地财险 (88.6)
10	泰山财险 (89.2)	建信财险 (67.9)	众惠相互 (63.8)	美亚财险 (72.0)	信利保险 (72.1)	中华联合 (55.0)	众惠相互 (62.1)	紫金财险 (69.2)	现代财险 (98.3)	信利保险 (100.0)	平安财险 (88.6)

象的亲疏关系，从而客观地划分类型和度量研究对象之间的相似程度。事物之间的界限，有些是确切的，有些则是模糊的。当聚类涉及事物之间的模糊界限时，须运用模糊聚类分析方法。模糊聚类分析是一种基于"物以类聚、人以群分"的观念，进行各公司之间经营结构上近似程度的比较分析，不是优劣评价。

本书根据保险公司在发展潜力各二级指标上的得分，运用模糊聚类方法分析各公司之间的相似程度，为各公司之间的发展潜力比较提供一个新的方法和视角。

表5-21　　　　　　　　发展潜力排名前十的公司的模糊聚类分析等价矩阵

公司名称	泰康在线	国寿财险	太平保险	人保股份	阳光财险	平安财险	太保财险	国泰财险	前海联合	安联财险
泰康在线	1.00	0.52	0.52	0.52	0.52	0.52	0.52	0.52	0.52	0.52
国寿财险	0.52	1.00	0.63	0.63	0.63	0.63	0.63	0.31	0.31	0.31
太平保险	0.52	0.63	1.00	0.67	0.70	0.67	0.67	0.52	0.52	0.52
人保股份	0.52	0.63	0.67	1.00	0.67	0.86	0.75	0.31	0.31	0.31
阳光财险	0.52	0.63	0.70	0.67	1.00	0.67	0.67	0.31	0.31	0.31
平安财险	0.52	0.63	0.67	0.86	0.67	1.00	0.75	0.31	0.31	0.31
太保财险	0.52	0.63	0.67	0.75	0.67	0.75	1.00	0.31	0.31	0.31
国泰财险	0.52	0.31	0.52	0.31	0.31	0.31	0.31	1.00	0.52	0.52
前海联合	0.52	0.31	0.52	0.31	0.31	0.31	0.31	0.52	1.00	0.57
安联财险	0.52	0.31	0.52	0.31	0.31	0.31	0.31	0.52	0.57	1.00

从表5-21中可以看出，处于主对角线上的值都取1，显然各个公司和自己的相似与贴近程度为100%。

得分越接近0，说明两公司间的在发展潜力方面的相似程度越低；得分越接近1，说明两公司间的在发展潜力方面的相似程度越高。发展潜力排名前十的公司之间的相似度介于0.31~0.86之间。这说明在发展潜力方面，各家公司之间既存在着相似性，又有着自己的独特性。

发展潜力排名第一的泰康在线，与其他9家保险公司的相似性得分都是0.52。说明泰康在线与其余9家保险公司的相似度都不高，说明泰康在线较高的发展潜力，与其独特的业务安排等是分不开的，与别的公司可比性不高。

十家公司中，相似度最高的是人保股份和平安财险，发展潜力相似度得分是0.86分。相对于其他财产险公司来讲，这两家公司在发展潜力方面表现都很突出，而且相互之间具有可比性和借鉴意义。

太保财险与人保股份、平安财险的相似度得分都是0.75分，具有一定的相似性。

发展潜力排名第八、第九、第十的分别是国泰财险、前海联合、安联财险,这3家公司之间以及它们与其余7家保险公司之间的相似度度得分介于0.31~0.57之间,显然相似度不高,这也是一个值得探讨的地方。当然,相似度得分的高低并不意味着发展潜力的"优劣"。

在2019年财险公司的发展潜力前十名中,有两家外资保险公司(国泰财险、安联财险),相对于2018年增加了1家。中资财险公司与外资财险公司之间在发展潜力指标上的相似度都不是太高。这些现象有待于更进一步地探讨和分析。

第四节 2019年财产险公司综合竞争力评价结果的稳健性检验

与人身险公司的稳健性检验类似,本书主要基于两种方式进行财产险公司的稳健性分析。一是首先利用聚类分析,将保险公司分为两类;在排除掉一类公司(公司数目较少的一类)后,对另一类公司运用主成分分析的方法,进行竞争力评价的排名和得分,与这些公司在原来情况下的排名进行比较分析,从而得到保险公司竞争力排名主成分分析的稳健性分析。

二是利用聚类分析方法对评价指标进行分类,并剔除掉指标较少的类别后,运用余下的指标对保险公司竞争力进行主成分分析,得到的排名与原来的排名进行对比,从而完成稳健性分析。

一、剔除部分公司后,保险公司竞争力评价结果的稳健性检验

为了便于剔除公司和提高稳健性分析结果的有效性,首先运用聚类分析方法将76家财产险公司分为5类(见表5-22)。

表5-22　　　　　　　财产险公司在聚类分析下的分类结果

样本点	聚类分析各组成员			
	聚类5	聚类4	聚类3	聚类2
人保股份	1	1	1	1
大地财险	1	1	1	1
中华联合	1	1	1	1
太保财险	1	1	1	1

续表

聚类分析各组成员				
样本点	聚类5	聚类4	聚类3	聚类2
平安财险	1	1	1	1
华泰财险	1	1	1	1
华安财险	1	1	1	1
永安财险	1	1	1	1
太平保险	1	1	1	1
亚太财产	1	1	1	1
中银保险	1	1	1	1
安信农险	1	1	1	1
国任财险	1	1	1	1
安华农险	1	1	1	1
阳光财险	1	1	1	1
阳光农险	1	1	1	1
都邦财险	1	1	1	1
渤海财险	1	1	1	1
华农财险	1	1	1	1
安诚财险	1	1	1	1
长安责任	1	1	1	1
国元农险	1	1	1	1
鼎和财险	1	1	1	1
中煤财险	1	1	1	1
英大财险	1	1	1	1
浙商财险	1	1	1	1
紫金财险	1	1	1	1
泰山财险	1	1	1	1
众诚保险	1	1	1	1
锦泰财险	1	1	1	1
诚泰财险	1	1	1	1
富德财险	1	1	1	1
鑫安汽车	1	1	1	1
北部湾财产	1	1	1	1
中石油专属保险	1	1	1	1
众安财险	1	1	1	1

续表

聚类分析各组成员				
样本点	聚类5	聚类4	聚类3	聚类2
恒邦保险	1	1	1	1
合众财险	1	1	1	1
燕赵财险	1	1	1	1
中原农险	1	1	1	1
中路财险	1	1	1	1
铁路自保	1	1	1	1
阳光信用	2	2	2	2
泰康在线	1	1	1	1
易安财险	1	1	1	1
东海航运	3	3	3	1
久隆财险	1	1	1	1
安心财险	4	1	1	1
前海联合	1	1	1	1
海峡金桥	1	1	1	1
建信财险	1	1	1	1
众惠相互	1	1	1	1
中远海自保	1	1	1	1
汇友互助	3	3	3	1
粤电自保	3	3	3	1
史带财险	1	1	1	1
美亚保险	1	1	1	1
东京海上	1	1	1	1
瑞再企商	1	1	1	1
安达保险	1	1	1	1
三井住友	1	1	1	1
三星财险	1	1	1	1
安联财险	1	1	1	1
日本财险	1	1	1	1
利宝互助	1	1	1	1
中航安盟	1	1	1	1
安盛天平	1	1	1	1
苏黎世保险	1	1	1	1

续表

聚类分析各组成员				
样本点	聚类5	聚类4	聚类3	聚类2
现代财险	1	1	1	1
中意财险	1	1	1	1
爱和谊	1	1	1	1
国泰财险	1	1	1	1
日本兴亚	1	1	1	1
乐爱金	1	1	1	1
信利保险	5	4	1	1
国寿财险	1	1	1	1

阳光信用、东海航运、汇友互助、粤电自保、安心财险、信利财险分别属于第2、3、4、5类，其他70家公司属于第1类，剔除上述6家公司，对其余的70家公司进行竞争力评价。

对二级指标进行主成分分析，选取14个主成分，解释率85.35%，评价结果如表5-23所示。

表5-23 剔除6家公司后，财产险公司综合竞争力评价结果的排名对比

对公司聚类后的竞争力评价结果			
公司	新排名	原排名	新排名-原排名
人保股份	1	1	0
平安财险	2	2	0
国寿财险	3	4	-1
太保财险	4	3	1
太平保险	5	6	-1
阳光财险	6	7	-1
中华联合	7	5	2
华安财险	8	10	-2
国泰财险	9	11	-2
大地财险	10	8	2
紫金财险	11	20	-9
泰山财险	12	25	-13
永安财险	13	16	-3
爱和谊	14	19	-5

续表

对公司聚类后的竞争力评价结果			
公司	新排名	原排名	新排名-原排名
英大财险	15	15	0
鼎和财险	16	13	3
北部湾财产	17	12	5
华泰财险	18	21	-3
亚太财险	19	26	-7
利宝互助	20	27	-7
都邦财险	21	31	-10
国任财险	22	34	-12
久隆财险	23	42	-19
前海联合	24	18	6
众诚保险	25	50	-25
安联财险	26	14	12
安华农险	27	17	10
浙商财险	28	30	-2
中煤财险	29	29	0
中远海自保	30	44	-14
锦泰财险	31	22	9
泰康在线	32	23	9
安达保险	33	24	9
东京海上	34	28	6
安盛天平	35	43	-8
中石油专属保险	36	9	27
中银保险	37	33	4
恒邦保险	38	48	-10
华农财险	39	38	1
日本财险	40	32	8
众惠相互	41	36	5
三井住友	42	35	7
史带财险	43	37	6
国元农险	44	47	-3
鑫安汽车	45	46	-1
安信农险	46	40	6

续表

对公司聚类后的竞争力评价结果			
公司	新排名	原排名	新排名-原排名
美亚保险	47	45	2
苏黎世保险	48	41	7
铁路自保	49	58	-9
渤海财险	50	39	11
中原农险	51	54	-3
三星财险	52	51	1
现代财险	53	52	1
瑞再企商	54	49	5
燕赵财险	55	62	-7
合众财险	56	56	0
诚泰财险	57	57	0
中路财险	58	53	5
中意财险	59	55	4
众安财险	60	60	0
乐爱金	61	59	2
安诚财险	62	64	-2
长安责任	63	61	2
中航安盟	64	63	1
易安财险	65	68	-3
日本兴亚	66	67	-1
建信财险	67	66	1
阳光农险	68	65	3
富德财险	69	69	0
海峡金桥	70	70	0

"原排名"表示剔除上述6家公司后，剩余的70家公司的竞争力原始排名；"新排名"表示剔除上述6家公司后，对剩余的70家公司重新运用主成分分析方法等得到的综合竞争力评价结果。

容易看出，在删除6家财产险公司后，重新运用主成分分析、因子分析方法对财产险公司综合竞争力进行评价，它们的排名变化并不是很大。

运用wilcoxon符号秩检验，进行稳健性分析。根据表5-23的原来排名、新排名的结果，进行对比分析，情况如表5-24所示。

表 5-24　　　　　　　　保险公司原排名与新排名的基本情况

描述性统计资料

	N	平均数	概率偏差	最小值	最大值
新排名	70	35.5000	20.35109	1.00	70.00
原排名	70	35.5000	20.35109	1.00	70.00

表 5-25　　　　　　　　威尔科克森（wilcoxon）符号秩检验

等级

		N	平均等级	等级总和
原排名-新排名	负等级	33[a]	29.94	988.00
	正等级	28[b]	32.25	903.00
	等值结	9[c]		
	总计	70		

注：a. 原排名<新排名；b. 原排名>新排名；c. 原排名=新排名。

表 5-26　　　剔除上述 6 家公司后的威尔科克森（wilcoxon）符号秩检验结果

检定统计资料[a]

	原排名-新排名
Z	-0.306[b]
渐近显著性（双尾）	0.760

注：a. Wilcoxon 符号等级检定；b. 根据正等级。

表 5-26 的统计结果显示：使用"精确"方法计算的渐进显著性（双尾）显著性水平为 0.760，远大于 0.05。因此，我们认为剔除 6 家公司后，再对剩余公司进行主成分析方法排名与没有剔除公司进行排名的结果差异不显著，也就是说，两个样本来自同一总体，具有相同的总体分布。则主成分分析法在 0.05 的显著性水平下具有稳健性。即我们根据聚类分析的结果，剔除掉部分公司后，根据我们建立的指标体系，运用主成分分析方法对其余公司竞争力的评价结果的影响不显著，通过了稳健性检验。

二、剔除部分指标后，保险公司竞争力评价的稳健性分析

指标体系应该尽可能地反映保险公司竞争力各方面的信息，显然部分指标的缺失或波动对保险公司竞争力的评价结果具有影响。我们首先通过聚类分析，剔除部

分表现"特殊"的指标后,再对保险公司竞争力进行评价。通过剔除部分指标对评价结果的影响来进行稳健性检验。

首先,利用聚类分析将所有指标进行分类,在分成 5 类的情况下,指标净利润、净资产、报告期营业收入、人均产能分别属于第 2、3、4、5 类,这 4 个指标比较特殊,并且均属于规模性指标,予以剔除,重新进行竞争力评价(备注:对指标进行聚类分析的结果表(略))。

在剔除上述 4 个指标后,重新运用主成分分析、因子分析方法,得到保险公司竞争力的排名结果(见表 5 – 27)。

表 5 – 27　　　剔除上述 4 个指标后,财产险公司综合竞争力评价结果的比较

公司名称	新排名	原排名	新排名 – 原排名
中意财险	1	59	– 58
国寿财险	2	4	– 2
太平保险	3	6	– 3
平安财险	4	2	2
人保股份	5	1	4
华安财险	6	10	– 4
阳光财险	7	7	0
太保财险	8	3	5
中华联合	9	5	4
安盛天平	10	46	– 36
紫金财险	11	20	– 9
永安财险	12	16	– 4
泰山财险	13	26	– 13
英大财险	14	15	– 1
鼎和财险	15	13	2
北部湾财产	16	12	4
华泰财险	17	22	– 5
大地财险	18	8	10
国任财险	19	35	– 16
安华农险	20	17	3
国泰财险	21	11	10
亚太财险	22	27	– 5
众诚保险	23	54	– 31

续表

公司名称	新排名	原排名	新排名-原排名
都邦财险	24	32	-8
中航安盟	25	67	-42
安达保险	26	25	1
爱和谊	27	19	8
中煤财险	28	30	-2
易安财险	29	73	-44
锦泰财险	30	23	7
中远海自保	31	47	-16
浙商财险	32	31	1
东海航运	33	49	-16
中银保险	34	34	0
东京海上	35	29	6
三星财险	36	55	-19
阳光信用	37	76	-39
华农财险	38	39	-1
恒邦保险	39	52	-13
史带财险	40	38	2
粤电自保	41	41	0
国元农险	42	51	-9
瑞再企商	43	53	-10
鑫安汽车	44	50	-6
众惠相互	45	37	8
安信农险	46	43	3
美亚保险	47	48	-1
海峡金桥	48	75	-27
建信财险	49	70	-21
中原农险	50	58	-8
渤海财险	51	42	9
前海联合	52	18	34
中石油专属保险	53	9	44
燕赵财险	54	66	-12
铁路自保	55	62	-7

续表

公司名称	新排名	原排名	新排名-原排名
日本财险	56	33	23
汇友互助	57	40	17
乐爱金	58	63	-5
安联财险	59	14	45
利宝互助	60	28	32
合众财险	61	60	1
安诚财险	62	68	-6
诚泰财险	63	61	2
现代财险	64	56	8
中路财险	65	57	8
长安责任	66	65	1
三井住友	67	36	31
日本兴亚	68	71	-3
众安财险	69	64	5
信利保险	70	72	-2
阳光农险	71	69	2
苏黎世保险	72	44	28
安心财险	73	21	52
富德财险	74	74	0
泰康在线	75	24	51
久隆财险	76	45	31

由表5-27容易看出，剔除掉4个规模性指标（特殊指标）后，运用主成分分析、因子分析方法，重新计算得到财产险公司的综合竞争力。

根据表5-27的结果，运用威尔科克森（wilcoxon）符号秩检验，对剔除部分指标后的综合竞争力评价结果进行稳健性分析。主要结论如表5-28所示。

表5-28 剔除部分指标后，财产保险公司综合竞争力新旧排名的基本情况

描述性统计资料

	N	平均数	概率偏差	最小值	最大值
新排名	76	38.5000	22.08318	1.00	76.00
原排名	76	38.5000	22.08318	1.00	76.00

表 5-29　　威尔科克森（wilcoxon）符号秩检验的等级

等级

		N	平均等级	等级总和
原排名 - 新排名	负等级	36[a]	35.13	1 264.50
	正等级	36[b]	37.88	1 363.50
	等值结	4[c]		
	总计	76		

注：a. 原排名 < 新排名；b. 原排名 > 新排名；c. 原排名 = 新排名。

表 5-30　　威尔科克森（wilcoxon）符号秩检验结果

检定统计资料[a]

	原排名 - 新排名
Z	-0.278[b]
渐近显著性（双尾）	0.781

注：a. Wilcoxon 符号等级检定；b. 根据负等级。

表 5-30 给出了统计检验结果。结果显示：使用"渐进"方法计算的双侧显著性水平为 0.781，远大于 0.05，所以认为剔除指标前的综合竞争力排名与剔除几个指标后的综合竞争力排名差异并不显著。也就是说，两个样本来自同一总体，具有相同的总体分布。则综合运用主成分分析法、因子分析法对非寿险公司的竞争力进行排名时，当指标在特定的范围和程度内变化时所引起的排名的变化在统计上并不显著，即认为我们所采用的方法对于指标的变化有一定的稳健性，此方法抓住了非寿险公司竞争力的稳定的特征，并表现出来。

由本节所述内容可知，综合运用主成分分析、因子分析方法对保险公司的竞争力进行评价排名时，保险市场的公司参与度以及指标的选择在统计上有其稳健性。即从总体市场来看，稳健性是存在的，无论是部分公司的参与评价与否，还是指标的增删，它们所引起的竞争力排名的变动在统计意义上是不显著的，可以接受的，是稳健的。

附　录

附录一：中国人身险公司竞争力评价的主要结果

附表 1-1　　2019 年中国人身保险公司综合竞争力排名与得分

公司名称	排名	得分	公司名称	排名	得分
国寿股份	1	100.0	中宏人寿	35	66.6
平安人寿	2	99.2	泰康养老	36	66.5
泰康人寿	3	93.8	昆仑健康	37	66.1
太平人寿	4	92.8	恒大人寿	38	66.0
太保寿险	5	91.8	同方全球人寿	39	65.5
新华人寿	6	88.8	英大人寿	40	65.0
中邮人寿	7	87.5	中意人寿	41	64.8
百年人寿	8	85.9	太保安联健康	42	64.6
友邦人寿	9	85.5	太平养老	43	63.7
平安健康	10	84.0	复星保德信	44	61.9
弘康人寿	11	82.3	东吴人寿	45	60.8
人保寿险	12	82.2	民生人寿	46	60.4
华夏人寿	13	81.7	光大永明	47	60.1
三峡人寿	14	81.3	中英人寿	48	59.9
农银人寿	15	79.4	华泰人寿	49	59.7
招商仁和	16	78.9	君康人寿	50	58.6
工银安盛	17	78.0	中银三星	51	58.3
平安养老	18	76.5	利安人寿	52	58.2
中信保诚人寿	19	76.2	信美人寿	53	56.9
阳光人寿	20	75.9	中华人寿	54	56.5
招商信诺	21	75.2	恒安标准	55	55.8
中美联泰	22	75.0	汇丰人寿	56	55.7
复星联合健康	23	74.4	中融人寿	57	55.3
前海人寿	24	74.2	华贵人寿	58	54.5
上海人寿	25	72.8	陆家嘴国泰	59	54.5
信泰人寿	26	72.2	珠江人寿	60	52.6
合众人寿	27	71.9	和泰人寿	61	52.1
北大方正人寿	28	71.0	中荷人寿	62	51.5
交银康联	29	69.8	爱心人寿	63	50.7
建信人寿	30	69.1	横琴人寿	64	47.6
中德安联	31	68.9	吉祥人寿	65	45.0
人保健康	32	68.4	渤海人寿	66	44.0
长城人寿	33	67.9	国联人寿	67	41.2
国华人寿	34	67.1	长生人寿	68	40.0

附表1－2　　　　　　　2019年人身险公司盈利能力排名与得分

公司名称	排名	得分	公司名称	排名	得分
平安人寿	1	100.0	陆家嘴国泰	35	73.2
昆仑健康	2	98.7	中华人寿	36	71.7
泰康人寿	3	94.3	平安养老	37	71.6
国寿股份	4	92.8	同方全球人寿	38	70.9
平安健康	5	92.6	建信人寿	39	70.7
珠江人寿	6	92.2	交银康联	40	70.6
友邦人寿	7	88.0	恒大人寿	41	70.5
中意人寿	8	87.2	人保健康	42	69.7
太平人寿	9	85.8	工银安盛	43	68.4
太保寿险	10	85.7	吉祥人寿	44	68.3
华泰人寿	11	82.7	华夏人寿	45	68.2
弘康人寿	12	82.6	百年人寿	46	67.8
阳光人寿	13	81.7	利安人寿	47	67.3
人保寿险	14	80.6	泰康养老	48	67.1
君康人寿	15	80.0	太平养老	49	65.6
东吴人寿	16	79.6	汇丰人寿	50	65.2
中融人寿	17	79.4	北大方正人寿	51	64.6
招商信诺	18	79.3	中荷人寿	52	64.5
中信保诚人寿	19	78.7	中银三星	53	64.4
新华人寿	20	78.5	华贵人寿	54	64.4
中德安联	21	77.7	横琴人寿	55	62.4
国华人寿	22	77.4	长生人寿	56	61.0
民生人寿	23	77.0	光大永明	57	60.7
中美联泰	24	76.7	和泰人寿	58	60.6
上海人寿	25	76.4	太保安联健康	59	58.8
前海人寿	26	76.2	信泰人寿	60	57.2
恒安标准	27	76.0	长城人寿	61	55.4
英大人寿	28	75.1	渤海人寿	62	53.4
中宏人寿	29	74.5	复星保德信	63	52.6
合众人寿	30	74.4	招商仁和	64	47.3
中邮人寿	31	74.3	复星联合健康	65	45.8
国联人寿	32	74.1	三峡人寿	66	41.6
中英人寿	33	73.7	信美人寿	67	40.8
农银人寿	34	73.5	爱心人寿	68	40.0

附表1-3 2019年人身险公司资本管理能力排名与得分

公司名称	排名	得分	公司名称	排名	得分
国寿股份	1	100.0	招商仁和	35	69.5
太保寿险	2	96.0	复星保德信	36	69.4
平安人寿	3	91.3	北大方正人寿	37	69.1
新华人寿	4	89.2	前海人寿	38	68.4
利安人寿	5	86.0	平安健康	39	67.9
中美联泰	6	85.6	陆家嘴国泰	40	67.6
中德安联	7	85.0	恒大人寿	41	67.1
友邦人寿	8	84.9	汇丰人寿	42	66.4
中荷人寿	9	82.0	中华人寿	43	65.8
中宏人寿	10	81.9	吉祥人寿	44	65.7
泰康人寿	11	81.1	太保安联健康	45	65.2
太平人寿	12	80.9	中银三星	46	65.1
中邮人寿	13	80.0	华贵人寿	47	64.5
民生人寿	14	79.4	农银人寿	48	63.9
中信保诚人寿	15	79.1	和泰人寿	49	63.7
泰康养老	16	77.8	合众人寿	50	63.3
中意人寿	17	76.4	人保健康	51	63.2
招商信诺	18	76.3	渤海人寿	52	62.8
英大人寿	19	76.2	国联人寿	53	62.8
华泰人寿	20	75.6	中融人寿	54	62.6
平安养老	21	75.1	太平养老	55	61.2
中英人寿	22	74.9	长城人寿	56	60.7
阳光人寿	23	74.3	昆仑健康	57	60.4
复星联合健康	24	74.3	君康人寿	58	59.6
交银康联	25	74.2	华夏人寿	59	59.4
信美人寿	26	74.1	长生人寿	60	57.3
光大永明	27	73.3	爱心人寿	61	57.1
工银安盛	28	72.6	上海人寿	62	53.6
同方全球人寿	29	72.5	建信人寿	63	51.2
恒安标准	30	72.4	百年人寿	64	50.8
信泰人寿	31	72.3	三峡人寿	65	50.4
国华人寿	32	71.9	弘康人寿	66	50.0
横琴人寿	33	70.9	珠江人寿	67	43.8
人保寿险	34	70.3	东吴人寿	68	40.0

附表1-4　　　　　　　2019年人身险公司经营能力排名与得分

公司名称	排名	得分	公司名称	排名	得分
平安人寿	1	100	中宏人寿	35	69.8
复星联合健康	2	90.5	弘康人寿	36	69.5
国寿股份	3	90.4	合众人寿	37	68.9
太平人寿	4	87.8	陆家嘴国泰	38	68.3
平安健康	5	86.7	阳光人寿	39	67.9
太保寿险	6	84.1	恒大人寿	40	67.0
中邮人寿	7	84.0	恒安标准	41	66.1
招商仁和	8	82.6	泰康养老	42	66.0
泰康人寿	9	80.4	中英人寿	43	65.3
长城人寿	10	80.2	交银康联	44	65.2
华夏人寿	11	79.8	和泰人寿	45	65.2
复星保德信	12	79.6	中华人寿	46	65.2
三峡人寿	13	78.3	中意人寿	47	65.0
新华人寿	14	78.2	中融人寿	48	64.5
同方全球人寿	15	78.1	民生人寿	49	64.3
信美人寿	16	78.1	人保寿险	50	64.3
工银安盛	17	77.8	东吴人寿	51	64.1
昆仑健康	18	77.5	利安人寿	52	63.4
太保安联健康	19	74.6	汇丰人寿	53	63.0
平安养老	20	74.2	太平养老	54	62.7
中德安联	21	73.9	华贵人寿	55	62.6
前海人寿	22	73.7	横琴人寿	56	61.7
信泰人寿	23	73.7	中荷人寿	57	61.4
友邦人寿	24	73.4	北大方正人寿	58	61.2
人保健康	25	73.3	光大永明	59	60.6
中信保诚人寿	26	73.0	国华人寿	60	57.4
中美联泰	27	72.4	上海人寿	61	56.5
爱心人寿	28	72.2	君康人寿	62	55.7
中银三星	29	71.5	建信人寿	63	55.4
华泰人寿	30	71.4	国联人寿	64	54.8
英大人寿	31	71.2	吉祥人寿	65	49.6
农银人寿	32	71.0	长生人寿	66	48.1
百年人寿	33	70.7	渤海人寿	67	41.8
招商信诺	34	70.1	珠江人寿	68	40.0

附表1-5　　2019年人身险公司风险管理能力排名与得分

公司名称	排名	得分	公司名称	排名	得分
太保安联健康	1	100.0	阳光人寿	35	74.3
复星联合健康	2	93.4	华泰人寿	36	74.0
信美人寿	3	90.2	建信人寿	37	73.7
三峡人寿	4	89.3	同方全球人寿	38	72.8
平安健康	5	87.6	民生人寿	39	72.5
人保健康	6	87.5	长生人寿	40	71.1
信泰人寿	7	86.4	招商信诺	41	70.9
爱心人寿	8	86.1	横琴人寿	42	70.4
东吴人寿	9	85.4	国寿股份	43	69.5
泰康养老	10	85.1	中美联泰	44	68.6
太平养老	11	84.8	汇丰人寿	45	68.5
招商仁和	12	83.9	新华人寿	46	68.5
复星保德信	13	83.1	人保寿险	47	68.3
陆家嘴国泰	14	82.9	中德安联	48	68.2
光大永明	15	82.7	前海人寿	49	68.0
中融人寿	16	82.6	交银康联	50	67.3
华贵人寿	17	82.2	农银人寿	51	67.0
北大方正人寿	18	81.7	华夏人寿	52	66.0
平安养老	19	80.3	平安人寿	53	65.9
和泰人寿	20	79.1	友邦人寿	54	64.9
国华人寿	21	78.4	长城人寿	55	64.4
渤海人寿	22	78.1	泰康人寿	56	64.2
中荷人寿	23	77.8	太平人寿	57	63.2
中华人寿	24	77.2	太保寿险	58	60.2
吉祥人寿	25	77.1	中意人寿	59	58.9
恒安标准	26	76.9	君康人寿	60	57.0
利安人寿	27	76.7	工银安盛	61	56.8
国联人寿	28	76.4	珠江人寿	62	56.4
上海人寿	29	76.3	合众人寿	63	55.2
英大人寿	30	76.3	弘康人寿	64	54.0
中宏人寿	31	75.9	中英人寿	65	53.4
中银三星	32	75.6	中信保诚人寿	66	50.0
恒大人寿	33	75.5	百年人寿	67	46.3
中邮人寿	34	74.9	昆仑健康	68	40.0

附表1-6　　2019年人身险公司发展潜力排名与得分

公司名称	排名	得分	公司名称	排名	得分
三峡人寿	1	100.0	恒大人寿	35	67.7
招商仁和	2	92.5	华泰人寿	36	67.7
中邮人寿	3	90.6	中融人寿	37	67.1
国寿股份	4	90.1	中英人寿	38	67.1
太平人寿	5	85.7	君康人寿	39	66.9
弘康人寿	6	85.1	太保安联健康	40	65.9
泰康人寿	7	84.1	中美联泰	41	65.5
新华人寿	8	83.5	陆家嘴国泰	42	65.0
太保寿险	9	83.0	合众人寿	43	64.2
平安人寿	10	82.0	光大永明	44	64.0
人保寿险	11	81.7	招商信诺	45	63.4
上海人寿	12	81.4	昆仑健康	46	63.4
中信保诚人寿	13	79.4	交银康联	47	62.7
华贵人寿	14	78.3	平安养老	48	62.0
工银安盛	15	78.2	中银三星	49	62.0
利安人寿	16	78.0	长城人寿	50	61.4
平安健康	17	77.8	中华人寿	51	60.4
阳光人寿	18	77.4	信美人寿	52	60.0
建信人寿	19	76.9	中德安联	53	59.8
友邦人寿	20	75.8	民生人寿	54	59.7
复星保德信	21	75.8	中宏人寿	55	59.3
华夏人寿	22	75.4	和泰人寿	56	59.1
英大人寿	23	75.3	中荷人寿	57	57.0
信泰人寿	24	74.5	恒安标准	58	56.8
太平养老	25	74.2	同方全球人寿	59	56.0
人保健康	26	73.6	北大方正人寿	60	55.2
泰康养老	27	72.8	爱心人寿	61	53.6
前海人寿	28	72.4	吉祥人寿	62	52.8
国华人寿	29	71.1	国联人寿	63	49.4
复星联合健康	30	70.9	汇丰人寿	64	49.3
中意人寿	31	70.8	长生人寿	65	48.1
横琴人寿	32	70.5	东吴人寿	66	44.9
百年人寿	33	68.6	珠江人寿	67	41.4
农银人寿	34	68.3	渤海人寿	68	40.0

附录二：中国财产险公司竞争力评价的主要结果

附表 2－1　　2019 年中国财产险公司综合竞争力排名与得分

公司	排名	得分	公司	排名	得分
人保股份	1	100.0	华农财险	39	66.7
平安财险	2	96.6	汇友互助	40	66.3
太保财险	3	93.4	粤电自保	41	66.2
国寿财险	4	90.2	渤海财险	42	66.0
中华联合	5	85.2	安信农险	43	65.8
太平保险	6	84.8	苏黎世保险	44	65.8
阳光财险	7	83.9	久隆财险	45	65.1
大地财险	8	81.6	安盛天平	46	65.0
中石油专属保险	9	79.3	中远海自保	47	65.0
华安财险	10	77.2	美亚保险	48	64.8
国泰财险	11	76.6	东海航运	49	64.7
北部湾财产	12	76.5	鑫安汽车	50	64.6
鼎和财险	13	76.3	国元农险	51	64.0
安联财险	14	76.1	恒邦保险	52	63.9
英大财险	15	74.9	瑞再企商	53	63.6
永安财险	16	74.5	众诚保险	54	63.2
安华农险	17	74.3	三星财险	55	62.9
前海联合	18	73.7	现代财险	56	62.9
爱和谊	19	73.4	中路财险	57	61.5
紫金财险	20	73.4	中原农险	58	60.7
安心财险	21	73.0	中意财险	59	60.1
华泰财险	22	72.9	合众财险	60	58.6
锦泰财险	23	72.9	诚泰财险	61	57.8
泰康在线	24	72.6	铁路自保	62	57.5
安达保险	25	72.4	乐爱金	63	57.3
泰山财险	26	71.6	众安财险	64	57.0
亚太财险	27	71.3	长安责任	65	56.1
利宝互助	28	71.2	燕赵财险	66	54.8
东京海上	29	70.5	中航安盟	67	54.4
中煤财险	30	69.7	安诚财险	68	54.2
浙商财险	31	69.4	阳光农险	69	51.0
都邦财险	32	69.2	建信财险	70	51.0
日本财险	33	69.2	日本兴亚	71	50.4
中银保险	34	68.9	信利保险	72	47.8
国任财险	35	68.8	易安财险	73	47.2
三井住友	36	68.5	富德财险	74	45.7
众惠相互	37	68.0	海峡金桥	75	45.6
史带财险	38	67.0	阳光信用	76	40.0

附表 2-2　　2019 年中国财产险公司盈利能力排名与得分

公司	排名	得分	公司	排名	得分
鼎和财险	1	100.0	苏黎世保险	39	64.9
平安财险	2	96.3	东海航运	40	64.4
人保股份	3	95.4	三井住友	41	64.0
久隆财险	4	92.1	中路财险	42	63.4
中华联合	5	88.1	乐爱金	43	63.3
国寿财险	6	85.5	国泰财险	44	63.0
华泰财险	7	85.0	爱和谊	45	62.7
泰山财险	8	84.1	安联财险	46	62.7
太保财险	9	83.0	日本兴亚	47	62.6
中石油专属保险	10	82.9	国元农险	48	62.4
北部湾财产	11	82.4	中原农险	49	62.0
粤电自保	12	81.3	都邦财险	50	61.9
众惠相互	13	80.9	众诚保险	51	61.5
英大财险	14	80.7	渤海财险	52	61.3
锦泰财险	15	80.5	燕赵财险	53	60.9
诚泰财险	16	78.8	泰康在线	54	60.5
安信农险	17	77.9	安达保险	55	60.0
大地财险	18	77.9	中煤财险	56	59.2
安心财险	19	77.6	中航安盟	57	58.6
亚太财险	20	77.4	安盛天平	58	56.8
永安财险	21	77.2	国任财险	59	56.2
铁路自保	22	75.2	中意财险	60	55.9
鑫安汽车	23	74.8	合众财险	61	55.6
阳光财险	24	74.7	浙商财险	62	55.5
美亚保险	25	73.3	现代财险	63	55.2
恒邦保险	26	73.2	信利保险	64	54.9
长安责任	27	71.7	瑞再企商	65	54.9
华安财险	28	71.6	汇友互助	66	54.6
中远海自保	29	70.7	众安财险	67	53.9
日本财险	30	70.4	安诚财险	68	53.3
太平保险	31	70.1	海峡金桥	69	49.5
东京海上	32	69.6	华农财险	70	49.0
中银保险	33	69.5	利宝互助	71	47.1
史带财险	34	67.0	前海联合	72	45.0
阳光农险	35	67.0	易安财险	73	44.9
紫金财险	36	66.0	建信财险	74	44.1
安华农险	37	65.4	阳光信用	75	44.1
三星财险	38	65.1	富德财险	76	40.0

附表2-3　　2019年中国财产险公司资本管理能力排名与得分

公司	排名	得分	公司	排名	得分
人保股份	1	100.0	中意财险	39	66.2
平安财险	2	96.8	华农财险	40	65.0
国寿财险	3	89.5	瑞再企商	41	64.5
太保财险	4	88.9	中路财险	42	64.2
现代财险	5	84.7	富德财险	43	63.6
阳光财险	6	82.9	鼎和财险	44	63.4
太平保险	7	81.0	安信农险	45	62.7
中华联合	8	80.8	鑫安汽车	46	62.6
爱和谊	9	78.5	利宝互助	47	61.7
史带财险	10	76.6	泰山财险	48	60.4
安华农险	11	76.5	美亚保险	49	60.2
大地财险	12	76.5	国元农险	50	60.1
三井住友	13	76.0	众诚保险	51	59.9
中煤财险	14	75.5	亚太财险	52	58.0
渤海财险	15	75.4	中航安盟	53	57.4
中石油专属保险	16	75.1	信利保险	54	55.4
东京海上	17	74.7	乐爱金	55	55.0
华安财险	18	74.1	国泰财险	56	54.6
泰康在线	19	74.0	汇友互助	57	53.4
华泰财险	20	73.7	合众财险	58	53.3
长安责任	21	73.3	久隆财险	59	53.1
安心财险	22	72.4	众安财险	60	52.9
苏黎世保险	23	72.3	阳光农险	61	52.8
锦泰财险	24	72.2	铁路自保	62	51.0
英大财险	25	71.7	易安财险	63	50.9
国任财险	26	71.6	建信财险	64	50.1
永安财险	27	71.5	海峡金桥	65	50.0
日本财险	28	70.2	燕赵财险	66	49.7
北部湾财产	29	70.0	中远海自保	67	49.6
紫金财险	30	70.0	众惠相互	68	49.4
安联财险	31	70.0	中原农险	69	48.2
前海联合	32	69.9	恒邦保险	70	46.5
浙商财险	33	69.8	诚泰财险	71	45.3
安达保险	34	68.7	安诚财险	72	45.2
安盛天平	35	68.5	东海航运	73	44.8
三星财险	36	68.3	粤电自保	74	41.5
中银保险	37	67.7	日本兴亚	75	41.4
都邦财险	38	66.8	阳光信用	76	40.0

附表 2-4　　　　2019 年中国财产险公司经营能力排名与得分

公司	排名	得分	公司	排名	得分
人保股份	1	100.0	华泰财险	39	74.5
平安财险	2	94.2	日本财险	40	74.5
利宝互助	3	94.1	鼎和财险	41	73.5
国泰财险	4	93.0	永安财险	42	73.4
前海联合	5	92.0	易安财险	43	73.3
泰康在线	6	91.6	都邦财险	44	72.5
太保财险	7	91.1	三井住友	45	72.2
国寿财险	8	90.5	国任财险	46	71.4
太平保险	9	88.2	日本兴亚	47	71.4
阳光财险	10	86.6	恒邦保险	48	71.3
众惠相互	11	86.5	英大财险	49	71.0
信利保险	12	85.0	中意财险	50	70.9
中华联合	13	84.4	美亚保险	51	69.8
众安财险	14	83.3	中煤财险	52	69.0
建信财险	15	83.0	安华农险	53	68.7
汇友互助	16	82.8	诚泰财险	54	68.1
粤电自保	17	82.5	渤海财险	55	67.0
安心财险	18	82.2	苏黎世保险	56	66.9
亚太财险	19	82.0	安诚财险	57	66.3
安联财险	20	81.4	众诚保险	58	66.1
大地财险	21	80.8	三星财险	59	66.1
东海航运	22	80.4	史带财险	60	65.6
中路财险	23	80.4	海峡金桥	61	65.4
爱和谊	24	79.2	安信农险	62	65.3
华安财险	25	79.2	现代财险	63	64.3
中石油专属保险	26	78.9	华农财险	64	64.1
瑞再企商	27	78.0	阳光农险	65	63.1
中原农险	28	77.9	安盛天平	66	62.0
浙商财险	29	76.8	泰山财险	67	62.0
中银保险	30	76.7	鑫安汽车	68	58.7
合众财险	31	76.7	乐爱金	69	56.8
北部湾财产	32	76.1	富德财险	70	56.5
中航安盟	33	75.9	燕赵财险	71	55.7
国元农险	34	75.7	长安责任	72	54.9
锦泰财险	35	75.5	久隆财险	73	53.4
紫金财险	36	75.3	阳光信用	74	52.7
安达保险	37	75.3	铁路自保	75	47.1
东京海上	38	75.1	中远海自保	76	40.0

附表 2-5　　　　2019 年中国财产险公司风险管理能力排名与得分

公司	排名	得分	公司	排名	得分
汇友互助	1	100.0	安达保险	39	61.0
中远海自保	2	87.7	中原农险	40	60.5
粤电自保	3	87.2	日本财险	41	60.4
瑞再企商	4	82.6	易安财险	42	59.8
中石油专属保险	5	82.4	阳光农险	43	59.4
众诚保险	6	81.8	英大财险	44	59.3
东海航运	7	79.8	爱和谊	45	58.8
恒邦保险	8	79.3	北部湾财产	46	58.6
燕赵财险	9	77.1	苏黎世保险	47	58.4
阳光信用	10	76.2	安信农险	48	57.9
诚泰财险	11	75.9	中路财险	49	57.6
海峡金桥	12	74.9	紫金财险	50	57.5
铁路自保	13	74.8	华农财险	51	57.5
日本兴亚	14	73.8	东京海上	52	57.3
泰山财险	15	73.2	中银保险	53	57.0
鑫安汽车	16	71.6	华安财险	54	56.6
久隆财险	17	71.5	安盛天平	55	56.6
现代财险	18	70.2	大地财险	56	54.9
富德财险	19	69.4	永安财险	57	54.1
安诚财险	20	69.4	泰康在线	58	53.6
信利保险	21	68.5	人保股份	59	53.6
建信财险	22	66.1	安华农险	60	51.3
合众财险	23	65.8	中航安盟	61	51.3
安联财险	24	65.6	太平保险	62	51.1
众惠相互	25	65.2	中华联合	63	51.0
三星财险	26	64.9	太保财险	64	50.6
鼎和财险	27	64.6	长安责任	65	50.3
美亚保险	28	64.2	国寿财险	66	50.2
国泰财险	29	63.8	利宝互助	67	49.8
乐爱金	30	63.6	锦泰财险	68	49.5
中意财险	31	63.1	中煤财险	69	49.3
国任财险	32	63.0	前海联合	70	48.2
史带财险	33	62.6	都邦财险	71	47.0
众安财险	34	62.5	渤海财险	72	46.4
三井住友	35	61.6	平安财险	73	44.6
华泰财险	36	61.6	浙商财险	74	42.9
国元农险	37	61.1	阳光财险	75	42.3
亚太财险	38	61.0	安心财险	76	40.0

附表 2-6　　2019 年中国财产险公司发展潜力排名与得分

公司	排名	得分	公司	排名	得分
泰康在线	1	100.0	北部湾财产	39	74.5
国寿财险	2	99.0	都邦财险	40	74.5
太平保险	3	98.4	东海航运	41	74.5
人保股份	4	97.8	鑫安汽车	42	73.6
阳光财险	5	97.4	爱和谊	43	72.5
平安财险	6	96.6	东京海上	44	72.3
太保财险	7	96.0	国元农险	45	71.7
国泰财险	8	95.2	安信农险	46	71.7
前海联合	9	92.0	三井住友	47	70.8
安联财险	10	91.8	中煤财险	48	70.7
安心财险	11	91.8	建信财险	49	70.4
中华联合	12	91.3	合众财险	50	70.0
大地财险	13	90.2	现代财险	51	69.8
华安财险	14	90.1	久隆财险	52	68.8
英大财险	15	90.1	三星财险	53	68.2
永安财险	16	88.5	阳光农险	54	67.3
紫金财险	17	88.0	渤海财险	55	66.9
安华农险	18	87.8	中意财险	56	66.4
众惠相互	19	86.9	苏黎世保险	57	66.2
国任财险	20	86.2	安诚财险	58	66.1
华泰财险	21	84.7	美亚保险	59	66.0
亚太财险	22	84.1	中路财险	60	65.4
中原农险	23	81.2	浙商财险	61	65.3
中银保险	24	80.0	诚泰财险	62	64.8
泰山财险	25	79.9	中航安盟	63	64.7
安盛天平	26	79.9	长安责任	64	64.3
众安财险	27	79.0	日本财险	65	63.9
史带财险	28	78.9	乐爱金	66	63.2
汇友互助	29	78.3	富德财险	67	61.9
锦泰财险	30	77.9	海峡金桥	68	61.4
恒邦保险	31	77.7	瑞再企商	69	60.5
中石油专属保险	32	77.6	燕赵财险	70	60.2
鼎和财险	33	77.5	粤电自保	71	58.6
中远海自保	34	76.9	易安财险	72	57.1
众诚保险	35	76.5	日本兴亚	73	55.4
利宝互助	36	75.2	铁路自保	74	54.8
安达保险	37	74.7	信利保险	75	44.1
华农财险	38	74.7	阳光信用	76	40.0

参考文献

[1] 方开泰. 实用多元统计分析. 上海：华东师范大学出版社，1986.

[2] 寇业富主编，陈辉，周桦副主编. 保险蓝皮书—中国保险市场发展分析（2019）. 中国财政经济出版社，2019年10月.

[3] 寇业富主编，陈辉，张宁，周县华，周明副主编. 2019中国保险公司竞争力评价研究报告. 中国财政经济出版社，2019年10月.

[4] 寇业富主编，陈辉，周桦副主编. 保险蓝皮书—中国保险市场发展分析（2018）. 中国财政经济出版社，2018年10月.

[5] 寇业富主编，陈辉，张宁，周县华，周明副主编. 2018中国保险公司竞争力评价研究报告. 中国财政经济出版社，2018年10月.

[6] 李晓林. 保险是社会治理的实施者. 中国金融，2015（2）.

[7] 寇业富主编，陈辉，张宁，周县华，刘达副主编. 2016中国保险公司竞争力与社会责任评价研究报告. 中国财政经济出版社，2016年10月.

[8] 施建祥，赵正堂. 保险企业核心竞争力及其评价指标体系研究. 现代财经，2003（8）.

[9] 石新武. 开放条件下的保险业竞争力. 北京：中国财政经济出版社，2004.

[10] 肖芸茹. 构建优良的评价保险企业的指标体系. 南开经济研究，1999（2）.

[11] 姚壬元. 保险公司竞争力评价指标体系的构建. 石家庄经济学院学报，2004（4）.

[12] 于秀林，任雪松. 多元统计分析. 北京：中国统计出版社，1999.

[13] 21世纪经济报道、21世纪研究院金融研究中心联合美国加州大学组成的课题组. 2017亚洲保险公司竞争力排名研究报告.

[14] 王成辉, 江生忠. 我国保险业竞争力诊断指标体系及其应用. 南开经济研究, 2006 (5).

[15] 黄兰, 蔡则洋. 国有商业银行核心竞争力探讨. 哈尔滨金融高等专科学校学报, 2002.

[16] 鲁志勇, 于良春. 中国银行竞争力分析与实证研究. 改革, 2002 年.

[17] 裴光. 中国保险业竞争力研究. 中国金融出版社, 2002 年.

[18] 吕宙. 论中国保险业国际竞争力. 金融研究, 2003 年.

[19] 孙林, 李光金. 基于 DEA 方法的中国保险公司竞争力分析. 西华大学学报, 2005 (6).

[20] 胡永红. 基于因子分析的中国人寿保险公司竞争力研究 (首都经贸大学硕士论文), 2007 年.

[21] 叶欣, 薛伟贤. 在上海中外资保险公司竞争力排名研究. 商业研究, 2007 (4).

[22] 王小平. 论人寿保险公司的核心竞争力. 金融理论与实践, 2006 (1).

[23] 寇业富, 李晓林. 寿险公司业务结构的相似性分析及其聚类研究 [J]. 中央财经大学学报, 2009 (2).

[24] 寇业富. 大学生素质评价的模糊聚类分析 [J]. 辽宁师范大学学报 (自然科学版), 2003 (5).

[25] 江生忠. 入世后提高中国保险业竞争力研究 [M]. 中国财政经济出版社, 2007 年.

[26] 冯占军, 李秀芳著. 中国保险企业竞争力研究. 中国财政经济出版社, 2012 年 10 月.

[27] 王保进著. 多变量分析: 统计软件与数据分析 [M]. 北京大学出版社, 2007 年.

[28] 方芳. 中国保险业的对外开放与竞争力分析 [M]. 北京: 中国金融出版社, 2005: 140—154.

[29] 吴研. 跨国公司进入中国市场的模式的演变及影响因素分析 [J]. 黑龙江对外经贸, 2008 (7).

[30] 孙敬延. 跨国公司在中国市场面临的新挑战及营销策略分析 [J]. 中国市场, 2007 (27).

[31] 熊正德. 外资公司对中国保险业的影响以及对策 [J]. 经济理论与实践, 1997 (2).

[32] 曾五一主编, 朱平辉副主编. 统计学 [M]. 北京大学出版社, 2006 年.

[33] 许海洋, 汪国安, 王万森. 模糊聚类分析在数据挖掘中的应用研究 [J]. 计算机工程与应用, 2005 年 6 月.

[34] 寇业富主编, 陈辉, 张宁等副主编. 2016 中国保险公司竞争力与社会责任评价研究报告. 中国财政经济出版社, 2016 年 10 月.

[35] 寇业富主编, 陈辉, 张宁, 刘达, 周县华等副主编. 2014 中国保险公司竞争力评价研究报告. 中国财政经济出版社, 2014 年 10 月.

[36] 陈晶晶. 基于财务报告的中国企业社会责任评价模型研究——以中国钢铁行业上市公司为例 [D]. 华东师范大学, 2010.

[37] 成敏. 保险公司企业文化、企业社会责任及其关系研究 [D]. 东北财经大学, 2012.

[38] 邓启稳. 基于平衡计分卡制度的保险企业社会责任评价 [J]. 财会月刊, 2010, 32: 28-30.

[39] 郝臣等. 我国保险公司社会责任状况研究——基于保险公司社会责任报告的分析 [J]. 保险研究, 2015, 5: 92-100.

[40] 洪旭, 杨锡怀. 中国企业社会责任评价体系的构建——以沪深两市上市公司为例 [J]. 东北大学学报 (自然科学版), 2011, 11: 1668-1672.

[41] 黄群慧等. 中国企业社会责任研究报告: 十年回顾暨十年展望. 2015 [M]. 北京: 社会科学文献出版社, 2015, 11: 20-21.

[42] 李勇杰. 保险企业社会责任研究 [D]. 武汉大学, 2009.

[43] 刘淑华. 企业社会责任绩效评价 [M]. 北京: 中国经济出版社, 2015 年.

[44] 谭中明, 陈渊. 保险公司社会责任信度评价体系研究 [J]. 保险研究, 2009, 5: 24-28.

[45] 王蕾. 保险企业社会责任绩效评价体系的构建 [J]. 南方金融, 2010, 1: 66-70.

[46] 魏华林, 林宝清主编. 保险学 [M]. 北京: 高等教育出版社, 2011, 6: 25.

[47] 武晨凤. 保险公司企业社会责任标准 [J]. 现代商业, 2010, 21: 62-63.

[48] 吴定富. 充分发挥保险社会管理功能 [J]. 中国保险, 2004, 5: 8-11.

[49] 吴金娜. 食品类企业社会责任评价体系的构建与应用 [D]. 浙江工业大学, 2013.

[50] 肖红军等. 企业社会责任评价研究：反思、重构与实证 [M]. 北京：经济管理出版社, 2014.12：16-31.

[51] 谢彩玲. 我国保险企业社会责任绩效评价体系研究 [D]. 湖南大学, 2011.

[52] 阳秋林, 代金云. "两型社会"背景下的企业社会责任评价指标体系及其运用研究——以湖南企业为例 [J]. 湖南社会科学, 2012, 3：114-117.

[53] 赵天燕, 张雪. 我国企业社会责任评价指标体系的构建及其应用研究 [J]. 财贸研究, 2012, 6：139-145.

[54] 卓志, 王寒. 保险企业社会责任探析 [J]. 保险研究, 2009, 2：3-8.

[55] Andrew, M. Yuengert. The Measurement of Efficiency in Life Insurance: Estimates of a Mixed Normal 2 gamma Error Model. Journal of Banking and Finance, 1993, (17): 483-496.

[56] Aupperle K E, Carroll A B, Hatfield J D. An empirical examination of the relationship between corporate social responsibility and profitability [J]. Academy of management Journal, 1985, 28 (2): 446-463.

[57] Carroll A B. A three-dimensional conceptual model of corporate performance [J]. Academy of management review, 1979, 04 (4): 497-505.

[58] Carroll A B. Corporate social responsibility: Will industry respond to cutbacks in social program funding [J]. Vital Speeches of the day, 1983, 49 (19): 604-608.

[59] Carroll A B. The pyramid of corporate social responsibility: Toward the moral management of organizational stakeholders [J]. Business horizons, 1991, 34: 39-48.

[60] Carroll A B. Corporate social responsibility evolution of a definitional construct [J]. Business & society, 1999, 38 (3): 268-295.

[61] Cummins, D. & Weiss. Measuring Cost Efficiencyin the Property 2 Liability Insurance Industry. Journal of Banking and Finance, 1993, (17): 463-481.

[62] Cummins, D, MA Weiss, and H. Zi. Organizational Form and Efficiency: An Analysis of Stock and Mutual Property-Liability Insurers. Management Science, 1999, (45): 1254-1269.

[63] Cummins, DJ, S. Tennyson, and MA Weiss. Consolidation and Efficiency in the US Life Insurance Industry. Journal of Banking and Finance, 1999, (23): 325-357.

[64] Elkington J. Partnerships from cannibals with forks: The triple bottom line of

21st century business [J]. Environmental Quality Management, 1998, 08 (1): 37 – 51.

[65] Harrison J S, Wicks A C. Stakeholder theory, value, and firm performance [J]. Business ethics quarterly, 2013, 23 (01): 97 – 124.

[66] Maignan I, Ferrell O C. Measuring corporate citizenship in two countries: The case of the United States and France [J]. Journal of Business Ethics, 2000, 23 (3): 283 – 297.

[67] Marín L, Rubio A, Maya S R. Competitiveness as a strategic outcome of corporate social responsibility [J]. Corporate social responsibility and environmental management, 2012, 19 (6): 364 – 376.

[68] Mustafa S A, Othman A R, Perumal S. Corporate social responsibility and company performance in the Malaysian context [J]. Procedia – Social and Behavioral Sciences, 2012, 65: 897 – 905.

[69] Reed L, Getz K, Collins D, et al. Theoretical models and empirical results: A review and synthesis of JAI volumes 1 – 10 [J]. Corporation and society research: Studies in theory and measurement, 1990, 27: 62.

后　记

本报告的出版离不开学校的大力支持和指导，在此对中央财经大学原副校长李俊生教授，保险学院院长、中国精算研究院院长李晓林教授，以及中国精算研究院的其他领导和老师（陈建成教授、周桦副院长、池义春副院长、郑苏晋教授、徐景峰教授、高洪忠副研究员等）表示衷心的感谢！

本研究报告得到教育部和国家外国专家局联合实施的高等学校学科创新引智计划[1]、教育部[2]、中央财经大学保险学院、中国精算研究院、长城人寿保险股份有限公司等单位的课题资助，在此表示感谢！

报告的完成得益于课题组成员的团结和辛苦工作，课题组成员既有从事保险、精算教育多年的教师，又有具有丰富保险、精算实践经验的业界精英。

课题组主要成员有：

寇业富，经济学博士，教授；保险数据文献中心主任，中国精算师协会正会员；

陈辉，经济学博士，助理研究员，中国精算师（FCAA），英国准精算师（AIA）；

张宁，理学博士，研究员；

周县华，管理学博士，教授，博士生导师；

周明，理学博士，教授，博士生导师，北美准精算师（ASA），中国精算师协会正会员。

在大量数据的搜集、整理等工作中，有许多保险、精算专业的研究生和本科生

---

[1] 高等学校学科创新引智计划——"保险风险分析与决策"学科创新引智基地（No. B17050）。

[2] 教育部人文社会科学重点研究基地重大项目"大数据背景下的风险量化与保险业发展指数体系研究"（项目批准号：16JJD790060）。

参与了这项工作,他们为报告的完成付出了很多艰辛繁杂的劳动。主要有:王达轩、孙逸竹、梁倩玲、王钰曦、史继文、宋佳音、郭鹃、周雨珊、利建勋、周昱希、陶然、李论、魏文郁、朱颖、郑逢萍、汪文琪、高菲、任婧、曹雨、窦娜娜、许晓月等研究生,在此对他们的付出表示感谢!感谢中国精算研究院办公室的欧阳和霞、薛丽娜、何小兰等为本书的出版付出的劳动!

虽然课题组在指标的设立、信息的搜集整理、模型的探索完善等方面付出了很大的努力,但是《2020中国保险公司竞争力评价研究报告》中的不足和疏漏之处在所难免,欢迎各位读者不吝赐教,以便我们做进一步的修改和完善。

联系方式:kouyefu@cufe.edu.cn

寇业富

2020 年 8 月 17 日